新媒体背景下的语言规范化研究

王岩　邹珉　李慧　杨梓茗　著

WUHAN UNIVERSITY PRESS
武汉大学出版社

图书在版编目(CIP)数据

新媒体背景下的语言规范化研究/王岩等著.—武汉：武汉大学出版社,2023.9

ISBN 978-7-307-23837-4

Ⅰ.新… Ⅱ.王… Ⅲ.汉语—语言规范化—研究 Ⅳ.H102

中国国家版本馆 CIP 数据核字(2023)第 116905 号

责任编辑:李 玚 责任校对:李孟潇 版式设计:马 佳

出版发行:**武汉大学出版社** (430072 武昌 珞珈山)

(电子邮箱:cbs22@whu.edu.cn 网址:www.wdp.com.cn)

印刷:武汉邮科印务有限公司

开本:720×1000 1/16 印张:14.5 字数:206 千字 插页:1

版次:2023 年 9 月第 1 版 2023 年 9 月第 1 次印刷

ISBN 978-7-307-23837-4 定价:62.00 元

前　　言

　　汉语言文字是中国悠久文化的标志，是中国灿烂文明传播的工具，承载着中华民族精神的发扬和光大，是记录中国发展变化的载体。当前，网络迅猛发展，社会正在被媒体和信息环境的变化所重塑。新媒体改变了现有媒介和受众之间的关系，也深层次地影响着人类的经济活动、社会结构、文化生态，更深深影响着人们的语言生活。新媒体背景下网络语言、外来语、流行语、大众语言等发展如火如荼，以前所未有的传播速度和覆盖力影响着人们的语言生活和社会生活。然而，这些语言给我们的语言注入新鲜活力的同时，也冲击着我们汉语的规则，给我们的语言规范提出了新的挑战。

　　本书是河南省哲学社会科学规划项目"新媒体背景下的语言规范化研究"（项目编号：2015BYY024）的研究成果。王岩教授带领研究团队对新媒体背景下的现代汉语语言规范化问题进行了较全面的研究与探索。本课题中，研究团队调整研究视角，确立科学语言规范观，站到国家语言规划的战略高度，全方位、多角度地探讨了当今新媒体背景下语言生活出现的新问题。在厘清新媒体、网络语言、流行语、外来语、字母词、语言规范等几个概念的前提下，通过对新媒体背景下产生的语言现象进行尽可能多的收集归类和描写，全面梳理，综合分析，研究其呈现的新特征及发展趋势，指出新媒体背景下语言的语音、词汇、语法及熟语运用的不规范现象，探讨其产生的动因和理据。从而，研究语言规范的意义、态度、语言规范的原则，构建科学合理的语言规范标准体系，并提出切实可行的对策和建议，使这些语言现象得以规范，推动语言健康发展。同时，也从另一方面为国家制订语言规划提供理论依据。

　　本课题的研究是建立在规范汉语语言理论研究基础上的跨学科的研究，是涉及语言学、新闻传媒、信息处理、社会学、文化学、心理学等学科的理论和应用研究，有一定的学术价值；另外，因为新媒体背景下语言规范更有利于语言在新媒体上传播的准确性，对我们的社会生活、语言教育也起着至关重要的作用，同时，也期望能为我们国家的语言规划、语言政策的制订提供一定的理论和实践参考意义，有一定的社会应用价值。

　　语言文字是社会最重要的交际工具和信息载体，它随时随地为政治、经济、文化、教育以及科技等社会形态服务。语言文字和各社会形态存在既相互制约又相互促进的密切关系。所以对语言规范化的研究具有重大意义。语言的发展与进化关系着文化的兴衰，规范的语言能够促进文化的健康发展，增强我国的文化竞争力，也推动语言学研究的发展，是国家政治、经济、文化发展的必然要求。本书对新媒体背景下出现的新语言现象进行调查研究、梳理分析，提出一些意见和建议，以期对国家语言文字事业以及促进中华民族语言文化的历史传承贡献一份力量。本书的出版如能对此有所裨益，那将是对我们莫大的安慰和鼓励。

编者

2023 年 2 月

目　　录

第一章 引 言

一、研究背景

  语言规范化工作主要是指对语音、词汇、语法等语言本体方面存在的一些分歧和混乱现象的研究，指出不合规范的现象，依据大家都应遵循的语言标准和规范，并通过一些研究成果如字典、词典、语法及语言学著作等予以明确，采用各种方法宣传、推广规范的语言，限制并逐渐淘汰那些不合规范的现象，使语言向统一、规范、健康的方向发展。

  我们国家一向非常重视语言文字规范化工作。1955 年，国家语言文字工作的三大任务之一即为"实现汉语规范化"；1956 年国务院把推广"以北京语音为标准音，以北方话为基础方言，以典范的现代白话文著作为语法规范的现代汉民族的普通话作为汉语规范化工作的核心（《关于推广普通话的指示》)"；1957 年完成了汉语拼音方案，1958 年第一届全国人民代表大会正式批准了《汉语拼音方案》。《汉语拼音方案》为汉字注音和推广普通话提供了依据，更有利于外国人学习汉语，便于汉语的对外推广；1960 年出版了以词汇规范为目的的《现代汉语词典》；1997 年颁布了《普通话水平测试等级标准》，并在全国范围内开展测试；2000 年通过并颁布了《国家通用语言文字法》，该法案确立了作为国家通用语言文字的普通话和规范汉字的法律地位；2012 年下发了《国家中长期语言文字事业改革和发展规划纲要(2012—2020)》，把推进语言文字规范化、标准化、信息化建设作为主要任务之一，更加明确了语言规范工作的要求和内容。纲要指出"要树立科学的语言文字规范观,进一步完善语言文字规范标准体系,妥善处理语言文字规范与发展的关系,深入研究语言文字规范标准制定和施行的规律,积极做好语言文字规范标准的宣传、普及和应用等社会服务工作"。这一系列的举措和实施使我国语言规范化工作取得了巨大的成就。

然而,当前的语言规范化工作却面临着前所未有的挑战。20世纪人类科技史上最伟大的成就之一就是互联网的出现。20世纪末,随着互联网的普及,当今社会的主流媒介由电视、广播、报纸、期刊等传统媒介演变为以电子计算机网络和通信技术为支撑的网络媒介。网络媒介作为传播信息的新媒介,利用网络、数字等技术,通过无线通信网、宽带局域网、互联网、卫星等渠道,以及计算机、电视机、手机等终端为用户提供相关服务以及各类信息的传播形态和媒体形态,这种在新技术支撑下产生的媒体形态被称为"新媒体"。在新媒体时代,参与、对话、分享已经成为新媒体的显著特征。在网络空间里,任何个人或组织都可以通过电子化的、大规模的、各类形态的信息交流系统进行多向的交流和联系。网络空间里的同一个人或组织既是信息的传送者,同时也可以是信息的接受者。目前,新媒体已经形成了一条神奇的信息交流纽带,改变了现有媒介和受众之间的关系,同时也深层次地影响着人类的经济活动、社会结构、文化生态,更深层次地影响着人们的语言生活。网络成为人们生活不可或缺的一部分,人们在享用网络带来的便捷的生活方式的同时也开始关注网络文化。随着网络的发展,文化和语言也在不断发展变化更新,网络文化和网络语言诞生了。在网络上,人们可以自由发表言论,可以和任何人进行无拘无束的交流,富有特色的网络语言日益丰富起来,对传统汉语语言的使用产生了较大的影响,汉语言文字不可避免地受到了来自网络的深刻影响,这种现象引起了社会的广泛关注。

语言是思维的工具,是文化的载体。在网络交际语境中出现的常用语通常称为网络语言。网络语言诞生于互联网,并且伴随互联网的发展而发展,所以网络语言的表达有别于传统语言,是一种新的语言形式。按照维基百科(Wikipedia)的解释:"网络语言,即互联网常用语,代表了一定的互联网文化，它广泛地出现在聊天、论坛（BBS）等各种互联网应用场合，并渗透到现实生活中，对我们的生活产生了一定影响。它来源广泛，多取材于方言俗语、外来语、缩略语、谐音，等等，属于混合语言。"于根元在《中国网络语言词典》中对网络语言进行了界定。他指出网络语言诞生于互联网这个虚拟空间，是人们思想交流与情感表达的重要工具。他认为，网络虚拟空间和现实生活中人们由于表达习惯的不同而创造出"网语"，网民为了提高输入速度对汉字、数字、英文字母、图片、符号等随意混杂使用而创造出"网语"。从语言规范的表达方式来看，网语借助快速、便捷、新奇的表达方式，混合使用数字、字母、汉字、图片、符号等交流，会出现一些传统表达中没有的别字、错字、不规范的词汇、新词、病句等。但是，在网络这个虚拟空间中，网民们喜欢使用新奇、便捷、快速的网语。

网络语言被周洪波界定为广义和狭义两种。广义的网络语言是指一切与网络有关的语言。他把广义的网络语言分为三类：第一类是与网络有关的所有术语，例如浏览器、互联网、杀毒软件、在线、登录、宽带、病毒等；第二类是指与网络有关的特别用语，例如虚拟空间、电子商务、网民、黑客、第四媒体等；第三类是指与网络有关的习惯用语、俚语，具有特殊形式或特定含义的用语及语符，例如网民在论坛、QQ、微信、聊天室、博客上聊天、发表言论时使用的特定的交际用语，如 BB（再见）、9494（就是就是）、o(∩_∩)o（开心）、斑竹（版主）等。狭义的网络语言仅指第三类。

网络语言给我们的语言注入新鲜活力的同时，也冲击着我们汉语的规则。

第一，许多新概念和新用法层出不穷，许多新词汇和用法与现在的规范有很多不一致的地方，规范问题变得越来越尖锐，使我们的语言规范工作面临着新的挑战。网络语言具有键盘或手写输入、可视等特点，所以图形、符号、拼音、方言、外语等丰富的词语表现手法都可以随意出现，这种随意性是广大网民"自我"意识的表现。但是这种求新求异的意识如果不加约束会使不规范的网络语言充斥着人们的语言生活，网络语言的不规范性会破坏语言文字系统的规范性。网络语言中符号字母、数字代码、自创英文、自创拼音、新造词语等层出不穷，并且错别字连篇，表达方式不伦不类，随意拼凑语言，没有一点规律与道理可循，也毫无含蓄美感可言。久而久之，这些现象会造成社会语言运用的混乱，对语言的健康发展不利。

第二，人们对现代汉语的正确掌握与运用受到网络语言的不规范性的直接影响，甚至民族语言文字的感情也受到了冲击。在中国传统儒家和谐文化的影响下，我国传统的语言表达方式不同于西方的直截了当，多是委婉含蓄的。在表达时句式的选择、声音语调的调配以及修辞格的运用无不体现出汉语委婉、含蓄、优美的特质。而网络语言的出现对我国的民族语言造成了极大的冲击。民族语言是我国传统文化的凝聚，对民族语言的抛弃也就意味着对优秀民族文化的抛弃。著名作家冯骥才曾经说过，语言是民族文化的围墙，一个民族的审美情感、心理、思维方式和下意识等都深受语言的影响。他认为："网络语言的异化倾向，影响了中国传统文化的含蓄、严谨和精致，并给我们的民族语言带来了冲击，甚至造成了一定的'烧伤度'。"①

第三，网络语言也影响着人们的写作能力。一部分网络语言存在词汇和语法的不规范现象，很多表达求新、求异、求快，多数是用一些短句、短语，甚至词语、单字去表达；有的词句隐秘晦涩，让人不知所云；有的浅显直白，毫无含蓄美感；有的句子结构松散，超越常规毫无逻辑性；有的书面表达中还夹杂数字、字母、符号和错别字，显得不伦不类；有的网络语言随意使用方言词汇、字母词汇、外来词汇等，使词汇表达混乱，产生分歧。网友们因为对网络语言求新、求异、求快，所以用简单的语言形式表达较复杂的意思。这一做法忽略语言文字的构词原则和规范性，导致外来词、字母词、数字词等网络用词极不规范，例如：汉字"秀"（xiù）有

---

① 张九海，王华丽．网络语言对大学生的影响及其对策[J]．长春教育学院学报，2011，27(01)：81-83.

秀美、秀丽、俊秀之含义，如"秀发""秀而不媚""优秀"等。而网络语言"秀"音译于英文单词"show"，为"展示、表演、炫耀"之意，比如"脱口秀""处子秀""T台秀"等，与汉字"秀"的含义大相径庭。网络语言中也出现汉语词语用同音词或谐音词替代的现象，比如"同学"写成"童鞋"、"有才"写成"油菜"、"旅友"写成"驴友"、"过奖"写成"果酱"等。还有的用方言谐音替代，比如："没有"写成"木有"、"非常"写成"灰常"、"我"写成"偶"，等等。这类替代现象，一定程度上造成了语言运用的混乱现象。还有些网络语言不顾语法规范，自由搭配词汇，随意组织语言，遣词造句也不甚规范。比如："我走先"（我先走了）、"有事短我"（如果有事情，给我发短信）、"你有上网吗"等。这些网络语言影响了中国传统文化的含蓄、严谨和精致。

语言规范问题在新媒体快速的发展态势下，来不及解释就发生了变化。语言规范化问题显得越来越紧迫，我们要抓紧时间对新媒体下的语言现象、语言问题进行全面梳理，综合分析。新媒体语言的特点特征是什么，形成动因是什么，我们以什么样态度对待语言规范，原有的语言规范标准是否还适合新媒体下的语言规范，语言规范的标准体系如何构建，确定语言规范的手段和方法，学术界要怎样做，国家层面应该怎么做，等等，都是我们要研究的内容。而且，语言是社会生活的真实反映，在由旧规范向新规范过渡的过程中，语言创新是极为重要的因素。

因此，我们在研究过程中，对新媒体背景下出现的新语言现象，应更加注重对共时语言的观察与阐释，注重历时语言变异的讨论与引导，要遵循"变化之中有稳定，稳定之中有发展"的规律，因势利导，保障汉语在健康和谐发展的基本原则下进行。

我们应该积极调整研究视角，确立科学的语言规范观，站在国家语言规划的战略高度，全方位、多角度地探讨当今新媒体背景下语言生活出现的新问题、新动向及对语言文字规范化提出的新要求，把语言文字规范化推向新阶段。

二、研究意义

语言文字是社会最重要的交际工具和信息载体，它随时随地为政治、经济、文化、教育以及科技等社会形态服务。同时，语言文字和各社会形态又存在既相互制约又相互促进的密切关系。一方面，语言文字的应用水平受政治、经济、文化、教育以及科技等社会形态的制约，而另一方面，语言文字应用水平的高低又对各社会形态的发展起着促进或制约的作用。

语言文字的规范化、标准化是社会进步和发展的基础，是社会变革的反映，对各社会形态都起到了促进和发展的作用。

(一) 语言规范化促进文化的健康发展

语言是一种符号系统，是以语音为物质外壳构成的语音符号系统和以词汇和语法构成的书写符号系统共同构成的人类沟通、交流、表达思想的媒介和工具。而文化是一个非常广泛的概念，人们对文化的定义自古以来都众说纷纭，很难对文化界定一个精确的定义。一般大众常采用的广义的文化就是指人类所创造的物质财富和精神财富的总和，而狭义的文化仅指社会的意识形态，如道德信仰、生活习俗、艺术审美、法律条例、知识等精神文化。语言就是在人类文化产生之后，随之发展形成的一种精神文化，它属于文化不可分割的一部分，但是语言的本体属性又使它具有其他文化不具备的特殊性。语言不仅是人们交际的工具，还是文化的载体。语言可以记录传承文化的发展，文化发展的同时又促进语言的发展，两者相辅相成，共同发展。

语言和文化相互依存、相互影响、共同支撑，共同制约着人类社会的存在和发展，但是语言和文化又各自具备自身的性质特征，两者存在特殊的关系。邢福义先生曾在其著作《文化语言学》中描述了语言与文化之间密不可分的关系："语言是文化的符号，文化是语言的管轨。语言和文化就像镜子与影集，不同民族的语言反映和记录特定的文化风貌；不同民族的文化对语言的发展也起着不同程度、不同层次的制约作用。"①从这个角度讲，语言是包含在文化之中的，本身就是一种特殊的文化现象。如果说文化是一个包含人类生活各方面的复杂整体，那么语言就是其中一部分，但语言又有自身特殊的性质，具有相对独立性。由于语言与文化的紧密关系，语言的规范化发展也会促进文化的健康发展。

任何国家、民族的历史文化之所以被代代传承，主要是依赖语言文字的历史记载。语言符号在人类的历史发展和文化发展中具有极重要的意义，如果没有语言符号，就不能产生真正意义的文化。语言和文化具有相辅相成、相互制约的关系。文化的产生离不开思维，思维的方法、过程、范围等会在一定程度上受到作为思维工具的语言的影响和制约。然而，当思维发展到一定程度，语言不能满足其需求并制约其发展时，便会促使人们改造发展语言。文化的传播是促使其生命力蓬勃发展的重要途径，语言作为文化传播的工具对文化传播有促进和制约的作用。随着世界格局的变化，多元文化的交流和碰撞，促使一些新语言、新词汇、新的语言表达方式出现在人们的文化生活中，体现了文化对语言的促进或制约作用。

进入 21 世纪，全球性的焦点问题是文化的发展问题，人类的竞争实际上是文化的竞争。当前，世界全球一体化正迅猛发展，互联网发展、国际文化传播影响、电视卫星传递、生态失衡、资源短缺、全球金融体系的发展、反恐怖主义世界范围的合作、信息资源共享等许多全球化的社会现象，都说明世界正在成为一个整体。经济全球化、政治多极化、文化多元化发展都是世界面貌的主要特征，西方发达国家强势文化如今正凭借经济优势压制、排斥并逐步吞噬取代弱势文化。周海中教授认为当今世界中，全球化、互联网、强势语言等对处于弱势的民族语言进行着巨大的冲击，导致民族语言社会使用功能逐渐弱化或消失，保护民族语言对人类文明的传承和发展、民族团结和社会安定都有着积极的作用。因此，相关机构和语言学界应该积极采取有效措施来拯救民族语言。

---

① 王岩. 汉语熟语的文化认知[M]. 郑州：大象出版社，2012.

在新的文化竞争与融合中，我国急需一个统一的、普及的、明确规范的汉民族共同语来维护中华民族的文化生命，增强文化的竞争力。文化是一个民族的根本，中国文化博大精深、源远流长，有鼓舞、凝聚全国人民的巨大精神力量，语言文字是文化的传播方式和载体，语言文字的规范化、标准化体现了文化的发展程度。因此，语言的发展关系着文化的兴衰，规范的语言能够促进文化的健康发展，增强我国的文化竞争力。

(二)语言规范化推动语言学的研究发展

语言文字的规范化和标准化根植于语言本体，不仅促进国家社会政治、经济、文化的发展，也推动语言学研究的发展。语言的产生是为了满足人类交际的需求，语言的基本功能是交际，是信息的传递。信息传递的基本要求有及时、真实、准确、有效等，语言和文字符号是信息传递的载体，只有规范化、标准化的语言才能及时、真实、准确地传递信息。语言的规范化与语言的产生可以说是同步发生的，为了交际的顺利和成功，人们在运用语言和文字的同时会自发地制定规则，纠正错误，规范语言。同道德、意识等一样，语言规范也是一种社会意识形态，是人类群体共同逐渐形成的、人们自发去遵守的准则和规范。这种自发的规范无疑根植于语言本体。

从社会职能的角度看，语言主要是交际工具和思维工具。而从文化和行为的角度看，语言是一种特殊的文化现象和社会行为习惯。不同民族、不同地域、不同时代，语言的运用都不相同，语言的运用是人类不同文化、不同风俗和习惯等的行为表现。人类的风俗、习惯和社会行为尽管难以控制、不易规范，但在一定范围内总有趋同性。人们之间的语言交际之所以能够成功顺利地进行，正是得益于这种趋同性。因此，语言规范化和语言标准化都是社会对这种自发规范倾向的因势利导。只要有语言和言语活动存在，就存在语言的趋同性和变异性，语言规范化工作就要不断地进行。语言规范化工作就是为了建立语言新规范，减少交际阻碍，比语言自发规范化更科学、更规范、更具规模化和行政化。但归根结底，语言的规范化仍根植于语言本体。

语言文字是动态的符号系统，是伴随人类的社会行为而不断发生变化的，对语言文字的规范化研究也要不断跟上语言发展的步伐。语言规范化可以协调语言、人和社会之间的关系，使其和谐发展。对语音、词汇、语法和语用等方面的规范运用，使人们的交际更加顺畅；对异体字、简化汉字和异读词的规范使用，使汉字与汉语能够更好地协调发展；对网络语言等新词语进行规范化，可以使语言焕发出新的活力。所以，对语言进行规范化和标准化，能不断推进语言学的发展和研究。

(三) 语言规范化关系国家统一社会进步

语言是人类最重要的交际工具，也是思维的工具、信息的载体，是人类思想文化的凝聚。语言文字的标准化、统一化可以使语言在实际应用中更好、更准确地理解和传递信息，更顺畅地进行交流。语言规范化可以减少信息传递过程中的误差，并对偏离标准的现象进行纠正，是社会交际的需要。随着科技的进步和社会的发展，尤其是在当今新媒体背景下的信息化时代，人类交际的范围在不断地扩大，交流方式也不断地发生变化，如何准确、高效地使用语言，成为一个亟待解决的问题，对语言的规范化也提出了更高更新的要求。

衡量一个国家物质文明和精神文明发展水平的重要标志之一就是语言应用的规范化程度。语言规范化对我国社会的发展、物质文明和精神文明的建设有重要意义。我国经济的发展、科学技术的发展、各民族间的文化交流、教育的普及等都离不开语言规范化。我国幅员辽阔、人口众多，是一个拥有56个民族、80多种语言、30多种文字的多民族、多语言、多文种的国家。我国建设发展社会主义现代化的进程中，推行语言规范化，使用规范化的语言，能保证交际顺利，信息、政令畅通，有利于语言文字的社会化应用；能保证各民族之间的交往顺畅，有利于促进各民族的团结，维护国家统一；能促进我国经济、政治、文化等各项事业蓬勃发展。所以，语言规范化以及标准化程度关系到国家的统一、民族的团结和社会的进步。

知识和信息是知识经济时代最重要的资源，也是经济发展的内在动力。信息成为关键，尤其是语言文字信息更是重中之重。迄今为止，人类已经经历了语言的创造、文字的发明、造纸和印刷术的发明、电报电话广播电视等传统媒体和通信技术的发明及普遍使用。当前，一场以计算机数据处理技术与新一代通信技术的有机结合为开端的信息技术革命正迅速地改变着世界的面貌。语言文字在这场信息技术革命中不受时空约束，以空前广泛的速度在全球范围内传播，成为网络信息传递、储存与交流的最根本、最直接也是最重要加入的载体。信息传递中的语言规范化问题是基于语言文字的信息处理技术迫切需要解决的问题，语言信息的识别、书写、校对、分类、过滤、筛选、检索、翻译、理解、摘要等系列问题均需要依据规范化、标准化的语言文字来解决，这对语言文字规范化、标准化提出了前所未有的严格要求。此外，在信息处理、人机对话、信息档案、语音识别与合成等方面，规范的处理对象形式，便于计算机系统的识别和处理。语言文字的规范化问题与国家的发展问题密切相关，与国家的经济及科学技术的发展直接相连。

语言文字的规范统一标志着一个国家的富强与民族的统一，是国家政治、经济、文化发展的必然要求。

三、研究内容

新媒体背景下语言规范化研究在厘清新媒体、网络语言、流行语、外来语、字母词、语言规范等几个概念的前提下，通过对新媒体背景下产生的语言现象进行尽可能全面地收集、归类、描写、梳理和综合分析，研究其呈现的新特征及发展趋势，指出新媒体背景下语言的语音、词汇、语法及熟语运用的不规范现象，探讨其产生的动因和理据，从而研究语言规范的意义、态度及语言规范的原则，构建科学合理的语言规范标准体系，并提出切实可行的对策和建议，使这些语言现象得以规范，从而推动语言的健康发展，同时为国家制定语言规划提供理论依据。

本书具体研究内容如下：

（1）界定几个相关概念：新媒体、网络语言、流行语、新词新语、外来语、字母词和语言规范。厘清相关概念之间的关系：新媒体时代是网络语言产生的时代背景和发展基础，而网络语言是新媒体背景下语言的主要研究对象；网络时代的流行语是网络语言词汇的一个重要组成部分，因此网络语言不能等同于流行语；流行语一定是在特定时空背景下产生并被广泛使用的新词新语，但并不是所有的新词新语产生后都能成为流行语；外来语产生之初都是新词新语，但不是所有的新词新语都是外来语；字母词和外来语两个概念之间有外延的交叉，有的字母词是外来语，有的却是本族新语，有的外来语是字母词，有的却不是，而是由音译或意译过来的汉语词。网络语言的规范可以使语言得以更健康地发展。

（2）分析新媒体背景下语言呈现的新特征。与传统媒体相比，新媒体有其自身的特点：即时性、海量性、互动性、共享性、个性化和多媒体性。新媒体的种类很多，目前以网络新媒体、数字新媒体及移动新媒体三种形态为主。网络新媒体是继报刊、广播和电视之后最早出现的新媒体形态，被称为"第四媒体"。数字新媒体是在数字技术基础上衍生出的一种新媒体形态。移动通信媒体，是将移动通信与互联网结合在一起的一种新媒体形态。新媒体背景下语言呈现出新的特征。新媒体背景下语言性质不同于传统语言，新媒体背景下的语言是一种流行语、一种社会方言，是一种语言的社会变体。本研究认为，新媒体背景下的语言呈现出的主要特征有：口语与书面语相结合、创造性与新颖性、简洁性与修辞化、随意性与暂时性、诙谐性与粗俗化等。网络语言的产生和发展有着一定的社会文化心理因素，促使网络语言出现的主要社会文化心理因素有：寻求趣味性、求新求异、从众化与模仿性、调侃戏谑性等。

（3）从语音上的不规范、文字上的不规范、词汇上的不规范、语法上的不规范以及使用符号上的不规范等几个方面收集、整理，描写新媒体背景下语言的不规范现象。语音上的不规范从谐音、单音节化、合音和方音等方面去分析；文字上的不规范从乱码文字符号、拆分字、生造字等方面去分析；词汇上的不规范从词汇缩略、旧词新义、旧词别解、新"词族"和生造词等方面去分析；语法上的不规范从词法、句法上的不规范等方面去分析；使用符号上的不规范从滥用表情符号、乱用标点符号等方面去分析。另外还从语言因素和非语言因素两大方面探究新媒体背景下的语言不规范现象的成因。

最后，从新媒体背景下的语言规范与国家通用语言规范的关系，新媒体背景下语言规范的意义，新媒体背景下如何看待语言规范，新媒体背景下语言规范的原则，以及对语言规范的处理和新媒体背景下语言规范工作的对策和落实等方面探究新媒体背景下的语言规范。

四、研　究　方　法

(一) 文献研究法

在确立研究目标的基础上，全面收集整理相关文献资料，如相关的典著、论文、语料库、学术期刊、网络媒介等，了解相关问题的历史和现状，对资料进行分类整理和归纳分析，为研究寻找和提供立论依据。

(二) 理论分析法

将新媒体背景下的语言规范化问题放置在多学科理论基础上进行交叉式分析研究，不仅运用语言学、文化学理论，还运用心理学、传播学及社会学等学科的基本理论知识，探讨语言规范的科学方法和对策。

(三) 实证调查法

本书的调查主要是指问卷调查。选择有代表性的群体进行问卷调查，调查的对象主要是我国大、中、小学生群体，其次还包括了教师、公务员、企业职工和普通群众等社会群体。问卷调查的内容主要是调查对象对新媒体语言的态度、对不规范现象的认识，以及对语言规范化现状的调查。此方法便于分层次进行研究，为客观科学地进行语言规范研究提供参考。

此外还通过发生学、认知语言学的研究方法以及定性与定量相结合、动态和静态相结合的研究方法分析新媒体背景下语言的特点和产生的原因。

第二章 文 献 综 述

一、汉语规范化研究现状

1955 年教育部和中国文字改革委员会在北京联合召开了以通过《汉字简化方案》和推广以北京语音为标准音的普通话为主题的"全国文字改革会议"，中国科学院紧接着在北京召开了汉语规范史上具有里程碑意义的"现代汉语规范问题学术会议"。著名语言学家罗常培、吕叔湘在大会中做了《现代汉语规范问题》报告，在汉语语言学史上此报告第一次全面、集中、系统地论述了有关汉语规范化的一系列基本理论问题，引起了热烈的反响。会议至今已经 60 多年之久，我国的汉字规范化研究已取得长足进步，主要表现在汉语拼音方案、汉字简化、通用规范汉字这些方面。

(一) 汉语拼音方案的研究

1957 年国务院全体会议第六十次会议通过《关于公布汉语拼音方案草案的决议》。1958 年正式批准《汉语拼音方案》，并通过了《全国人民代表大会关于汉语拼音方案的决议》。随后国家又陆续发布了《汉语拼音方案》的规范标准；1996 年发布国家标准《汉语拼音正词法基本规则》；2012 年重新发布《汉语拼音正词法基本规则》的修订版；2011 年发布《中国人名汉语拼音字母拼写规则》。

我国有不少专家学者对《汉语拼音方案》进行了深入的研究。关于《汉语拼音方案》研究的主要观点有：汉语拼音方案与汉语拼音文字方案不同；

汉语拼音方案是汉语拼音文字方案的基础；汉语拼音方案只能辅助汉语汉字；汉语拼音方案具有科学性、实用性和广泛的应用基础，但有些地方还需完善；现代社会还需加大汉语拼音推行力度，扩大其应用范围，不断完善相关应用规则，提高汉语拼音应用水平等。

吴玉章认为，汉字不是拼音文字，也没有较科学合理的注音或标音符号，因此在汉字的教与学以及汉字的应用方面都遇到不少实际困难。拼音方案的首要作用是给汉字注音及标音，拟订拼音方案可以便于教汉字、学汉字，可以提高汉字的实用性。他在《文字改革文集》中说："有了拼音方案，将来就有可能根据这个拼音方案来拟订拼音文字方案。"[1]吴玉章还提出《汉语拼音方案》应该采用现代世界大多数民族语言中所公用的字母即罗马（拉丁）字母，中国文字应改成拉丁化的拼音文字，并大胆地提出在全国各地选择试点试行新文字。周有光在《周有光语文论集》中提出"汉语拼音不等于汉语拼音文字，它只是汉语拼音文字的雏形和基础"[2]。周有光认为，汉语拼音作为汉字的辅助工具有以下主要作用：发展提高我国的语文教育；应用于我国科学技术方面；是我国少数民族文字的制定基础。他还说："要想得到一个比较理想的汉语拼音方案，必须解决一系列设计技术问题。"[3]武占坤在《汉字·汉字改革史》中提出了拟订汉语拼音方案需要解决的问题，"字母形式、语音标准、汉字拼写法是拟订拼音方案首先要解决的问题。这几个问题解决以后，还必须解决一系列设计技术问题"[4]。王均在《当代中国的文字改革》一书中解说了现代汉语拼音的主要特点，拟定现代汉语拼音主要遵循的原则和制定现代汉语拼音方案的过程，认为汉语拼音方案的主要作用是应用于我国政治经济领域、文化教育领域以及科学技术领域等各领域。并提出了汉语拼音方案进一步完善的方向：汉语拼音

---

① 吴玉章. 文字改革文集[M]. 北京：中国人民大学出版社，1978.
② 周有光. 周有光语文论集[M]. 上海：上海文化出版社，2002.
③ 周有光. 汉字改革概论[M]. 北京：文字改革出版社，1961.
④ 武占坤，马国凡. 汉字·汉字改革史[M]. 长沙：湖南人民出版社，1988.

正词法的研究、同音词的研究和科技应用标调法的研究。① 李敏生在《汉字哲学初探》中则认为汉语拼音方案自公布以来历经近 40 年，经过多年的实践证明，汉语拼音方案不具备文字的准确表达观念的科学属性，不能取代汉字，其最大作用就是给汉字注音。

李宇明在《中国语言规划论》中提出："推行《汉语拼音方案》，扩大汉语拼音的适用范围。"②他还提出汉语拼音方案在国内外有广泛的应用基础，具有学术合理性，没有必要再研究新的汉语拼音方案设计。他还对当今社会汉语拼音应用水平表示担忧，指出当今汉语拼音应用水平的现状不够理想；一部分人汉语拼音的应用能力欠缺；有些学校忽视减弱汉语拼音的教学和科学研究，尤其是在减负的大背景下小学教学有弱化汉语拼音教学的趋势；应进一步加大汉语拼音的社会宣传等。他还进一步提出，专家学者们应深入分析当今社会汉语拼音应用水平低下的原因，积极采取有效的方法措施，使我国汉语拼音在辅助汉语汉字应用中充分发挥作用。

另外，还有一些专家学者也发表了一些关于汉语拼音方案的研究的论文。有肯定汉语拼音方案的，如：吕叔湘的《〈汉语拼音方案〉是最佳方案》，王均的《再论汉语拼音方案是最佳方案》③；有提出完善、发展建议的，如：陈章太的《〈汉语拼音方案〉的功绩、发展及问题》④，迟永长的《完善〈汉语拼音方案〉的几点思考》⑤，李志江的《关于完善〈汉语拼音方案〉的几点建议》⑥。

---

① 王均. 当代中国的文字改革[M]. 北京：当代中国出版社，1995.

② 李宇明. 中国语言规划论[M]. 长春：东北师范大学出版社，2005.

③ 王均. 再论汉语拼音方案是最佳方案[J]. 语言文字应用，2003(2)：2-9.

④ 陈章太.《汉语拼音方案》的功绩、发展及问题[J]. 语言文字应用，2008(3)：6-8.

⑤ 迟永长. 完善《汉语拼音方案》的几点思考[J]. 辽宁师范大学学报，1999(6)：51-52.

⑥ 李志江. 关于完善《汉语拼音方案》的几点建议[J]. 语言文字应用，2008(3)：15-16.

（二）汉字简化的研究

我国不少专家学者对汉字简化进行了深入的研究，提出了不同的意见。关于汉字简化研究的主要观点有：汉字简化是汉字形体变化的基本趋势；应辩证地看待汉字简化问题，汉字简化有利有弊，总体上利大于弊；汉字简化的价值评估值得研究；简化字更利于文化的传播；中国必将继续进行汉字的简化，但必须极其谨慎等。

吴玉章在《文字改革文集》中认为："从文字方面说，除了顽固保守分子外，多数承认了汉字的不容易学习，不便于自由表现真实的思想，使学术思想永远赶不上别的国家，在日常应用上，打字、排字、打电报等都极不适宜。"[①]吴玉章还提出汉字简化的原则：约定俗成原则、区分简化范围原则、异体字保留其一原则，废除与原有简体字相对应的繁体字原则。武占坤在《汉字·汉字改革史》中提出了汉字简化的方针和方法。李学勤在探讨古文字形体发展规律时认为："从古文字阶段看，形体的简化和繁化两种趋向是互相交织、彼此消长的，对一些结构较为繁冗的字，先民们早就具有简化的意识。"[②]

史有为从七个方面评估了汉字简化的价值，这七个方面分别是：书写速度、笔画和部件的种量、认知难度、空间处置难度、时空范围内的信息流动难度、文字的系统性以及文字的稳定性，从而得出汉字简化的"得"与"失"的比例大致为 61：39，或者 6 与 4 之比，得大于失，但超过的差额并不多，失去的却太多。他认为简化的价值是及格的，但却是刚刚及格。每次汉字改革都要以失去某些珍贵的东西作为代价，这样的改革是一种遗憾，因为失去的远远大于收获的，最终仅仅是收获一个刚够及格的方案。他得出的这样的研究结论值得我们进一步思考。[③]

北京大学的苏培成教授认为汉字简化须辩证看待，存在利和弊。繁体

---

① 吴玉章 . 文字改革文集[M]. 北京：中国人民大学出版社，1978.

② 李学勤 . 商周古文字读本[M]. 北京：语文出版社，1989.

③ 史有为 . 汉字简化的价值评估[J]. 语文建设，1991(3).

字笔画繁多、读音杂乱，给汉字的书写、记忆、阅读及理解等方面带来困扰，而简化汉字可以节省书写时间、提高记忆力、提高阅读清晰度、提高阅读效率等。此外，简化汉字还有利于计算机数字化自动识别和信息技术的发展。但是，某些汉字的简化影响了汉字的理据性，破坏了汉字的表意性。但总体权衡，利仍大于弊。他还认为，"推行简化字是为了减轻汉字学习和使用的负担，因此在简化字推行后，在全国印刷和书写的文件上一律通用简化字，也就是'以简代繁'。被简化了的繁体字不再使用，而翻印古籍和有其他特殊需要时照旧可以使用繁体字。可见，推行简化字并没有废止繁体字，只不过缩小了繁体字的使用范围"①。"简化字易学便用，用简化字写的古籍更容易阅读，更有利于文化的传播。""汉字简化没有使汉字分化为简繁两个系统。"②

李敏生在《汉字哲学初探》中辩证地研究了繁体字和简化字。他认为在汉字漫长的发展史上，汉字发展的唯一趋势不是笔画的简化、笔画的繁化同时并存的。"在汉字简化问题上是有得有失，只看到获得利益的一面是不够的，这里要求认识的全面性。要用一分为二的辩证观点去认识这一个问题。"③

陈章太肯定了中国汉字简化的必要性，认为汉字简化有长远的历史，是社会发展和科技进步的实际需求。他也肯定了中国汉字简化的正确性，认为汉字简化实际效果是较好的，同时也提出中国汉字简化在具体工作中存在的一些缺点和问题。他还认为，中国的汉字还可以进一步简化，他说"中国的汉字不可能不再简化，但今后的汉字简化必须极其谨慎，不能常简多简。""汉字简化不只是中国的事，今后的汉字简化必须充分考虑国际合作。"④

---

① 苏培成．关于简繁汉字使用问题的思考[N]．光明日报，2016-08-27(8)．
② 苏培成．简化汉字60年[J]．语言文字应用，2009(4)：26-35．
③ 李敏生．汉字哲学初探[M]．北京：社会科学文献出版社，2000．
④ 陈章太．论汉字简化[J]．语言文字应用，1992(2)：1-6．

(三) 通用规范汉字的研究

自中华人民共和国成立, 我国语言文字管理部门陆续发布了一系列针对语言文字的规范要求。但是, 随着我国政治、经济、科技和文化的发展, 我国的语言文字也呈现出多元化的发展趋势, 语言的使用情况也发生了巨大变化。原有的语言文字规范已不能完全满足实际应用的需求。因此, 我国各相关领域的许多专家和学者主张制订一个集原有各规范于一体的《规范汉字表》, 尤其是国家于 2000 年公布了《中华人民共和国国家通用语言文字法》, 更进一步推进了《规范汉字表》的制订。2001 年国家语委"十五"重点科研项目《规范汉字表》课题组对制订《规范汉字表》进行了设想。课题阐明了研制《规范汉字表》的总原则: 要坚持科学精神, 不回避问题; 力求稳定, 尽量不出现或少出现新造字形;《规范汉字表》要作为一般社会用字和计算机用字的标准, 等等。同时, 对简化汉字、整理异体字和印刷字形整理工作中的若干问题以及字表的字量问题进行了探讨, 设想了《规范汉字表》的总框架。

2004 年王铁琨阐述了研制《规范汉字表》的必要性, 界定了"规范汉字"的内涵和外延, 提出规范汉字是客观存在的、规范汉字有层次之分、规范汉字是经过整理产生的, 规范汉字是个"历时中包含有共时、共时中包含有历时"的概念。

2006 年王宁提出了制定《汉字规范表》的迫切性与重要性; 汉字规范必须遵循科学性, 还要注意其应用领域的社会性; 理想的规范汉字应该协调好汉字的科学性和社会性, 当科学性与社会性相一致时, 应大胆处理, 当科学性与社会性相矛盾时, 应从应用出发考虑汉字的现实性; 对汉字的调节应结合社会背景遵循其客观规律。他还说: "我们应当用这个标准来衡量一个世纪以来汉字规范的实践, 并且做好新的规范汉字表的研制工作。"[①]

---

① 王宁. 再论汉字规范的科学性与社会性——关于制订规范汉字表的思考与建议[J]. 语言文字应用, 2006(4): 2-11.

2009 年，时任教育部语言文字信息管理司司长的李宇明教授在第 12 次新闻发布会上向新闻界介绍《通用规范汉字表》及公开征求意见有关工作，《通用规范汉字表》面向社会公开征求意见。李宇明向公众简单介绍了《通用规范汉字表》、说明了《通用规范汉字表》研制的情况、阐述了其制定和发布的意义，指出了主要解决了哪些若干重大问题等。①

随后，专家学者对《通用规范汉字表》提出了不同的论点。华东师范大学胡范铸、陈佳璇认为《通用规范汉字表》调整汉字的字量、字级是有意义的，但调整汉字字形，尽管只是微调字形也需要继续认真斟酌。武汉大学的萧国政认为在不影响汉字识别、书写的情况下，调整、修饰汉字的字形是必要而且可行的。华中师范大学的汪国胜肯定了《通用规范汉字表》对 44 个汉字的字形进行了调整，认为调整是有必要的。华中师范大学语言与语言教育研究中心范新干指出"《通用规范汉字表》所作的调整，立意周密，处事宏通，避免了历史性缺失，兼顾了多方面的需要。"②

综上所述，研制《通用规范汉字表》是适应 21 世纪新时代语言生活的需要，体现出我国语言文字政策的重大规范。《通用规范汉字表》的研制及实施利国便民，满足了社会各领域汉字应用的需求，方便了广大人民的语言生活，促进了我国政治、经济、文化、国际交流、信息化、教育等各方面事业的发展。《规范汉字表》课题组提出的制表总原则得到多数专家学者的肯定，但是有些是值得商榷的。例如，有些字的简化是否欠妥，有的异体字是否误收漏收，强制性限定类推简化范围是否欠妥，等等。还有学者认为，将社会用字和计算机用字的标准混同起来的做法存在问题，全体社会成员有使用汉字的自由，对待社会用字我们应该引导规范，而不是强干预。

---

① 李宇明. 关于《通用规范汉字表》的研制及公开征求意见的相关问题[J]. 长江学术，2009(4)：1-4.

② 胡范铸，陈佳璇，萧国政，等. 专家笔谈：关于《通用规范汉字表》研制及相关问题的讨论[J]. 长江学术，2009(4)：5-11，50.

二、网络语言研究现状

关于网络等新媒体语言的研究，国外始于 20 世纪 90 年代。1997 年，美国哈特福德大学世界语言问题研究和资料中心召开第一次"网络和语言"研究会，有国际影响力的语言学家们讨论了网上语言、英语作为网络通用语的地位以及基于网络的语言教学等问题；2001 年著名语言学家 David Crystal 出版了著作 *Language and the Internet*，成为这一研究领域的领军人物；2002 年第一届国际网络语言研究大会在西班牙召开，有专家称这是一次真正意义上的"网络和语言"的国际研讨会，这次会议标志着网络与语言研究引起了世界语言学界的关注。

国内对这领域的研究主要从 20 世纪 90 年代末开始。随着互联网的逐渐普及，人们的网络生活越来越丰富，网络语言的运用也越来越普及，我国众多专家学者也不断投身到网络语言的研究中，从语言学角度对网络语言进行了探讨，研究角度多样化，研究内容广泛化，研究成果也越来越丰硕。

目前，我国出版了多部有关网络语言的词典和专著。

2000 年，《网络时尚词典》由海南出版社出版，此词典由易安编著，是我国第一部网络语言词典。这部词典共收录了 1000 余条当时最新、最富有代表性的网络词语。词典依照网络语言的类型重新组合网络词语，把网络语言分为网络专业术语、俗语、数字语、暗语等几类。2001 年，于根元教授主编的《中国网络语言词典》，由中国经济出版社出版。这是我国第一部由语言学家编写的网络语言词典。词典的编辑依照辞书编纂的特点，附有丰富的例证，全书共收录网络词语条 1305 条。2003 年，一部非正式出版的动态词典、网络专用词典《金山鸟语通》出现在各大网站。《金山鸟语通》的编辑并非个人，而是由众多网友和网络语言的使用者共同编辑。该词典收录了 1000 余条专用词汇，其词汇多用于网络聊天，有较强的实用性，深受欢迎。该词典的最大特点是把开放的网络文本当作载体，广大网民通过超链接可以在转帖中不断对其进行修正和补充。因此，该词典是动态的、不断更新的，颇受广大网民的喜爱。2012 年，汪磊主编《新华网络语言词典》。该词典对网络语言的释义简明精准，所收例句均来自鲜活生动的网络生活，还有一部分网络词语给出了词语的来源和背景。字典共收录网络词语 2946 条，网络符号 280 条。这几部词典均具有较强的工具性，收录网络词语内容详尽，释义通俗易懂，方便网民上网聊天、查阅网络文章等，为广大网民提供了便利。

有关网络语言研究的专著从不同方面对网络语言进行了研究。其中，于根元教授的《网络语言概说》(2001 年)对网络语言进行了比较系统的论述。刘海燕在《网络语言》(2002 年)一书中阐述了网络语言的总体风貌，网络语言的规范化，网络语言的性质、语境、语体，网络新词语的生成以及社会生活语言与网络语言的关系等问题。刘能镛、马长安的《网络语言与语文教育》(2002 年)内容涵盖了网络语言的内涵及其特征、网络语言与语言教学、网络语言与写作教学、网络语言与语文思维、网络语言与信息时代的语言等各方面的内容。吕明臣、李伟大、曹佳的《网络语言研究》(2008 年)揭示了网络言语交际的性质、特征和过程，分析了日常交际用语与网络语言的差别，指出了网络语言交际中的一些特有现象。汤枚英的《网络语言新探》(2010 年)探讨了网络语言的性质、特征及类型，从文化学、传播学、符号学、修辞学、模因论，多学科多角度审视网络语言，并对网络流行语、网络语言的规范等问题进行了讨论，对网络语言的发展前景作了展望。张云辉的《网络语言语法与语用研究》(2010 年)主要讲述了网络语言语法与语用研究的现状和发展。安志伟著的《网络语言的多角度研究》(2012 年)是在网络语言的本体研究基础之上，结合社会语言学的有关理论对汉语中的网络语言现象进行多角度研究……这些专家学者们的研究成果有助于网络文化的传播，帮助人们理解网络语言，指导人们进行网络交际和网络阅读，具有较强的理论和实用价值。

此外，还有一些专家学者也发表了数量颇多的关于网络语言的论文。2018 年 8 月 31 日，笔者通过"篇名"项在知网数据库中检索"网络语言"，查询到我国共发表包括硕博论文、期刊及会议论文等在内的网络语言方面论文共 4376 篇，数量很可观。据统计，网络语言研究方向的论文数量逐年增加，尤其是最近几年呈井喷式增长趋势。这也说明随着网络的普及化，网络语言和网络文化受到人们越来越多的关注，研究方向也呈现出多样化发展。这些论文大致可以分为以下四类。

第一类是定义性质的，主要是探讨网络语言的概念、定义和范围的。如祁伟的《试论社会流行语和网络语言》，殷晨的《网络语言现象的分析》，韩莉芬、赵晓丽的《试论网络语言》，张苹、查中林的《关于网络语言的几点限定》等。

第二类是从语言学角度分析网络语言的特点、特征的，也有研究规范问题的。如陈敏哲、白解红的《汉语网络语言研究的回顾、问题与展望》，骆昌日、何婷婷的《网络语言的特点及其情感性意义》，赵海燕的《网络语言的运用特点及其规范化问题研究》，曹进、刘芳的《从模因论看网络语言词汇特点》等。

第三类是从语言学之外其他相关理论或方法对网络语言的价值、语用等方面进行研究的。如孔正毅、吴慧珺的《网络语言的后现代精神简析》，缪锌的《网络语言暴力形成原因透析》，周建民的《网络语言对语言系统和语言生活的影响——从社会方言的角度》，张筱荣的《网络语言在大学生思想政治教育中的价值和应用》，范明的《互联网媒介下网络语言的情绪传播研究》，牟青的《社会语言学视角下网络热词的发展》等。

第四类是网络语言研究综述类的文章。如闵毅的《网络语言研究现状综述》，李铁范的《网络语言研究综述》，刘天明、石红宇的《网络语言研究综述》，刘艳的《网络语言研究综述》，高圭荣的《我国网络语言研究综述》，胡凌、刘云、杨传丽的《网络语言二十年发展综述》，汪磊的《网络语言研究十年》等。

三、网络语言规范化研究现状

近年来，互联网技术在不断地进步和发展，我国也步入信息化时代，网络生活已经成为人们的日常生活，网络语言生活也越来越丰富多样。网络语言的另类表达逐渐融入日常生活、进入现实社会，并且愈演愈烈。另类的网络语言冲击着我国现有的语言规范，我们不可听之任之，应当进行规范化引导，避免引起语言混乱。一个国家、一个民族的文明程度与是否合乎规范、标准地运用语言文字有莫大的关系。要维护我们国家与民族的尊严，关键是要保护祖国语言文字的尊严。我国著名作家王蒙曾呼吁在全球一体化的语境下注意保护汉语的纯洁性，而对语言进行规范化是保护语言纯洁性的最重要的环节。

我国语言研究者应对网络语言进行积极、自觉的整理研究，总结网络语言特性、共性及发展规律，引导网络语言健康规范地发展。目前，我国已经初步取得了一些成绩。比如在词典编纂方面，于根元教授于2001年主编了我国第一部网络语言词典——《中国网络语言词典》。同辞书编纂一样，这一部网络语言词典的编纂以汉语拼音为序，每一个网络词语都配以释义和例证，释义通俗易懂，例证丰富全面，全书共收录网络词语1305条。

对现代汉语词典增补新词的工作由中国社会科学院语言研究所词典室完成，词典增补了一些关于网络语言的新词，如电子邮件、BBS等词汇。2014年《现代汉语规范词典》完成新一轮修订，修订词典是国家语言文字工作委员会的重点项目。第3版《现代汉语规范词典》在修订过程中增补了上百条体现时代特色的新词语，许多与人们的生活密切相关的网络热词被收录其中，比如网购、接地气、微信，吐槽等词汇。"网购"指网上购物，即购物者通过互联网查看商品信息、提交订单，商家以邮寄、快递等方式送货上门，或由网购者到指定地点自行提货，有款到发货、货到付款等交易方式。这条释义解释了"网购"的含义，提供了一些在互联网上购物的必要步骤，具有较强的实用性和时代性。新版词典还增补了一些词语的新义项、新用法。如"土豪"一词在《现代汉语规范词典》中原指"旧时地方上的豪强，即农村中有钱有势的恶霸地主"，然而，在网络语言中"土豪"这个词语有新的义项，指"富有钱财而缺少文化和正确价值观的人"，新版词典在修订的过程中补充了"土豪"的新义项。

专家学者们对网络语言的规范化研究主要是从以下几个方面来进行的。

一是研究对网络语言规范的态度问题。如戴耀晶的《怎样看待新的网络语言》、陈榴的《网络语言：虚拟世界的信息符号》等对语言规范问题持不确定态。而闪雄的《网络语言破坏汉语的纯洁》及邓军的《论网络语言与规范问题》认为对网络语言规范要防微杜渐，在网络还没普及时要及时建立规范，防患于未然，以保持语言的纯洁性。

二是研究网络语言规范的角度问题。如李梅的《谈网络语言的语词类型、特点及规范》、高慧娟的《网络词语的生成方式及特色》，安志伟的《对网络词语规范化的几点思考》等。

三是研究网络语言规范的原则问题。如张立平的《论网络词语的规范》、邓文彬的《网络语言的定位与规范问题》，张璐的《从语用角度试分析网络语言的特点及其规范化》等。

四是研究网络语言规范的方法问题。如于根元的《网络语言概说》、吴淮南的《网言评议》中都有提及。

这些专家学者们积极地对网络语言规范化的诸多问题进行了思考和研究，这些研究有宏观上的理论研究，也有微观上的具体应用研究。然而相对于我们要研究的课题，以上研究还是有很多不足并留有研究空间的。主要体现在三个方面。

第一，从时间上来讲，以上研究成果大多是在2000年前后网络刚刚兴起时对网络语言进行的研究。20多年来，基于网络、数字技术的新媒体迅猛发展，"参与、对话、分享"是新媒体语言的显著特征，在这种背景下，新的语言现象大量地毫无征兆地出现，其传播速度之快、传播范围之广令人们目不暇接，极大地影响着我们的语言生活，冲击着我们原有的思维模式，也强烈冲击着我们原有的语言规范观念和标准。新媒体背景下的语言规范发生了什么样的变化，发生变化的动因，如何科学有效地制定新的规范标准、规范原则、规范手段等都是亟须解决的问题，因此有必要抓紧时间进行新的研究。

第二，从研究范围上来讲，以上研究成果主要是针对网络语言的研究，而"新媒体背景下的语言规范化研究"不只是网络语言的规范，而是指在新媒体这个大环境下，国家通用语言、网络语言、流行语、外来语、传统媒体语言、大众语言等所有语言的规范问题。目前为止，真正完全地以"新媒体背景下的语言规范化研究"为研究目标的论文或论著还没有发现。

第三，从研究深度和广度上讲，以上研究成果，也还比较零散，缺少整体的、系统的及深层次的探讨和研究。全面纵深和多样立体研究尚有较大空间。

基于以上三个方面的情况，对在新媒体背景下语言规范化的研究就成为当务之急，而且我们的研究是建立在规范汉语语言理论研究基础上的跨学科的研究，涉及社会学、语言学、文化学、心理学、信息处理、新闻传播等学科的理论和应用研究，所以有比较深刻的学术价值；此外，还因为新媒体背景下语言规范更有利于语言在新媒体上传播的准确性，对我们的社会生活、语言教育起着至关重要的作用，更预期对我们国家的语言规划、语言政策的制定能提供理论和实践参考意义，所以又有较深刻的社会应用价值。

第三章　概念的界定

一、相关概念的界定

(一)新媒体

新媒体(new media)的概念是美国人 P. 戈尔德马克(P. Goldmark)于 1967 年率先提出的，他在发表的一份关于开发电子录像商品的计划书中，第一次将"电子录像"这一概念称为"新媒体"，于是"新媒体"概念便由此产生。1969 年，在美国传播政策总统特别委员会主席 E. 罗斯托(E. Rostow)提交给尼克松总统的报告书中，"新媒体"(new media)一词又被多次提及，从此，"新媒体"一词便在美国被广泛使用，进而风行于世界各地。

"新媒体"概念的提出，反映了人们对信息传播方式变革的新呼唤。但是，对于新媒体这一概念，学者们一直都没有形成一个统一的界定。上海戏剧学院的陈永东教授认为，新媒体是"利用新技术随时间不断更新的媒体，目前主要是互联网及移动互联网相关应用、户外数字媒体、数字电视、车载移动媒体及其他新型或新兴媒体"。阳光文化集团的首席执行官吴征先生认为，新媒体概念的提出是相对于旧媒体来说的，"消解力量"是新媒体的第一个特点，即消解诸如电视、广播、报纸、通信等传统媒体之间的边界，消解各个国家之间、各种社会群体之间、各类产业之间以及信息的输出者与接收者之间的边界等。清华大学新闻与传播学院的熊澄宇教授认为："新媒体是一个不断变化的概念，'新'是相对于'旧'而言的。在今天网络的基础上又有了延伸，以及无线移动的问题，将来还会出现其他新的媒体形态。跟计算机相关的媒体都可以说是新媒体。"Blog Bus 副总裁兼首席运营官魏武挥先生认为，新媒体是指受众通过数字化模式，进行广泛而深入地参与的媒体形式。新传媒产业联盟秘书长王斌认为，在数字信息技术基础上，具有创新形态和互动传播特点的媒体即新媒体。美国《连线》杂志指出，任何人对任何人的传播就是新媒体。

综上所述，我们认为，新媒体是相对于传统媒体而言的一个不断变化的概念，是在网络技术、数字技术、移动通信技术等的支撑下衍生出来的媒介形态，能够向大众提供个性化的服务，并且能够给无数的交流者提供同时进行相互间的个性化信息交流的平台。

(二) 网络语言

随着互联网的普及和迅速发展，越来越多的人开始使用互联网。互联网一方面拉近了人们之间的空间距离，方便了人们的交流沟通，使人们利用网络进行即时的聊天交友成为可能和常态，另一方面因为交流方式的改变，又严重地影响了人们的生活方式和语言的使用。人们利用网络进行沟通交流，前期受技术手段的影响，一般运用文字、符号、图像等方式进行，于是出现了与现实生活不完全一样的表达方式，网络语言便伴随网络的发展而兴起。作为一种新兴的语言表达形式，与传统媒体时代使用的语言相比，网络语言的外在表现形式和内在表达意义都有着明显的变化。到目前为止，许多学者从不同角度定义了网络语言。彭育波 (2001) 认为，"所谓网络语言是网民在网络上进行交流时所使用的书面语言"。于根元教授 (2001) 认为："'网语'是网民为提高输入速度，对一些汉语和英语词汇进行改造，对文字、图片、符号等随意链接和镶嵌。从规范的语言表达方式来看，'网语'中的汉字、数字、英文字母混杂在一起使用，会出现一些怪字、错字、别字，完全是病句。"①但是网民们似乎对这种表达方式情有

---

① 杨维东. 网络语言的特点和发展趋势分析[J]. 西安邮电学院学报，2009，14 (2)：173-175，182.

独钟，而且乐此不疲地在网络平台上频繁使用着。张云辉（2007）谈道："何为网络语言？总的来说指四种情况。第一种，和互联网有关的专业术语；第二种，网络新闻使用的语言；第三种，网络文学使用的语言；第四种，网络聊天室以及论坛中使用的语言。"①于虹认为："网络语言是利用电子计算机在网络交际领域中使用的语言形式。广义上的网络语言指在网络环境中网络用户群体所使用的语言，包括网络新闻、网络文字、网络聊天室和电子公告牌系统中的语言。狭义的网络语言是指网民在聊天室和 BBS 上所使用的语言，实时聊天要求及时互动，需要快速简明，通过键盘输入文字或其他符号表达自己的意思。"②

综上研究，我们可以看出，学者们对网络语言这一概念的界定，分为广义和狭义两种。广义的网络语言，指在网络时代出现的所有与网络有关的语言，既包括与计算机和互联网领域相关的专业领域的术语，如信息技术（IT）、Flash 动画、虚拟现实（VR）、人工智能（AI）、云计算、云存储等，也包括网民在使用互联网进行诸如信息采集、消息发布和交际沟通时使用的语言，如人们在各种网络交流平台，如微信、腾讯 QQ、微博等平台上交流时所使用的语言，包括汉字、拼音或者英文字母的缩写、含有特定意义的数字和生动形象的动画、图片等多种组合。狭义的网络语言只指利用各种网络平台进行交流时所使用的语言。我们所研究的网络语言，是狭义的网络语言，指与网络交流有关的习惯用语、俚语、具有特殊形式或特定含义的用语及语符。

（三）流行语

对于流行语，研究者也有不同的定义。

孙曼均（1996）认为："流行语是语汇中特殊而敏感、变化极快的词语层面，是在某一时期社会上广泛流行的城市人（主要是城市青年）的惯常用

---

① 张云辉. 网络语言的词汇语法特征[J]. 中国语文, 2007(6)：531-535.
② 杨维东. 网络语言的特点和发展趋势分析[J]. 西安邮电学院学报, 2009, 14(2)：173-175, 182.

语，或某一阶层、行业的习惯用语。"①劲松等(1996)认为："流行语是一种词汇现象。从研究的角度来说，是一种词汇的分类研究。流行是一种动态现象，具有显著的时代特征。"②杨建国(2004)认为："流行是指某一事物或现象在某个时点上产生，并在很短的时段内广泛传播或蔓延。流行语则是作为该类事物或现象的反映，有的是现成词语赋予新义、有的从外语中音译或意译、有的属于新造、有的是缩略短语而成。"③常青认为："流行语是一定社会发展阶段流行很广的语言，它是一个历史范畴，是指在一定的时段和区域内，由一定数量的人们普遍使用的词语、短语、句子等。它是一定时期内社会政治、经济、文化、环境及人们心理活动的综合产物。"④

　　以上学者对流行语的定义虽有不同，但都明确了流行语的突出特点：流行性、新颖性、高频性和短暂性。"流行语的基本特征就是其流行性。"⑤"流行语是语言问题，但又不仅仅是语言问题。当前在流行什么，流行语都有反映。"⑥从本质上来说，流行语是一种社会现象，它反映了特定群体在特定时期的价值观念和文化心态等，随着新情况、新事物、新现象的出现而出现。流行语的使用频率往往比一般词语要高，是一段时间内群众所喜闻乐见的词语。而流行语的"流行"过程一般是比较短暂的，具有阶段性。对此，夏中华(2012)认为："流行语是一个动态过程，大多经历'显现-流行-消失'这样一个过程。"⑦劲松(1996)也认为："流行语的发展前途

---

①　孙曼均.城市流行词语及其社会文化分析[J].语言文字应用，1996(2)：101-107.

②　劲松.流行语新探[J].语文建设，1999(3)：22-26.

③　杨建国.流行语的语言学研究及科学认定[J].语言教学与研究，2004(6)：63-70.

④　张陈晨.近十年流行语研究[D].合肥：安徽大学，2012.

⑤　杨建国.流行语的语言学研究及科学认定[J].语言教学与研究，2004(6)：63-70.

⑥　杨建国.流行语的语言学研究及科学认定[J].语言教学与研究，2004(6)：63-70.

⑦　夏中华.关于流行语性质问题的思考[J].语言文字应用，2012(1)：92-99.

只能有两种：一是消失，即在使用中被淘汰；二是被接纳，进入一般词汇。"①

由此可见，流行语是一种词汇现象，是语言词汇的一种分类研究，指在某一时间或特定空间内，被人们普遍关注并被广泛传播使用的词语，具有流行性、高频性和短暂性等主要特点。流行语往往通俗易懂、朗朗上口，反映了一定时代的社会特征。

(四)新词新语

学术界对新词新语的概念界定也不尽相同。

对"新"的理解，学界就有几种不同的看法。有人认为，新词语是"新创造的、但还没有被普遍接受的词或短语"，这一点有别于流行语；有人认为"新词可以指任何还感到新鲜的新的词汇单位"，强调是新近出现的词语；也有人认为"为表示新出现的事物或表示新出现的概念而创造的词为新词"，强调词意之新；还有人认为"所谓新词新语，是指现有的语文词典未收的词目或义项"，指新出现的词语。对新词语的界定，学术界也存在着分歧。王铁昆(1992)认为："新词语是指一个新创造的或从其他语言中，从本民族语言的方言词、古语词和行业语中新借用过来的词语，也指一个产生了新语义、新用法的固有词语。"②姚汉铭(1993)认为："新形式的新词语要研究，旧词获得了新义、新用法也需要研究，因此从语用上说，新词语中应包括'旧词新义''死词复活'等旧形式的变异词。"③符淮青(2011)认为"新词是适应社会的需要而创造出来的，经过实际运用鉴定的，为语言所接受的"④。

基于以上研究，本研究的新词新语是指人们在利用互联网进行信息传

---

① 劲松. 流行语新探[J]. 语文建设, 1999(3)：22-26.

② 王铁昆. 新词语的判定标准与新词新语词典编纂的原则[J]. 语言文字应用, 1992(4)：14-20.

③ 姚汉铭. 新时期新词语研究述评[J]. 汉语学习, 1993(4)：27-32.

④ 符淮青. 现代汉语词汇[M]. 北京：商务印书馆, 2011.

播、沟通交流、信息互动等过程中产生的新词语，与网络应用和网民的日常生活密切相关，是新媒体时代涌现出的新事物、新概念、新现象和新观念的反映。

(五)外来语

外来语，也称外来词，是一种词汇现象，在汉语词汇中有非常重要的地位。外来语也有多种不同的定义。《辞海》中的解释是："外来词，也叫'借词'或'外来语'，是一种从别种语言里吸收来的词语。"黄伯荣、廖序东(2007)认为："外来词也叫借词，指的是从外族语言里借来的词。"葛本仪(2001)则认为："在社会发展过程中不同国家民族间的相互交往影响到各民族之间语言词汇的发展和吸收，通过这种原因和途径产生的词叫作外来语。但是外来语是受外语影响而产生的词，因为任何一种语言在接受外语的影响时，都要在原来外来词基础上，将外来词按照自己本族语言的特性，加以改造。因此汉语在吸收外来词时，也会将外语词汉化，使之符合汉语的特点。"①世界上的任何一种语言都会随着时间的推移、文明的进步、经济的发展和社会的变革而不断地发展变化。汉语也不例外，随着社会的进步、文明的发展，汉语也在不断地发展变化着。随着新事物、新现象及新观念的产生，人们往往会通过创造新词或借用外来语表述这些新兴事物或新现象，于是就产生了新词新语。

本研究认为，对外来语的定义应该从词源特征和词形特征这两个方面进行定性的表述，所以我们更认同史有为(2013)的观点："'外来词'，也叫'外来语'，在某种意义上也可与'借词'相当。在汉语中，一般来说，外来词是指在词义源自外族语中某词的前提下，语音形式上全部或部分借自相对应的该外族词、并在不同程度上汉语化了的汉语词；严格地说，还应具备在汉语中使用较长时期的条件，才能作为真正意义上的外来词。"②

---

① 葛本仪. 现代汉语词汇学[M]. 济南：山东人民出版社，2001.
② 史有为. 汉语外来词(增订本)[M]. 北京：商务印书馆，2013.

(六)字母词

本研究所涉及的字母词,仅指汉语字母词。对于字母词的概念,学者们的认识也不同。胡明扬(2003)认为"所谓汉语字母词应该称为外文字母词语或带外文字母的词语,因为这些字母都是外文字母,不是汉语拼音字母""只有像 GB(国标)和 HSK(汉语水平考试)等类型才能说是'汉语字母词语',读的时候不管按过去暂定的汉语拼音字母读法,还是按英文字母的读法,大家心目中还承认这是汉语拼音字母,而更主要的是意思完全是汉语的意思"①。他认为字母词只指外文字母词语或带外文字母的词语,而把用汉语拼音或带汉语拼音的词语排除在外。刘涌泉(2013)则指出:"汉语中带外文字母(主要是拉丁字母)或完全用外文字母表达的词,前者如 B 超、卡拉 OK 等;后者如 CD、UFO 等。它是一种新形式的外来语。""由拉丁字母(包括汉语拼音字母)或希腊字母构成的,或由它们分别与符号、数字或汉字混合构成的词。"②他把希腊字母、汉语拼音字母和数字符号等纳入了字母词的范畴,比胡明扬的解释更为宽泛。而周晓林等人则认为字母词是"用拉丁字母(英文字母)构成的缩略语",由纯粹外文字母组成,如"WTO"(世界贸易组织),只指外文字母构成的词语,与胡明扬的表述基本一致。于根元认为外文原形或外文缩略式是"外语词",而汉语拼音简缩形式是"汉语词",进行了更细的分类,把字母词分为两类,既包括外文字母组成的字母词,也包括由汉语拼音组成的字母词。

对于字母词的界定,众多学者争论的核心问题主要在于汉语拼音字母构成的词语、外语原形词、外文缩略语、希腊字母、阿拉伯数字及外来符号等是否属于字母词。作为一种"异质",这些非汉语、各种字母、数字符号等外语词丰富着汉语的表达内容,日益广泛深入地影响着我们的语言生活,影响着现代汉语的不断发展。而且,字母中的阿拉伯数字、希腊字母及各种符号

---

① 胡明扬 . 胡明扬语言学论文集[M]. 北京:商务印书馆,2003.
② 刘涌泉 . 汉语拼音 字母词 全球化[J]. 中国语文,2013(1):79-80.

往往和外来字母组合在一起构成词语，比如"4G 手机"等。因此，本研究里字母词包括由汉语拼音在内的拉丁字母、希腊字母等字母构成的字母词和由这些字母与阿拉伯数字、汉字或其他各种符号构成的一些词语。

(七) 语言规范

每种语言都是由特定的语音、词汇、语法及文字等要素构成的一种语言系统，这个语言系统由社会、历史和文化等多方面的原因影响而形成，具有一定的社会约定俗成性。

早在 1951 年，《人民日报》社论《正确使用祖国语言，为语言的纯洁和健康而斗争》中就曾经指出，语言的使用是社会经济、政治文化生活的重要条件，是每人每天都要用到的。正确使用语言，对人们思想的精确程度和工作效率的提高，都有着极其重要的意义。国家历来对语言文字工作极其重视。1955 年，把"实现汉语规范化"确定为国家语言文字工作的三大任务之一；1956 年国务院又把"推广普通话"作为汉语规范化工作的核心任务；1957 年，当时的中国文字改革委员会完成了《汉语拼音方案》；1960 年，出版了以规范词汇为目的的《现代汉语词典》；1997 年，颁布了《普通话水平测试等级标准》，并开始在全国范围内开展普通话等级水平测试；2000 年，通过并颁布了《国家通用语言文字法》，从法律的层面提出普通话和规范汉字是我国通用的语言文字；2012 年，下发了《国家中长期语言文字事业改革和发展规划纲要(2012—2020)》，更加明确了语言规范化工作的要求和内容等。这一系列举措的实施使我国的语言文字规范化工作取得了巨大的成就。

黄伯荣、廖序东(2007)指出："现代汉语规范化就是确立现代汉民族共同语明确的、一致的标准，并用这种标准消除语音、词汇、语法等方面存在的一些分歧，同时对它的书写符号、文字的形、音、义各个方面也要制定标准进行规范。"①罗常培、吕叔湘在《现代汉语规范问题》中明确指出："语言有一定的稳固性，具体表现在确定的规范上；但是语言是发展

---

① 黄伯荣，廖序东. 现代汉语(增订 4 版)[M]. 北京：高等教育出版，2007.

的，所以语言的规范也不可能一成不变。"龚千炎(1994)等人认为："语言规范是一个不断变化发展着的过程，它属于语言应用中的问题，而语言又只有在应用的过程当中才能不断地得到发展，因此，语言规范的本质就是应用、发展中的规范。"①语言规范和发展具有辩证统一性。首先，语言规范是静态和动态的辩证统一。语言规范一旦形成，则会长时间规定着人们语言使用的具体方式，但语言作为一种社会现象，是随着社会的发展而不断地发展变化着的。不同地区、不同时代、不同环境下，甚至每一个人在不同时候使用语言时都会产生种种的变异，于是就产生了"当前所使用的语言是不是符合现存规范"的问题，就产生了"是不是需要有新的规范产生"的问题，因此语言规范也应该随着社会和语言的发展变化而不断发展更新。其次，语言规范是统一和差异的辩证统一。语言规范的统一维护了语言的相对稳定性，但也可能会影响语言的创新，不利于语言向前发展。因此，语言规范不是单纯的统一，在统一的基础上要承认并允许差异的存在。为了不同民族、不同地域沟通交流的便利，国家在全国范围内大力推广普通话，但这种推广并不是为了消灭少数民族的语言和不同地域的方言，它们在一定领域和特定的地区仍将长期存在和使用。最后，语言规范是绝对和相对的辩证统一。语言作为全民使用的交流工具，带着某种强制性的明确统一的标准要求大家共同遵守，这是语言规范的绝对性。但是，语言是一种交际工具，能够顺利地完成交流思想、表达感情的任务是其最重要的功能，所以不能把语言使用的规范完全绝对化。

二、相关概念之间的关系

(一)网络语言与新媒体

网络语言是新媒体时代伴随网络的发展新兴起来并不断发展的一种语

---

① 龚千炎，周洪波，郭龙生.发展链：语言规范的本质——兼谈汉语规范化工作[J].汉语学习，1994(10).

言形式，有别于传统平面媒介，它简洁生动又发展神速。语言作为社会的交际工具，随着社会的产生而产生，并随着社会的发展而发展。在语言发展的长期过程中，语言又会随着社会的分化而分化，并随着社会的统一而统一。网络语言的产生便是社会发展的反映，随着计算机技术和网络技术的发展以及各种新媒体的出现和广泛使用，产生了大量的网络用语，被网民们在网络空间中普遍使用。这些网络用语在使用的过程中按照语言发展的规律也不断得以发展。网络语言是互联网的产物，互联网又是当今社会重要的传播媒介之一，因此网络语言是因新媒体的兴起而产生，并且随着新媒体形态的多元化发展而迅速发展起来的语言的一种社会变体。新媒体时代是网络语言产生的时代背景和发展基础，而网络语言则是新媒体背景下语言应用研究的主要对象。

（二）网络语言与流行语

流行语是一种词汇现象，是指特定时间和空间背景下被人们广泛传播使用的词语，它反映了特定时间和空间人们普遍关注的事物、事件或问题。不同时期有不同的流行语，均反映了社会的发展变化。流行语属于词汇范畴，是语言系统中的词汇要素，具有流行性、高频性、阶段性和新颖性等特征。而网络语言属于语言系统，是包含词汇系统在内的整个语言系统。新媒体时代的流行语应归属于网络语言系统的构成部分之一——词汇系统。当然，网络语言中的词汇也不全是由流行语构成的，还包括基本词汇、通用词汇等。网络时代的流行语虽然具有网络化特点，但其主要特点是流行性，比如产生于互联网早期的一些网络词语"伊妹儿"（电子邮件）、"美媚"（妹妹）等现在已经脱离了流行的范畴，它们所指的含义已经固定化，成了网络语言的通用语。因此，网络时代的流行语是网络语言系统中词汇系统的一个重要组成部分，两者的内涵和外延是不同的。

（三）流行语与新词新语

流行语和新词新语都具有新颖性和阶段性的特征，两者具有共同性，但它们的概念有着不同的内涵和外延。流行语是在特定的时间和空间背景下产生并被广泛使用的词语,具有新颖性,因此流行语产生之时都是新词新语,或者说新词新语是流行语的基础。如"高富帅"(指身材高、财富多、长相帅的男性)与"白富美"(指皮肤好、有经济实力、长得漂亮的女性)作为新词产生之后便因其新颖性和高频性而成为流行语。但并不是所有的新词新语产生后都能成为流行语,如改革开放中产生的新词"创收""个体户"等,虽然具有新颖性,但没有高频性等流行语的其他特征,所以这类新词新语不是流行语,只属于一般词汇。所以,流行语产生之初一定是新词新语,但新词新语不一定都是流行语。

(四)外来语与新词新语

外来语是指从其他语言音译或简单直译过来的词语,属于词语借用。词语借用是一种广泛的语言文化现象。从表层来看,词语借用起着传递文化信息的作用。从深层来看,在不同时代和不同社会环境中,人们在各种媒介方式下进行文化交流的过程中,都会在词语借用中留下一些印记。外来语作为新词新语进入我们的语言系统,成为我们语言系统中词汇的一部分,因此外来语产生之初都是新词新语,比如产生于新媒体时代的外来语"压力山大"(形容压力很大,借"亚历山大"之音)、"蓝牙"(blue tooth:可实现固定设备、移动设备和楼宇个人域网之间短距离数据交换的一种无线技术标准)等,既是外来语亦是新词新语。但不是所有的新词新语都是外来语,比如"女汉子"(自认或被大众认为和男性性格言行相似的女性)、"凤凰男"(出身贫寒、通过勤奋努力考上大学毕业留在城市工作生活的男性)和"孔雀女"(指在父母溺爱下长大的城市娇娇女,与凤凰男相对)等新词的产生皆是中国特色文化的反映,它们是新词新语但是不属于外来语。所以,外来语产生之初都是新词新语,但新词新语不一定都是外来语,它们有着不同的内涵和外延。

(五)字母词与外来语

字母词和外来语两个概念之间有外延的交叉:有的字母词是外来语,

有的却是本民族的新语；有的外来语是字母词，有的却是由音译或意译过来的汉语词。

　　网络语言中的字母词有两大类：一类是由英文字母构成，或由英文字母与汉字、数字、符号等共同组成，这类词的构词方法多以缩略为主。如"BTW"（顺便说一下：By the way）由英文字母缩略而成、"3Q"（谢谢：Thank you）由数字和英文首字母组合而成、"兴奋ing"（兴奋的进行时：表示正处于兴奋中）由汉字和英文字母组合而成，等等；另一类是由汉语拼音字母构成，如"GG"（哥哥，指代男性）、"MM"（妹妹，指代女性）、"FB"（腐败）、"FQ"（愤青）等。其中第一类字母词是外来语，而第二类字母词是汉语词。

　　网络语言中的外来语也大致可以归为两类：一类是音译、意译或音译加意译的外来语，常用相应的汉字来表示。如"黑客"（hacker：通常指对计算机科学、编程和设计方面有高度理解的人）和"伊妹儿"（E-mail：邮件）等都是直接音译过来的外来语；"网站"（website）和"在线"（online）等则是意译过来的外来语；"脱口秀"（talk show）和"俱乐部"（club）等则是音译加意译过来的外来语。

　　所以，字母词不一定是外来语，外来语也不一定是字母词。它们有着各自不同的内涵和外延。

（六）语言规范与网络语言规范

　　语言是人类交际的工具，新媒体时代，"参与、对话、分享"是其显著的特点。无论是个人或组织，一旦进入网络空间，都能够通过大规模而且多样化的网络平台进行多向的信息交流和言语沟通。在网络平台上进行交流的个人或组织，既可以是新闻和信息的发出者，也可以成为新闻和信息的传播者和接受者。迅速发展的网络语言，以它前所未有的传播速度和覆盖力影响着人们的语言和社会生活，但是这些语言在丰富我们语言生活的同时，也冲击着传统汉语已有的各种规范和准则。许多新词新语的构成方式和使用方法与现有的语言规范存在明显不一致的情况，如"不明觉厉"

(不知道是什么，但是却觉得很厉害的样子)，这种表达就不是传统意义上的四字成语的构成方式，容易让学生走上随意简化语句的误区。再如徐志摩的优秀诗作《再别康桥》中的经典诗句"轻轻地我走了，正如我轻轻地来，我轻轻地挥手，不带走一片云彩"被简化为"轻我走不带云"，被没有规则地随意简化，完全失去了原诗句的内在美感。诸如此类，给我们的语言规范提出了新的挑战。这种语言现状，需要国家以科学的发展观，制定出相应的法律、法规来对网络语言的发展进行规范和约束，实现其规范性和有序化，降低网络语言对我们语言生活的负面影响，使汉语能够走上健康、科学的发展轨道。

以立法的方式对网络语言进行规范并不是为了禁止使用网络语言，只是限制了它的使用范围，使其向更健康、更科学的方向发展。我们的一些语言媒介，尤其是作为官方语言范本的国家机关公文、教科书等，对语言的使用更要起到示范和表率的作用，不能随意使用不规范的网络语言。《中国网络语言词典》的主编于根元教授曾经说过："语汇系统如果只有基本词，永远稳稳当当，语言就没有生命力而言。语言在发展，语言也需要规范，但规范是要推动发展，限制了发展的不是规范。"①

如同世界上的所有语言，汉语从来都不拒绝发展，自古至今，汉语从异域和西方汲取了许多丰富有益的内容，极大地丰富了汉语的语言体系。在日益信息化的新媒体时代，我们依然不会拒绝或阻止网络语言，网络语言中那些规范的、体现着民众智慧而创造出来的词语，随着时间的推移、民众认可度的增加，必将会被吸收到现代汉语中来，丰富着我们的语言体系。

---

① 陈凌燕. 网络流行语"给力"探析[J]. 毕节学院学报，2011，29(5)：62-66.

第四章　新媒体背景下语言呈现的新特征

一、迅猛发展的新媒体

(一) 新媒体在中国的发展

新媒体在中国虽然起步比较晚，力量也相对薄弱，但是它的发展速度却非常惊人。新媒体作为一种全新的现代化传播方式，在中国不到 10 年的时间里就拥有了纸媒、广播和电视等媒体数十年、甚至上百年才可能有的广大受众群。

2018 年 7 月，中国互联网络信息中心(CNNIC)发布的第 42 次《中国互联网络发展状况统计报告》中指出：截至 2018 年 6 月，我国网民的规模达到了 8.02 亿，普及率达到了 57.7%，网民规模一直保持稳健增长。其中，手机网民的用户高达 7.88 亿，手机网民比例继续攀升，占网民总比例的 98.3%。网民的人均周上网时长为 27.7 小时。我国互联网建设的基础设施也在不断完善，互联网信息服务的覆盖范围迅速扩大，上网速度也有了大幅提升，上网费用也在逐步降低。"我国网民规模继续保持平稳增长，互联网模式不断创新、线上线下服务融合加速以及公共服务线上化步伐加快，成为网民规模增长推动力。"[①]

---

① 孟蕾. 移动互联网下大学生学习现状探析[J]. 现代商贸工业，2018，39 (18)：113-114.

(二) 新媒体的特点

与传统媒体相比，新媒体有其自身的新的特点。

1. 即时性

传统媒体都具有出版和播出的周期，媒体用户必须在特定的时间和空间上通过纸质媒体或者电子媒体来接受相关信息。虽然传统媒体也比较讲求信息的时效性，但是由于客观上受科学技术及生产流程等因素的影响制约，从媒体部门的信息收集，到受众群体的信息接收，总会有一个不短的过程。比如报纸媒体当天采写的新闻，在经历了编辑、审稿、印制等一系列程序之后，受众最快也要等到第二天才能看到相关信息，而期刊的周期则会更长。广播、电视采编的新闻或其他节目，除了现场直播节目之外，其他的时效性都不高，即使时效性要求较高的新闻采编节目，上午采编，最快也要到中午或者下午才有可能被播出。相对于传统媒体，新媒体不仅追求时效性，而且几乎把其推向了极致——使信息能够真正即时地进行传播。在先进的网络技术、数字技术和移动通信技术的支持下，人们可以应用 QQ、MSN、微信、微博等新媒体形式即时地传播、即时地交流和即时地获取信息，大大地缩短了信息发出和传播的时间。新媒体的即时性不仅仅是发布的及时，更是整个新闻发展过程的动态及时，能够针对消息的随时随地的发展变化而即时地更新、即时地发布、即时地互动和即时地追踪报道。因此，我们说新媒体具有即时性的特征，而且这种即时性远远超出了传统媒体所谓的时效性。

2. 海量性

在传统媒体时代，无论报纸、杂志的版面有多少，广播和电视的播放时长有多长，它们的信息量都是有限的。但是在新媒体时代，由于信息资源急剧膨胀，信息的传播方式也多样化、快速化，就从根本上改变了传统媒体信息量上的局限性。而且由于全球的计算机网络通过互联网连在了一起，形成了一个浩大的数据库，几乎无所不包的网络信息，从理论上完全可以做到无限量，它们打破了原有媒体信息传播的局限，不再受时间、空间、数量和传播方式等的限制，人们能够在互联网上随时随地传播与流动信息，这是之前所有传统媒体所无法实现的。尽管这些信息大多是原生态的，其中也可能会有一些信息缺乏一定的权威性或者可信度，但无所不在的信息传播者、个性化的传播内容以及实时互动的传播方式，提供了信息海量增长的可能性。这些海量信息，部分来自人们对已有知识的总结与积淀，更多是来自全世界的新媒体用户通过互联网传播的自己的新发现、新创造、新体认等。新媒体的这种点对点、点对面、面对面等多样性的传播方式，使得信息传播呈现出了丰富多样而且不受时间、空间等限制的形态，几乎可以做到随时随地进行传播交流。所以我们说，网络平台上永远没有一手新闻，因为新闻总是在不同的网络平台上被不同的传播者随时随地不断地更新、传播。新媒体背景下，每个网络用户不但是信息的接收者，同时也是信息的创造者和传播者。新媒体赋予了每个用户进行内容创造和信息传播的可能和途径，人们能够方便自如地对自己的图片、文字、音频和视频等内容进行创造以及再创造，还可以利用网络把自己的创造随时随地传播到不同的网络平台中去，同时也可以随时随地在网上查询自己所需要的各种信息资源。

3. 互动性

新媒体的出现，使广大网络受众不再只是简单的信息接受者，传播形式也由传统媒体的单向传播转变为新型的多向的互动传播，从而实现了信息传播流程的效果反馈。

传统媒体影响传播效果的重要原因之一，就是无法和广大媒体受众即时有效地互动和交流，这种传播方式使提供信息传播的媒体机构和接受信息的受众之间形成了一种不平等的关系。传统媒体时代，媒体机构作为传播者几乎可以主导一切，无论是在内容的选择上，还是在传播方式的选择上，都由媒体机构一家选择决定，广大媒体受众根本没有丝毫的选择权，只能被动地接收媒体机构统一定制的信息、节目内容及传播方式，所以传统媒体传播者很多时候就有可能顾及不到甚至可能会无视受众的需求与感受，而且也不可能照顾到不同类型受众群体的个性化需求。受众由于受接收信息渠道的有限性的限制，以及自身处于被动的弱势地位的影响，往往只能选择沉默或者只能被动地接受，无力改变自己的弱势被动地位。

而新媒体时代的受众却由单一的受众身份变成了多元身份，既是信息的接受者，又是信息的传播者和信息的创造者，受众地位得到了空前的提升，完全由原来的被动接受转变为全方位主动参与。这种身份的改变使得广大网络受众，无论以哪种身份，都能够自动地选择信息的接收、参与以及传播。这样，广大网络用户不但是信息的接受者，又完全可能成为信息的创造者、传播者，他们采用自己喜欢的方式使自己处于拥有选择权和决定权的主动地位，甚至对传播机构的强势做派进行否决或者抗议，从而彻底改变了传统媒体时代媒体机构与受众的不平等地位。

另外，在新媒体时代，传播模式也由单一形式转变为互动式的双向化模式，所以传播者和接受者在传播过程中常常会发生角色的相互变化。如在一次传播活动中，甲一开始可能只是一个被动的信息接收者，但当他把接收到的信息通过自己的有效方式转发出去之后，就由被动的接收者转变成了主动的传播者和参与者，而信息的传播者这时则又转变成了信息的接收者。于是在这种频繁的接收、再转发，转发、再接收的传播过程中，接受者和传播者、参与者的身份也就在不断地发生着变化。因此，新媒体具有互动性，所有的受众都有说话与发布信息的机会和权利。

4. 共享性

互联网的出现，使得人类"地球村"的梦想能够成为现实。国际国内的各种各样的消息、新发生的事件、新出现的热点问题等，都可以通过互联网等新媒体广泛及时地传播，人们不再受传统媒体时代的时间和地域的种种限制，所以无论是在世界的哪个区域、哪个时间段，只要具备了上网条件，就可以随时随地获得自己需要的各种信息，同时也可以随时随地传播自己感兴趣的各类信息。世界上任何国家发生了任何事情，全球任何地方的任何用户的观点，等等，只要被传播者及时地发布到网上，只要传播的信息有足够的吸引力，就有可能会瞬间传遍全球，这些信息就有可能会引起几乎全世界网民的关注和进一步的传播、评论等，全球的网民都可以通过新媒体平台共享网络上的任何信息。新媒体的这一特征有利于各种媒体之间的公平竞争，它改变了传统媒体时代产品的区域性特征，从而也有助于改变我国在国际传媒中原有声音相对比较微弱的劣势状况。

5. 个性化

在传统媒体时代，人们只能被动地接收信息，没有选择信息接收，甚至参与或者传播信息的主动权和控制权。新媒体时代广大网民具有了对信息的主动选择权、评论权甚至控制权，网民可以根据自己的喜好、兴趣等，选择自己需要的不同的传播内容或者传播形式。人们可以借助各种搜索引擎，选择收集自己需要的或感兴趣的各类信息；人们可以选择进入QQ、微信、论坛、微博、播客等不同的媒体平台，自主地选择与不同地域、不同年龄、不同身份的陌生人来讨论双方可能共同感兴趣的话题；人们还可以定制自己感兴趣的个性新闻或者各种类型的信息，也可以定时地接收自己所需要的或者感兴趣的内容或信息，还可以自由选择信息接收的时间、地点以及呈现形式，比如纯文字类型的、图片类型的、图文结合类型的、音频类型的、视频类型的，或者多种类型的综合等不同呈现形式。

另外，传统媒体是一种大众化服务，传统媒体的传播内容及传播方式通常是由一个点分发给多个受众接受者，传播的媒体内容可能并不是信息接收者感兴趣或所需要的，传播的方式可能并不是信息接收者所乐于接受的，于是，信息接收者需要在接收之后再进行筛选，挑选自己感兴趣的或所需要的信息和方式。如今的新媒体时代，媒体传播者既可以为广大网民提供大众化的服务，还可以为特定群体提供个性化的服务。因为它拥有不同类型受众所需要的各种丰富的信息和资源，所以受众可以根据自己的需要选择性地接收和传播方式。所以，传统媒体是一种典型的大众化传播方式，虽然它也做到了市场分众，但是这种分众仍然进行的是大众化的传播。而真正实现了个性化信息服务的是新媒体。新媒体时代，网络传播者可以根据用户的实际需求，进行量体裁衣，利用一种"信息推送技术"为不同的网络用户推送个体所需的专门化的信息服务。网络用户不需要按照以往的线性流程，无论是否感兴趣或需要都得被动地接收固定的各类信息、节目或呈现方式，而是可以在海量的丰富的多样化的节目信息空间进行自由选择，挑选出自己所需要的或感兴趣的信息进行接收或传播。博客、播客、微信等新媒体传播形式的出现就是新媒体个性化特征的最好体现。

6. 多媒体性

传统媒体的表达形态比较单一。平面媒体报纸杂志以文字和图片等为其主要的表达形态，声音媒体广播则以声音为其主要的表达形态，声画媒体如电视则以声音、画面及视频为其主要的表达形态。而运用数字技术的新媒体，在表达形态上完全突破了传统媒体的种种限制和传播方式的单一化，它可以将文字、图像、声音、动画及视频等多种媒体形态综合地运用在一起进行信息传播，即实现信息的多媒体或者全媒体传播。当然，多媒体传播或全媒体传播离不开计算机的超文本技术。王长潇（2009）在《新媒体论纲》中指出："多媒体文本是指通过超链接，在各种信息之间建立联系，磁悬浮超链接图标做微小的一次键击，受众就可以通过几乎无处不在的横向链接（树干分支检索）或纵向链接（导航）离开一个新闻网站而进入另外一个新闻网站。多媒体超文本链接改变了传统媒体的信息传播方式，使新闻网站的信息结构呈现非线性的特征，这种非线性可以使网络新闻在时间上无限延续，在空间上无限拓展，在保留旧有信息的前提下随时随地增添新的内容，进而实现以视频、音频、文字、动画、游戏、论坛的形式多角度的前提下随机随地增添新的内容，进而实现以视频、音频、文字、动画、游戏、论坛的形式多角度地向人们传播新闻事件。"①正是基于这些新

---

① 王长潇. 新媒体论纲[M]. 广州：中山大学出版社，2009.

兴的网络技术平台的开发，新媒体才实现了对传统媒体的多种传播形态的极大融合，从而呈现出了新媒体的多形式传播形态："可看"的文字图像、"可听"的音频及"可观"的视频动画等的多媒体性。

(三) 新媒体形态

新媒体的种类很多，目前以网络新媒体、数字新媒体、移动新媒体三种形态为主。

1. 网络新媒体

网络，即互联网，其全称是国际互联网。网络媒体是继报纸、杂志、广播和电视之后最早出现的新媒体形态，被人们称为"第四媒体"。网络媒体的概念自产生以来有很多不同的描述，其中最简洁明了的要数雷跃捷等(2001)的定义，他们认为"网络媒体是借助国际互联网这个信息传播平台，以电脑、电视机以及移动电话等为终端，以文字、声音、图像等形式来传播新闻信息的一种数字化、多媒体的传播媒介"[①]。网络媒体形态包括搜索引擎(在互联网上专门为用户提供信息检索服务的网络系统)、门户网站(由英文的"Portal Site"翻译而来的，它属于 ICP 的一种，指的是将互联网上海量的信息按照一定的规则进行整理、分类以后提供给搜索引擎，方便用户快速找到自己所需的信息的相关网站，国内外比较著名的综合性门户网站有雅虎、AOL、MSN、腾讯、新浪、网易和搜狐等)、垂直网站(也被称为专业化网站，指针对某一特定领域、群体或者某些特殊需求而提供相关深度信息和服务的网站，比如博客、在线视频类网站，等等)、新闻网站(是根据《互联网站从事登载新闻业务管理暂行规定》第五条，在"中央新闻单位、中央国家机关各部门新闻单位以及省、自治区、直辖市和省、自治区人民政府所在地的市直属新闻单位依法建立的、以登载新闻业务为主

---

① 雷跃捷，金梦玉，吴风. 互联网媒体的概念、传播特性、现状及其发展前景[J]. 现代传播(北京广播学院学报)，2001(1)：97-101.

要生存手段的互联网站")、视频网站(以视频作为技术和经营平台的网络媒体,用户在线发布、浏览和分享视频作品)等。

2. 数字新媒体

20 世纪 90 年代以来,随着数字化技术的快速发展,数字新媒体便在此基础上从原有媒体中衍生出来,成为一种新的媒体形态。它以数字技术为基础,包括文字、图像、音频和视频等各种形式,采用数字化的手段,将信息传播技术应用到文化、教育、管理、艺术、娱乐、商业等各个领域中。所谓数字化,即无论是内容的表达还是形式的呈现,从信息的采集、整理、传输到接收,所有的过程都是以数据的形式进行传播。数字新媒体已经从方方面面进入了人们的生活和工作中,成为现今社会最新也最广泛的信息载体。数字新媒体包括数字广播媒体(即数字电子技术与微电子技术的结合,是以数字音频技术为基础、以计算机技术为辅助的广播)、数字电视媒体(运用二进制数字流进行传播的电视类型)和 IPTV(交互网络电视,一般是指通过互联网,特别是宽带互联网传播视频节目的服务形式。不同于传统电视用户的被动接收和传播时间的固定化,IPTV 用户可以自主地根据自己所需,随时有选择地收看节目内容)等。

3. 移动新媒体

移动新闻媒体即手机通信媒体,是将移动通信与互联网结合在一起的一种新媒体形态。手机新媒体被称为继报纸、杂志、广播、电视和互联网之后的"第五媒体"。人类进入智能手机时代以后,手机不只是单纯的打电话与接电话的通信工具,而是成了可以进行文本的阅读与编辑、图片的欣赏与创作、音频的收听与传送、视频的观看与录制等的多媒体呈现工具。手机媒体与网络新媒体及数字新媒体相比,它的主要优势在于易于携带、方便即时互动等特征。目前中国已经成为全球最大的移动通信市场,中国的手机用户已经远远超过了全欧洲国家手机用户的总和。随着计算机技术和通信技术的迅速发展和全面普及,手机已经不再是只能单纯提供交际功能的通信工具，俨然成了兼具通信功能的、具有独立操作系统的便携式的微型电脑，这是网络媒体延伸化的一种表现。

在手机新媒体的传播功能上，短信的出现使手机有了纸媒的功能，人们可以通过文字形式进行信息的及时交流和沟通；彩信的出现又使手机有了声媒(即类似广播)的功能，人们在使用手机进行交流的时候，可以发送或收取文字及文字之外的图片或者音频信息；手机电视的出现又使手机有了电视媒体的功能，人们可以随时通过手机观看自己感兴趣的各类电视节目，解决了电视观看受特定时间、空间限制的约束性；手机网络化使手机又有了互联网的功能，人们可以通过手机在各种网络平台上即时收发、传播信息，还可以即时地沟通交流。具有多种功能的智能手机的出现，逐渐体现出了其新媒体的主导地位，手机报、手机博客、手机 QQ、微信、手机音频视频等形式展开了大范围的应用，使手机成了承载各种信息的载体。

二、新媒体背景下语言的新特征

语言活动是人类最主要的社会活动之一。"人类学家认为语言是文化行为的形式；社会学家认为语言是社会集团的成员之间的互相作用；文学家认为语言是艺术媒介；哲学家认为语言是解释人类经验的工具；语言教师则认为语言是一套技能。"①语言作为媒介传播的重要载体，在新媒体背景下出现了不同于传统媒体的鲜明而独特的个性特征。

(一)新媒体背景下语言的性质

1. 新媒体背景下的语言是一种流行语

劲松、麒珂等认为"网络语言是一种流行语，一种流行范围、使用人

---

① 陈云华. 语言方志与方志语言[J]. 中国地方志，2013(9)：41-45，4.

数都有限的流行语"①。

流行语，作为一种词汇现象，指在某一时间或特定区域内被人们广泛传播使用的词语，它具有流行性、高频性、短暂性等特点，反映了一个国家、一个地区在一定时期的社会特征。新媒体语言的传播要比传统媒体的传播更加广泛，也更加迅速，因此网络语言具有比较强的时效性、新颖性等特征，不仅传播速度比较快，而且涉及领域也比较广，并且具有一定的阶段性，所以从其特征来看，符合"网络语言是一种流行语"的说法。

首先，新媒体背景下的语言具有明显的时代性。如 2010 年的"蒜你狠"（自 2009 年起，通货膨胀开始向普通商品蔓延，大蒜的价格呈现出居高不下的状态，2009 年全国大蒜半年时间就上涨了 40 多倍，面对大蒜价格的暴涨，网友们利用谐音的方法创造出的表达）、"豆你玩"（指 2010 年农产品物价飞涨引起绿豆大幅上涨的情况）、"姜你军"（指 2013 年农产品物价飞涨引起生姜大幅上涨的情况）等一系列因为农产品物价的飞速上涨而产生的网络新词语，它们都具有鲜明的时代性和流行性。裴文情在谈到流行语时曾说，"流行语"的主要特征就是它的流行，而流行往往具有时代性，所以流行语与其他的流行事物一样，有着鲜明的流行阶段，具有时代性的鲜明特点。在不同的时间段内，流行的事物不同，其反映流行事物的流行语也必然不同。所以网络语言就是一种流行语，具有时代性和短暂性。

其次，网络语言虽然诞生并运用于虚拟的网络世界中，但其使用者是现实生活中的人，而且虚拟的网络世界都是根植于现实世界的，因此，运用于虚拟网络空间的网络语言，反映着社会的变化，时代的变迁，具有流行语的阶段性和高频性。早期的网络语言中，比如"大虾"（大侠的谐音，高手的意思）、"1314"（一生一世）、"伊妹儿"（英语 E-mail 的谐音，电子邮件的意思）等词语，就清晰地反映了网络自身的变化及网络对现实生活的影响。2013 年度网络流行语中的"中国梦"（习近平总书记 2012 年 11 月

① 刘海燕. 网络语言[M]. 北京：中国广播电视出版社，2002.

29 日参观"复兴之路"展览时第一次阐释了"中国梦"的概念,即实现中华民族伟大复兴)、"光盘行动"(吃光盘中食物的意思,来源于 2013 年 1 月北京一家民间公益组织发起的"光盘节"活动)、"女汉子"(指带有男性性格行为特征的有主见、敢作敢当的现代女性)、"点赞"(指表达肯定、赞美之意,起源于各大社交网站的"赞"功能)。2014 年度网络流行语中的"有钱就是任性"(本意是对有钱人做事风格的一种嘲讽,现多用于好友或微博等空间论坛上的调侃)。2015 年度网络流行语中的"世界那么大,我想去看看"(来源于一位教师的辞职信,表达了想来一场说走就走的旅行的愿望)、"重要的事情说三遍"(强调这件事情的重要性)、"你们城里人真会玩"(简称"城会玩",原意是讽刺某些人的做法让常人无法理解,后成了朋友间的调侃语)。2016 年度网络流行语中的"工匠精神"(源自《政府工作报告》,本指手艺工人对产品生产精益求精、力求完美的精神,现指各行各业、任何人"精益求精、力求完美"的精神)、"小目标"(源自万达集团董事长王健林接受电视专访时的话:"先定一个能达到的小目标,比如我先挣它 1 个亿。"其实际意思与本义相反,指的是普通人难以达到的大目标,饱含网民的娱乐和自嘲)、"洪荒之力"(源自 2016 年 8 月里约奥运会上女子 100 米仰泳晋级决赛的中国选手傅园慧被访时的回答语"我已经用了洪荒之力啦",用来形容超乎想象的巨大能量)等。2017 年度网络流行语中的"戏精"(原本比喻表演、演戏很厉害的人,现多指生活中很善于伪装,善于给自己加戏来博得大家关注的人)、"贫穷限制了我的想象力"(常常用来自嘲有钱人的世界、有钱人的生活我们一般人根本难以想象)等。2018 年度网络流行语中的"命运共同体"(源自"十八大"以来习近平总书记在一系列国内国际场合提出的构建"人类命运共同体":全人类都生活在同一地球上,同处于一个利益攸关的集体中,各国要在追求本国利益时兼顾他国合理关切,在谋求本国发展中促进各国共同发展。命运共同体,即在相同条件下结成的命运攸关的集体)、"锦鲤"(本是一种深受人们喜爱的极富观赏价值的高档鱼,现在泛指在小概率事件中运气极佳的人)等。2019 年度网络流行语中的"金色十年"(本意指非常重要、宝贵的十年,现指由中国、巴西、俄罗斯、印度、南非组成的"金砖"五国携手走过的第一个十年，初步显现发展与合作的"金色效应"），等等。

以上一系列网络流行语，都是网民对当年发生的重大社会事件及知名人士的生活等的相关反映，凸显了网络语言的阶段性和高频性特征。

2. 新媒体背景下的语言是一种社会方言

张薇、王红旗认为，"网络语言不仅具有独特的使用者和交际场合，也具有独特的表达功能，完全符合社会方言的条件，是一种社会方言。社会方言作为语言的一种社会变体，是语言的一种自然形态，既不可能也不需要规范"①。从社会方言的概念来看，它是"社会群体的不同性质而形成的语言变体"②，也就是说社会方言有着特殊的使用者和使用环境。那么我们可以从两个方面来分析网络语言是社会方言的这一性质。

第一，从网络语言的使用人群来分析。第 42 次《中国互联网络发展状况统计报告》中指出，截至 2018 年 6 月，我国网民规模达 8.02 亿，普及率达到 57.7%，网民规模保持稳健增长。其中，手机网民高达 7.88 亿，手机网民比例持续攀升，占总网民比例的 98.3%。网民的人均周上网时长为27.7 小时。其中，学生群体在整个网络中所占据的比例最大。网民年龄结构的年轻化也对中国互联网的应用有着深层的影响。网络语言被大量使用于网络中的各种交际平台，比如在 QQ、微信、博客、论坛等，而这些平台的主要使用者多是年轻网民，他们对新语言的接受最快，因而他们在语言使用的过程中也最容易出现语言的变异。在网络这一特殊的语言环境中，青年网民往往具有喜欢标新立异、张扬个性和反叛传统的特点，所以他们有时候为了表明自己的身份，显示自己的独特性，会有意地回避传统语言的惯用表达方式，去独创出一套能够显示自己个性的语言表达，即网

---

① 牟佳. 浅析网络词汇和隐语词汇的异同[J]. 红河学院学报，2018，16(2)：65-68.

② 肖敏."给力"还是"伤不起"？——社会语言学视野下的网络潮语盛行现象[J]. 学术论坛，2012，35(2)：170-173.

络语言。

第二，从网络语言的使用环境方面来分析。网络给我们提供的是一个虚拟的交际空间，这是一个具有相对独立性与隐秘性的交际环境，比如 QQ、微信、微博等。交际双方的各种真实信息都被隐藏了起来，人们可以随意虚构自己的身份，双方都处在一个相当于"真空"一样的状态中，彼此之间似乎戴着面具交流互动。所以在网络平台上交流时，交际双方不用过多考虑交际场合、双方身份等诸多因素，能够自由随意地交谈，无论是从词语的选择、语气的使用，还是表达内容的选择上都可以随心所欲自由选择、自由组合，只要是双方能够理解、能够接受的内容或方式。对于自己不愿意回答的问题也可以选择避而不谈，可以随时终止谈话内容或谈话对象，而且还可以借用表情符号来替代语言文字进行表意，简洁而便利。

通过以上分析我们可以看出，网络语言具有社会方言的性质。语言的主要社会功能是充当交际工具，社会方言作为一种由社会群体的不同性质而形成的语言变体，其功能是作为某个特定的社会群体的交际工具。各种社会方言都有各自独特的表达功能，比如行业语，是指在同一个行业中专门使用本行业成员易于理解的词语，"青衣、花旦、老生"等词语是戏曲界的行业语；"电荷、电压、电源"等词语是物理界的行业语；"正数、负数、小数"等词语是数学界的行业语。而"886（再见）、稀饭你（喜欢你）、蓝瘦香菇（难受想哭）"等网络语言也有自己独特的表达功能。如"886"（再见）、"MM"（妹妹）、"豆你玩"（指 2010 年农产品物价飞涨引起绿豆价格大幅上涨的情况）等，只有经常上网，经常接触网络语言或使用网络语言的人才能理解其表达的实际含义。所以，网络语言同社会方言一样，是某个特定的社会群体在特定的环境下使用的语言，即网民在新媒体背景下网络平台这个特殊的交流环境中所使用的语言。

3. 新媒体背景下的语言是一种语言的社会变体

人类学家萨丕尔在谈到语言的性质时说："语言是纯粹人为的，非本能的，凭借自觉地制造出来的符号系统来传达观念、情绪和欲望的方法。"①网络语言可以使网民任意驰骋在虚拟的网络世界里进行沟通交流，可以说这种特殊的交际空间和交流方式把语言的功用发挥到了极致。因此，网络语言是为了适应新媒体这种特殊的传播模式而生成的一种语言的社会变体。它有着不同于传统语言的多种形式的辅助性的符号系统，有着不同于传统语言的语体特点和语用功能。网络语言不是孤立产生的语言系统，它以现代汉语为基础，所以是现代汉语的基本要素语音、词汇、语法及修辞在网络环境下的一种社会变体。

萨丕尔说过："语言沿着说话人无意识地选择的那些向某一方向堆起来的个人变异的过程，语言在不断发展变化，同时也存在变异。"语言的这种变异是由社会发展引起的，网络的信息化、便捷化，使得网民对社会现象的敏感度和关注度不断增强，再加上新媒体传播途径的方便多样，使得网络新词、热门词汇一旦产生便开始流行，这些网络词语一旦被社会大众接受和认可，就有了相对的稳定性，于是就会引发相应的新的语言变体。所以网络语言是因网络的产生，因新媒体迅速发展而产生、发展起来的一种语言的社会变体。

网络语言作为语言的社会变体之一，在原有的语言构成成分方面出现了一些新的变化，比如在词语"创造"方面，网络语言除了发挥传统汉语已有的表达形式之外，还常常利用英文字母、汉语拼音字母、阿拉伯数字、形象的符号等突破了传统的语法规范，创生出一些新的表达方法或形式。

通常而言，依据不同的分类标准语言变体会有不同名称，比如有社会变体、地域变体及语体变体等。无论是哪一种形式的变体，都是具有语言某一集中特征的语言变体的表现形式。网络语言作为语言的社会变体，主要有三种不同的表现方式。第一是各种自然语言的形态，比如"给力"（意思是有帮助、有作用，有面子）、"纠结"（原意是缠绕的意思，现指陷入困惑或混乱状态）等；第二是放大了语言常态，比如，日常语言中不常见的

---

① 张素丽. 鲁迅《补天》的"对话"诗学[J]. 名作欣赏, 2011(2)：77-79.

或影响不大的，在网络语言中被频繁使用，"潜水"（原意是钻在水下，这里比喻在社交媒体隐身、不发言的人）、"大虾"（原意是大的虾，这里是大侠的谐音，即高手）等；第三是特有的网络语言形态，即突破自然语言或日常语言的模式，"自造"出来的新语态，有对语言的发展有积极影响的，如"hold 住"（英语和汉字的组合，意即控制住），也有对语言的发展有消极影响的粗俗的表达。

（二）新媒体背景下语言的特点

网络语言有着不同于其他传统媒体语言的鲜明特点。

1. 口语与书面语相结合

随着信息化飞速发展，互联网普及率的不断提高，互联网已经真正地走进了普通百姓的日常生活中，而通过互联网快速发展的新媒体已经成为一种普通大众参与其中的传播方式。通过新媒体这种便利的传播途径，普通百姓生活中的喜怒哀乐、家长里短和时事评论等都可以在网络上与朋友家人进行随意交流，即使是互不相识的网友，也可能会因为有着相同的生活背景、生活经历和相同的时政观点等在网络上得到共鸣。于是，网络新媒体便成了普通民众诉说遭遇、畅谈人生、舒缓压力、交友聊天的主要交流场所，并且因为彼此之间互不认识，在交流的过程中双方也不必担心言多必失，更不必担心在现实生活中与熟人当面交流时可能产生的尴尬、顾虑及各种忌讳。

新媒体的受众来自社会各阶层，那么受普通民众语言表达习惯的影响，网络语言便带上了浓厚的生活气息，于是一些日常生活中的口语表达，如某些方言、俚语等，也可能通过网络的传播而成为网络流行语。如"翠花，上酸菜！"就是一个典型的例证。这是生活中再普通不过的一句话，出现在歌曲《东北人都是活雷锋》之中，因为网络歌手雪村的演唱而一举成名之后，便广为流传，成了普通百姓的一句口头禅，进入了年度流行语的排行榜中。再如，陕西关中方言"额滴神啊"（意思是"我的神啊！我的天啊!"表示惊叹),原本就是关中百姓的一句普通的口头禅,但随着情景喜剧《武林外传》的热播,便流行开来,成为2006年度网络流行语,用以表达遇上了不可思议的人或事件。这些口语化的句子,虽然稍显粗陋,但它们是普通民众随性而为的语言表达形式,是他们宣泄情感时的一种方式,具有鲜明的地方特色,人们使用时会显得倍加亲切、淳朴和有趣,体现了网络语言口语化的优点。

网络语言口语化的另一个明显标志是语气词的频繁使用。网络语言中的语气词,除了频繁使用现实口语表达中常用的语气词之外,还大量使用像"我等你哈!""我是永远支持群主滴!"中的"哈、滴",这些都是网络语言中独有的语气词。另外,倒装句、省略句等句式在网络语言中也被频繁运用。生活化的口语、亲切的语气,虽然显得有点儿嗲声嗲气的,但是营造出了一种自由、随意、轻松的交流氛围,无形之中拉近了人与人之间的感情。

人们在利用新媒体进行交际时,不管是使用腾讯QQ、微信,还是使用BBS、微博等,目前仍然以文字作为沟通的载体,同时也出现了结合文字、数字、图像等多种形式的新的语言表达形式。一些现实生活口语中不能使用的符号、图片等,也常常出现在网络语言中,许多平时在口头交流时很少使用的书面语,甚至一些文言词语也出现在了语言交流之中,这就使网络语言体现了书面语言的特点。但它又保留了口语交际的许多特点。比如口语表达的随意性,网民常常用"忙什么,你?"或"来北京了,我。"等这些简单、短小、易懂的句子作为网络上的寒暄语,不用像写文章时刻意地注意语法、逻辑关系等,也不必时时字斟句酌,而且还常常运用倒装、省略等表达形式。只要能清楚地表达意思,用词相对比较简单随意,不必拘泥于书面语要严格遵守语言表达规范的规则。再如,口语表达重发音不重词形的特点,在网络语言中也有明显的体现,比如谐音词特别多,而且常用象声词、方言词等。例如"88"(谐音"拜拜",再见的意思)、"就酱紫"("就这样子",福建南平市方言。酱是"这样"的快速发音,紫是"子"的同音字)、"杯具"(悲剧的谐音)。所以我们说,新媒体背景下的网络语言兼有口语和书面语的特点。

2. 创造性与新颖性

网络语言虽然具有口语与书面语相结合的表达特征，但是人们通过网络新媒体这样一个虚拟的平台进行沟通交流时，不像现实生活中人与人之间的面对面的交流，网络平台上的交流双方是看不到彼此的面部表情、动作、神态等的，也听不到彼此的声音（不含语音、视频聊天时的即时交流），这样，虽然语言表达形式具有口语化的特点，但是却没有真实口语表达的语音、语气、语调等声音信息，也没有面对面表达时的肢体语言、面部表情，甚至没有交流双方的书写笔迹等的辅助特征，所以就缺少了语言表达的"个性"化特征。并且在网络上进行交流时交流双方也不用受现实社会生活中的各种条条框框的束缚，也可以不受固有的汉语语法的约束，也很少被传统的习惯所束缚。再加上网民们大多是一些富有丰富的想象力和创造力，并且模仿能力比较强的年轻人，据调查，18~35 岁的青年人是网络新媒体用户的主体成员，这些人易于接受新鲜时尚的东西，而且极具创新精神。他们内心的求新、求快、求真的诉求被网络语境限制，于是他们在网络平台上进行交流时就大量地运用多种修辞手法，或者吸纳不同语言的词汇或表达形式，创造出很多新鲜有趣的新词新语。例如，"老司机"（词义扩大，意为对各种规则、技术等都经验老到的人）、"蓝瘦香菇"（难受想哭）、"雷人"（指被吓到，像被雷炸到一样）、"给力"（指有帮助、有作用、有面子）、"打酱油"（指路过的，无关紧要的）、"童鞋"（同学）、"网虫"（比喻网民，初级网民便成了"虫"中最低等的爬虫。）、"聊天 ing"（意为正在聊天，借用英语进行时态）等。这些词的意义被大众接受，而且也已经成为人们交流中的常用词语，在现实生活中被广泛地使用。所以，与严谨的现代汉语语言系统相比，网络语言多样化的形式、诙谐的风格和使用的随意性，最大限度地发挥了网民的想象力和创造力，从而形成了活泼生动、形象有趣、极富创造性的语言特色，形成了具有群体特色的网络语言。

3. 简洁性与修辞化

网络语言虽然是口语和书面语的结合体，但是因为表达目的的需要，更多使用简短的口语表达，很少进行长篇大论。而且人们在网络上进行交流时，又囿于语言的输出需要通过敲击键盘等方式来实现文字等信息的输入，所以操作起来要比纯粹的口语表达更加费时、费力，没有现实生活中口语表达那么迅速快捷。于是，为了达到快速流畅的表达效果，网络语言的使用者尽可能地运用简洁的方式进行表达，以提高交流的速度。比如，使用谐音的方法，用首字母代替整字或整词的方法，用数字抽象符号表示等，来达到简洁快速表达的效果。莎士比亚的名言——"言以简洁为贵"恰好反映了网络流行语简洁化的重要性。随着多种形态的新媒体的出现，信息传播以前所未有的速度与广度进行着，网络语言只有做到简洁化，才能适应网络资讯迅猛发展的信息化时代的要求，才能真正地让更多的人去接受和使用。

网络语言的简洁明快主要体现在用字简省和多用短句子，谐音词、字母缩略词、图形符号等网络新词的大量产生就是见证。它们以最快速、最简洁的方式传递出最大的信息量。网民在网络新媒体上交流时很少使用长句，多使用短句。一个句子长则 10 个字左右，短则 2~3 个字，而且多用名词和动词，很少使用形容词和副词等修饰的词语，如果没有特别必要的话，极少使用标点符号。以"蒜你狠"为例，自 2009 年起，通货膨胀开始向普通商品蔓延，大蒜的价格呈现出居高不下的状态，2009 年全国大蒜价格半年时间就上涨了 40 多倍，面对大蒜价格的暴涨，网友们利用谐音的方法，创造出了"蒜你狠"（"蒜"与"算"谐音）的表达。2010 年初，绿豆的价格又开始迅猛地攀升，从一斤两三元很快涨到了一斤十元左右。针对这种现象，网友把马三立老先生著名的相声段子《逗你玩》改成了"豆你玩"，利用谐音的方法，形象地表达了绿豆价格的疯涨。在此之后，网友们又针对不同物品的价格飞涨的情况而利用谐音，分别创造出了像"糖高宗"（"糖"与"唐"谐音）、"姜你军"（"姜"与"将"谐音）、"油你去"（"油"与"由"谐音)等新词。这些词语都是三字格，都利用谐音法进行造词，都表现了农产品价格疯涨这一社会现象，与最早出现的"蒜你狠"的表达相呼应，形成了网络新词语的一个系列类型。这类网络新词以简洁的语言表达形式，成为物价飞涨的代名词，幽默诙谐地表现出普通民众对通货膨胀的无奈心情，非常具有表现力。

网络语言的简洁性还体现在缩略词语的大量使用上。网络交流是一种即时的沟通交流，交流者双方要进行信息的及时发送和接受，从而保证沟通的通畅和及时，因此，速度是网络沟通的一个必要条件。具体直观、简洁明了的表达特点才能满足网络交流的需要。如网民把数字0~9赋予新的含义，然后根据语言表达的需要把这些数字重新进行排列组合，形成数字缩略语："1314"(一生一世)、"520"(我爱你)、"886"(拜拜了，即再见的意思)等；汉语拼音缩略语："GG"(哥哥)、"MM"(妹妹)，"RMB"(人民币)等；英语字母缩略语："BF"(boyfriend 的首字母缩写，男朋友)、"BTW"(by the way 的首字母缩写，顺便说一下)、"VG"(very good 的首字母缩写，很好)等；字母、数字及汉字等的混合式："小 case"(小事一桩)、"I 服了 U"(我服了你)、"3Q"(thank you 的谐音，谢谢你)等。这些多样化的网络语言的表达形式简洁形象，交流方便，而且富有趣味性。

网络语言有口语与书面语相结合的特点，这也使得修辞手法的使用表现得尤为便捷和突出。网络语言的使用环境是网络的虚拟空间，而不是真正意义上的人与人面对面的交流，不完全使用语音进行交流，也不能借助于体态语等辅助手段，因此表达时主要凭借的是抽象的语言符号，为了达到幽默、愉悦的效果，就会常常采用谐音(如"520"指我爱你)、比喻(如"潜水"，比喻隐身看帖子的人)、比拟(如"潜水"指在网上只浏览页面，只看帖子，而不发表意见的人，类似于潜在水下不露头的动作)、借代(用"小强"指代"蟑螂")、反语(如"白骨精"指白领骨干精英，而不是《西游记》中的妖精)多种修辞手法，将原本默默无声的汉字编译成了形象生动、丰富多彩、趣味十足的虚拟场景。正如敬一丹在谈到网络语言时所说的："至于说年轻人当中出现的语言现象，我认为根本不需要大惊小怪，有些年轻人说别人没有说过的，或者觉得某个词特别有冲击力，或者特有时代的感觉，我觉得，他多半不是特别排斥特别正规的语言，而是追求一个修辞的效果。"①

4. 随意性与暂时性

网络语言的随意性体现在网民表达话题、思想内容的随意性以及语言表义的随意性。

在网络世界里，网民身份的虚拟化、网络空间的虚拟性，都隐藏了交际者的真实身份，互不相识的、来自天南海北的网民可以在网络的虚拟空间自由地使用自己精心设计或随意为之的语言符号进行沟通交流、信息发布，或者在即时交流平台上进行匿名发言等，可以无拘无束、随心所欲地发挥。由于网络上的交流者是匿名化的，所以网络舆论就变得相对自由、开放。网民利用网络平台进行交际的过程中，想表达时就可以随意而言、天马行空、古今中外；不想表达时可以随时中断，也可以随时变换交流话题，这些都是现实生活中人与人在面对面交谈时很难做到的。另外，网络语言的随意性还体现在网络语言的表意的随意性。比如网络语言中的缩略形式就有许多明显的不确定性。如"BB"可以理解为英文的"Baby"（婴儿、亲爱的）或"Bye-bye"（拜拜、再见），还可以理解为汉语拼音"bàbà"（爸爸）的首字母缩略形式，需根据交流时的语言背景而定。

2001年于根元先生编辑出版了《中国网络语言词典》，这是我国第一本网络语言词典，随之又出现了诸如《网络流行语》（北京康世经济发展研究所编）之类的网络语言总结汇编，但是这些词典类的网络用书的迅疾出现，也没有能够改变网络语言的暂时化的特性。新媒体时代，随着互联网使用的广度化、深度化，网络用语的新语言符号呈爆发性地出现，而对于网络用语的研究，即使是特别关注网络语言研究的于根元先生也没有再随之进行第二本、第三本"网络语言词典"的编撰工作，这也许正是他对网络语言

---

① 王青. 网络修辞给我们的启示[J]. 科教文汇（上旬刊），2008（12）：282.

的暂时性原因的考虑的结果。正是因为网络用语有着极大的随意性，许多网友"制造"了网络用语，但并没有去认真使用，所以许多网络用语昙花一现，寿命极短。而且，新出现的网络用语在没有经过社会的约定俗成之前，还只是某些网络使用者的某些场景状态下的随意为之，而不是人们语言使用的常态，再加上语言符号的形成也是一个优胜劣汰的过程，所以那些生命力不强或者表意不够明确，甚或因为输入法的非优先排列等原因，使得有些网络用语只是昙花一现，没有得到社会的约定俗成就消失了。

5. 诙谐性与粗俗化

网络语言幽默诙谐，令人忍俊不禁，这一特点可以使交流者在使用时缓解生活的压力，可以起到放松精神的作用。据相关统计，网上交流者以18~35岁年轻网民占主体，他们之间交往频繁，交际面比较广，工作、生活、学习等方面的压力也比较大，在网络平台上交流的过程中非常容易产生认同感。再加上网络语言交流的简洁性，使得话语交谈变得只有很小的回味余地，于是这些年轻的网民便会在交际表达的某些细节上动脑筋，希望能让自己的发言吸引更多的眼球，凸显出自己的个性，于是他们便充分调动自己丰富的想象力和创造力，构思出了许多生动有趣的网络用语，从而营造出轻松幽默的交际氛围。这些被异化和情绪化的交际符号可以使网民们宣泄出自己的压力，也给交流的其他网民带来了快乐和放松，让人们从现实社会的种种压力甚至烦恼和不悦中解脱出来，娱乐自我，放松心情。网民们使用这些幽默调侃的语言畅所欲言，各抒己见，既放松了身体，也愉悦了心情。如果在网络中不懂网络语言，而是一本正经地进行交谈，那么就有可能会面临与你"同网无语"的尴尬局面。

网络语言在给人们交际中带来便捷幽默的同时，也会给人们的生活带来很多负面的影响，比如它的粗俗化。由于网络的虚拟性，网民的身份是隐蔽的，人们在虚拟的网络世界交流表达，没有统一的网络语言使用标准及缺乏有关部门对网络语言进行监管，这就使得有些网民很随意地凭着自己的一己之好，随意地创造使用语言，缺乏语言规范的约束和对汉语表达文化内涵的理解，导致了网络语言泛滥成灾、良莠不齐，于是出现了不少网络用语粗制滥造、品位不高的状况，甚至有些粗俗的话语在网上恣意横行，也成了现实生活中的人们尤其是青少年的口头禅。

(三) 新媒体背景下语言生成的文化与心理机制

语言是一种社会现象，产生于社会生活中，一旦形成就会有极大的稳定性，但语言形成之后也不是一成不变的。美国学者布赖特在《社会语言学》中提出"语言和社会结构的共变"理论，"当社会生活发生渐变或激变时，作为社会现象的语言也会随着社会生活的发展而发生变化"①。肖复兴也谈到，"语言实际上是一条河，是不断丰富、不断发展的过程，不同领域、不同层次的语言是相互渗透的，只有这样的话才能使整个时代的语言真正地丰富起来，不可能要求语言是僵化停滞不动的，语言恰恰不是这样的，语言跟这个时代是密切相关的，时代开放到什么程度，语言就可以开放到什么程度，时代发展到什么程度，语言就可以发展到什么程度，从历史上可以一目了然"②。新媒体背景下网民的社会文化与心理对网络语言的形成有着极为密切的影响，而青年网民又是网络语言的主要使用者和创造者，他们所具有的一些独特的社会文化心理必然会表现在他们所使用的语言中。

法国语言学家房德里耶斯在《语言论》中提出："语言是一种社会现象，语言是结合社会最强有力的纽带，它的发展依赖于社会集团的存在。"③拉法格也曾经指出："一种语言不能跟它的社会环境隔离，正如一种植物不

---

① 陈建华. 网络语言的发展及其规范[J]. 福州大学学报(哲学社会科学版)，2004(1)：75-79.

② 陈建华. 网络语言的发展及其规范[J]. 福州大学学报(哲学社会科学版)，2004(1)：75-79.

③ 宋培杰. 网络语言中的词汇变异现象探析[J]. 河南师范大学学报(哲学社会科学版)，2012，39(4)：187-190.

能离开它的气象环境。"①语言是一种社会现象，与社会环境密切相关。网络语言的产生和发展有着一定的社会文化心理因素。

1. 寻求趣味性

网络语言的表达者在使用语言进行交流沟通时，对语言表达的趣味性的寻求是一种普遍的社会文化心理。

首先，在日常生活中，人人都有追求趣味的心理需求，生活中只有生动有趣的东西才可能引起人们的关注或引发探知的兴趣。在虚拟的网络空间里，人们可以把在社会生活中的诸多压力和束缚造成的不愉快暂时抛诸脑后，借助语言寻求交流过程中所带来的各种趣味。这种寻求趣味的心理充分地体现在网络语言的表达中。比如用"菜鸟"来称呼水平低级的新手；用"白富美"指有好皮肤、有经济实力、有好身材、长得漂亮的女子；用"高富帅"形容在身材、相貌、财富上完美无缺的男性；用"白骨精"指白领骨干精英等，这些词语表达既简洁概括又形象幽默，可以给交流者带来极大的趣味性。

其次，许多网络新媒体平台上，可以匿名操作和匿名发言，使网民们可以在虚拟的空间中彻底释放自我，少了现实生活中诸多的顾忌或担心，个体在使用语言的过程中可以充分发挥自己的创新能力，使得网络语言充满了趣味性的特点。

另外，还有一个重要的原因，网络语言的主要使用群体是年轻人，他们上网的主要目的是希望借助网络这个虚拟空间减轻自己在现实生活中的种种压力，感受网上交流的乐趣，享受放松的愉悦。同时，为了能够更多地吸引对方的眼球，引起交流对方的注意，极大地体现出自己的与众不同，说话者往往需要寻求别致的表达方式，来营造一种相对轻松有趣的交际氛围。这些都体现出了青年人追求轻松自由、富有情趣的生活方式的社会心理。

---

① 薛文思. 由"文革"时期的英语教学引发的对中国式英语的思考[J]. 长春理工大学学报，2011，6(10)：131-132，137.

2. 求新求异性

网络语言的很多使用者在使用网络新媒体进行语言交流时，第一出发点就是追求个性化，希望提升自己的主体能动性和语言表达潜能，从而显示出自己不同于其他人的独特个性，这种追求个性化的心理反映在语言运用上，具体表现就是创造出自己独有的词语形式，以求达到"语不惊人死不休"的个性效果。比如"我"在网络语言中不用"我"而用"偶"来代替，也有不用"我"，也不用"偶"，而改用"瓦"或"仆"来表达，以求带上自己的个性标签，显出自己的与众不同，借此展现自己的个人魅力和吸引力。对于有些事物概念，国家已经有统一的明文规定的名称，如"电子函件""主页"，但有人却偏偏习惯性地使用"伊妹儿""烘陪鸡"等这样显示自己个性的字眼，努力使自己显得与众不同，认为这就是个性化、独特性的表现。他们不顾语言原有的构词规则和语法规范，在具体的语言运用中随心所欲，我行我素，随意地更换或改变已有的表达。虽然这种行为对语言的规范和标准带来了一定的影响，但是由于网络语言的一些使用者是具有较高文化水平的都市年轻人，这就使得他们创造出来的表达中有很多词语具有新奇的特点。比如，有个年轻网民用"骨灰级"（该词来源于"发烧友"，发烧到极致，就烧成骨灰了，含有褒义，指在某领域水平、造诣极高）这个词来形容某体育教练，想借此表达自己的夸赞之意，不料他的这一表达却引起了不懂该词新意的教练的勃然大怒，认为是对方对自己的辱骂和贬低，因此特别生气。从上例可以看出，这个年轻网民想用自己的这种独特性的表达幽默地显示一下自己的个性，不料想结果却弄巧成拙了。但也从中说明，年轻的网民在使用网络语言进行表达时求新求异的心理表现。再如"养眼"（好看、漂亮）、"楼上"（指上面的帖子或消息等）、"楼下"（指下面的帖子或消息等）、"吐血"（形容心情郁闷）等词汇的出现和使用，都充分表明了年轻人追求时尚、追求个性的风格在网络语言中的体现。

另外，随着现代生活节奏的飞速加快，年轻人早已经厌倦了程式化的生活方式，他们普遍想象力比较丰富，不愿意墨守成规，喜欢追求新鲜刺激的东西，喜欢标新立异的行为。英语中有词形和时态的不同表现形式，这是汉语所没有的，比如英语用动词加后缀 ing 的方法来表示正在进行的动作或行为，这种表达方式就被年轻网民直接引入了汉语网络语言的表达中，从而创造出了像"兴奋ing"（正处于兴奋的状态）、"郁闷ing"（正处于郁闷中）、"羡慕ing"（处于羡慕中）等表达形式来表示汉语中正在进行中的动作、行为或性状的意义。还有，用单音节的"闪"字来表示"让开、逃离现场"的意思、用"衰"表示"倒霉"、用"逛荡"表示"大吃一惊"的意思等，这些词语表达的使用都充分表现出了网络语言的新颖、独特、形象、生动的特点，也体现出了网络语言的创造者求新求异的社会心理机制。

3. 从众化与模仿性

网络语言的创造和使用者主要是年轻人，他们思维活跃，善于模仿，普遍具有从众心理，也易于接受新事物。

从众心理是在青年群体中比较普遍存在的一种社会心理和行为现象，是指个体在受到外界人群行为的影响后，在自己的认知、判断、行为上表现出与公众或多数人相符合的行为方式。大多数情况下，多数人的认知或判断往往是对的，但也有少数是错误的。而受从众心理的影响，模仿者往往缺乏主观的分析判断，不做独立的思考，会出现盲目的顺从、模仿，对于那些新奇的、初次出现的、羡慕的、感兴趣的，以及和自己的心理、生理等有关的认知或判断，都有可能去刻意地模仿。比如在现实生活中，很多年轻人就善于模仿他们熟悉的家长、老师、同学等的各种行为习惯。他们在网络平台上进行交流沟通时，一旦发现有新奇有趣的表达方式，就会几乎不加分析判断地马上去模仿使用，并以此作为自己语言表达时尚化、时髦化的体现。比如，当有人用数字"520"来表示"我爱你"、用"童鞋"来表示"同学"、用"稀饭"来表示"喜欢"等的时候，他们就会觉得这些表达很有个性，会频繁地去模仿运用。于是网络上就铺天盖地地出现了大量的模仿体验表达，甚至进行进一步的模仿创新，比如数字新词的大量涌现，"1314"（一生一世）、"1314920"（一生一世就爱你）、"1414"（要死要死）、

"20110"（爱你一百一十年）；用谐音方法创造新词的现象频现，用"鸭梨"来指代压力，用"围脖"来指代微博，用"神马"来称代什么……再如"粉丝"一词，原意是指一种可煮食"粉丝"，网络中是英语"fans"的音译，用来表示崇拜某明星艺人或事物的人或群体。由于网民中部分是有一定英语基础的年轻人，追求时尚是他们的普遍心理，于是"粉丝"一词便得以复制和传播，最终成为年度网络热词，这是明显的从众心理的体现。

4. 调侃戏谑性

随着网络的普及化和新媒体的迅猛发展，网络语言可能成为更大群体的日常使用语言，再加上社会发展的快节奏，工作、生活等方面的各种压力的增加，人们常常希望能够通过网络空间进行轻松的交流，借此放松现实生活中紧绷的神经，于是就形成了网络语言表达的一种新潮流，那就是大量网民选择使用调侃、戏谑的语言方式来进行网络沟通和表达。另外，有些网民因为精神的空虚、学业的繁重或就业的压力等，在现实生活中感到异常的压抑，于是就特别渴望借助于网络释放生活中的各种压力或烦恼，或者通过寻求一些刺激来放松自己，于是在网络平台上常常运用类似"恶作剧"的方式对网友进行调侃、戏谑。比如"沙发"一词，原是名词，指称供人休息的一种家具，作为网络词汇则指对主题帖进行回帖的第一个人，即"坐在沙发上发帖子"的意思，形象感特别强。以此类推，接着很快又衍生出了"板凳"（第二个回帖子的人，即沙发已被抢走，只能坐在板凳上发帖子）、"地毯"（第三个回帖子的人，即沙发和板凳都被别人抢走了，只能坐在地毯上发帖子）、"地板"（第四个回帖子的人，即沙发和板凳，甚至地毯都被抢走，只好坐在地板上发帖子了）等词；再如"拍砖"一词用来比喻对 BBS 中的文章发表不同意见，因为多数为反对意见，所以用"砖"来"拍"这一方式非常形象地表达了公众表示反对的行为；又如"绝代佳人"一词，本义是指当代最美的女子，而在网络语言中则旧词赋新意，指称不要后代的女性；"后起之秀"的使用，本义是后来出现的或新成长起来的优秀人物，而网络用语则指最后一个起床的人；等等。这些旧词新义的表达，本来是对原来词义的一种曲解,但这样的表达显得新颖化、有特色,所以依然被众多的网民使用。这种现象反映了使用这些新造词义进行表达的网民们追求刺激、新奇、调侃的心理特征,同时也体现了网络语言使用表达者强烈的平民意识和调侃戏谑的社会心理。

总之,网络语言的主要使用者的多方面的社会心理特征对网络语言的产生有着非常深刻的影响。尤其是这些年轻的心态异常开放的网民们,生活中非常喜欢标新立异,他们的想象力也特别丰富,思维异常活跃,极容易接受新鲜事物,模仿能力也特别强,有着很强的从众心理和模仿意识。他们自我意识也比较强,不愿意总是循规蹈矩、按部就班,而是追求自我、追求时尚、张扬个性,所以在网络交流中总希望运用具有个性化的表达方式来满足自己的心理需求。网络世界的虚拟化特征,也使得网民的身份呈现出可隐匿性,有别于现实生活中的面对面的交流,于是便形成了网络语言的独特风格。

(四) 新媒体背景下网络语言的发展趋势

语言是人们交流思想的重要工具,它必然会影响政治、经济、社会、科技和文化等的发展,同时语言作为一种社会文化现象也在不断地发展变化,它必然也会受到政治、经济、社会、科技和文化等的影响。汉语发展到现在,经历了一个非常漫长的历史过程,随着网络的普及化,新媒体的快速发展,今后的网络语言也必然会在自身发展规律及社会发展规律的影响下,发生诸多人们难以想象的变化。我们认为,网络语言将会有如下发展趋势:

1. 网络语言中新词语和新用法将会大量增加

网络语言的流行,将导致新词语大量增加,同时新词语的新用法也会越来越多。

20 世纪末,随着互联网而出现的网络新词语逐年递增,网民在短时间内就会发现网络中又出现了自己异常陌生的词语或表达,甚至还已经成了网络流行语。新媒体时代的到来，全球化趋势的加剧，都将影响着网络信息的传播，影响着中外文化的多个层面和维度，也必将影响网络语言的进一步发展。网络语言作为一种重要的交际工具，要能够准确地表情达意，传递出准确而有效的信息。人们生活节奏不断加快，科技、社会快速发展，新事物会越来越多，会出现一些外来语或新词新语，外来语多数采用半音、半意译的方法产生，多是以现代汉语已有的构词模式为基础，经过民族化的改造而消化吸收，最后进入汉语词汇中来的，它们一方面丰富了汉语的词汇表达，也从另一方面体现了语言对外来文化的吸纳和融合。比如，早期汉语中的外来词"啤酒"（beer）、"酒吧"（bar）、"浪漫主义"（romanticism）等词语的形成，就是采用的半音加半意译的方法构成的，如今的网络语言如"因特网"（internet）等词语的构成，便是采用了这种汉语的构词方式。另外，还有一些纯音译的外来语，如"拷贝"（copy，即复制的意思）等词，同样也带着中国传统文化的印记。

网络的即时性决定了它在信息发布和传播方面比其他传统媒体更有优势。无论是新事物的出现，还是新事件的发生或热点问题的出现，都会以最快的速度发布和传播。这也使基于新事件或热点问题的新词语随之出现，如之前的"且行且珍惜"（源于影视演员马伊琍对丈夫文章的婚内出轨行为的回应）、"洪荒之力""蒜你狠""Hold 住"等新表达的出现即是印证。这类现象作为网络语言的新特征和新趋势，将会越来越明显地显现出来。

2. 网络语言的口语化程度将会更高

语音输入代替键盘输入的信息工程发展的可能性，将从内容和形式上引起网络语言的大变化，口语化的程度会更高。

随着新媒体功能的不断增多，不同年龄阶层的人士纷纷加入网络新媒体，网络语言将向更加适宜于普通民众的口语化的方向发展，网络语言对社会生活的影响也将会越来越大。如对青少年的学习及成长的影响，对报纸、杂志等传统媒体的影响以及传统媒体与新媒体的不断碰撞和相互融合等，而且影响势必会更大更深入。如今现实生活中人们之间的日常交流中网络语言已经频繁使用，比如广告、杂志、生活中的各种娱乐活动，甚至日常的生活交谈、工作交谈等。一个人如果对网络语言一点儿都不了解的话，与身边的朋友交流，尤其是与年轻朋友的话语沟通可能会有影响。

3. 对网络语言的研究将成为学界研究的一个热点

互联网在社会生活中的普及化，使得网络语言已成了语言学界研究的热点。近20年来，对网络语言的研究已经取得了很大的成就，尤其是在网络语言的收集、网络语言的类型、网络语言的特点、网络语言产生的原因及网络语言规范方面的研究居多。随着网络普及化的深入和社会的多元化趋势，对网络语言的研究将会更加深入。首先，研究的视角将会更加多元化，会呈现出跨学科和多元研究的发展趋势。研究者将不仅从语言学和应用语言学的角度对网络语言的语音、词汇、语法、修辞和语体等方面进行研究，还可能会从发展语言学、心理语言学、社会语言学、文化学等领域进行更深入、更系统的研究。研究的内容将会不断深入，研究力度也会更加扩大。

4. 将会逐步开展网络语言的立法规范

词语的规范是语言健康发展的必要，只要有新词语的产生，就需要对其规范化，这是语言发展的需要，更是社会发展的需要。虽然语言的发展不受人的主观意志的制约，但是我们也不能对网络语言放任自流，任其毫无约束地发展。只有适当引导与规范，才能减少网络语言的负面影响。

2003年北京市出台并实施了相关法规规范普通话，2006年上海市也出台了《上海市实施〈中华人民共和国国家通用语言文字法〉办法》，广西开始实施《广西壮族自治区实施〈中华人民共和国国家通用语言文字法〉办法》，对相关领域的用字用语进行规范，明确指出不符合现代汉语词汇和语法规范的网络用语不得出现在教科书、国家机关公文中，这些规定有利于网络语言的健康发展。

我们认为，随着网络的普及，网络语言使用范围的逐步扩大，对网络语言的立法规范将会逐步形成并全面展开。已深入我们日常生活的网络语言，有很多并非规范性的表达，这些冲击着国家通用语言的规范性，并且会产生更深的影响，我们不能任其自由发展，否则会带来更强的负面影响。因此，对网络语言规范化已经成了语言健康发展的迫切问题。如果对网络语言的发展不加以约束，任其自由发展，还会影响到传统汉语的固有结构，影响到汉语表达的独特美感，则可能会影响到汉语在世界范围内的推广。"语言是文化传承和文化发展的重要载体，在世界经济全球化的背景下，世界各国都非常重视自己的语言，一个国家的语言发展对民族的发展、文化的发展具有举足轻重、不可或缺的基础作用。中国也不例外。传播广泛的语言也是强国的标志。中国语言的发展，需要和中华民族在世界上的地位和作用相称。"

三、传统媒体语言受到的冲击

语言是一种文化现象，网络语言的产生则是语言发展过程中特定时代的文化现象的反映。具有信息海量化、碎片化、虚拟化等特征的当下新媒体时代，对网络交际速度提出了更迅速、更快捷、更方便的要求。而传统语言的表达方式已不能完全满足网上交流、沟通表达的实际需要，再加上新技术的运用等多方面原因，使得有别于中国传统语言的网络语言应运而生，并且迅速发展。

《人民日报》头版头条刊发的《江苏给力"文化强省"》，网络新词语"给力"（有帮助、有作用、有面子）一词第一次以醒目的形式出现在纸媒上，而且是国内最权威的纸媒之一。继之，其他传统媒体纷纷效仿。"给力"一词便以铺天盖地之势迅速进入普通民众的视野，并随之成为当年的流行词语。2015年元旦，习近平总书记的新年贺词中又出现了"蛮拼的"（用来表述一年来干部的基本工作状态，很努力、很卖劲的意思）、"点赞"（说好话，表达肯定、赞美之意，起源于各大社交网站的"赞"功能）、"朋友圈"等网络热词，一下子拉近了与普通百姓的距离，并引发了强烈共鸣。这些现象的出现，标志着传统媒体和人民生活已经开始网络语言化。网络语言自身成熟和稳定的指向性，丰富了现代汉语词库，赋予了传统汉语以新的生命力和活力。诸如"囧""博客""黑名单"等词语，生动形象，在普通百姓生活以及一些传统媒体的相关报道中频频出现，改变了人们传统的认知。

人们在运用语言进行交流和阅读的过程中，总会产生求新求奇的心理预期，于是他们就会打破已有的定式的语言表达方式，产生新的表达方法，再加上汉语的一字多义或一词多义等现象，在交流过程中，可供人们使用的词语就有了很大的选择余地，有人便信手拈来，随意改造，或者用数字谐音代替，或者用英文字母的缩略表示，或者用汉语拼音的缩略表示，或者用数字、字母及符号等的简单组合来表义，形成了一种新词新意或旧词新意的极富个性色彩和创造性的新词语。这些随着新时代、新事物、新技术、新概念的出现而产生的新词汇，便被有追求新奇心理的人们迅速反映在传统媒体上。如《中国青年报》上刊出的爱情故事《偶与 MM》，结合网络语言和卡通图像进行形象表达，图文并茂，幽默诙谐，一直连载了 60 多期，被许多青年读者所喜爱。再如《安徽商报》的"橙周刊"是具有都市小资时尚情调的板块，曾刊登过一幅图片，一个老头儿指着一个旧铜壶问："这是什么东东？"传统的表达方式融入时尚的元素(东东)，亦庄亦谐，吸引着时尚群体的眼球。

网络语言的出现，极大地拓宽了传统媒体语言的表达空间，这些变化体现了社会文化发展程度的提高。但作为新媒体语言的网络语言，同任何时期的语言一样，其产生和使用都必须遵循现代汉语的规范，其表达形式要能够融入传统汉语体系中，只有这样，才能真正地被大众接受并使用。一方面，网络语言是对现代汉语库的容量的扩充，它赋予了传统媒体语言新的活力；但另一方面它是对传统媒体语言的破坏，它违反了语言既有的规范条例和示范样式。网络语言中的一些近乎不知所云的怪诞的表达形式，极大地影响着具体语义的表达，如一些数字表达，"526"表示"我饿了"，"687"表示"对不起"等，还有一些纯符号的或数字与字母、符号等相结合的语言，表达的真实语意只有在有限的人群中才能被理解，对这些数字或字母、符号代表的意义不了解的人来说简直是在看天文，完全不知所云。还有在青少年中流行一时的所谓"火星语"，平常的一句极简单的话不用现成的文字表示，却用简单的字符或同音字代替，反而增加了理解的难度，失去了语言作为交际工具的重要意义，这些表达注定会被淘汰。

语言的丰富化固然重要，但语言的纯洁化和规范化也异常重要，所以，作为传播窗口的媒体，对语言的规范与净化有着至关重要的引导作用。无论是传统媒体，还是新媒体，都应该加强语言文字的规范性意识，不能肆意地滥用网络语言，而应尊重并坚守语言审美、语言规范、语言品位的原则，坚决杜绝语言低俗化，提升当代汉语言的规范与净化意识。

四、国家通用语言受到的影响

新媒体越来越深刻地影响和改变着人们的日常生活，影响着人们传统的表达方式。网络语言的数量快速增加，极大地影响着国家通用语言。这种语言冲击，既带来了积极的影响，同时也带来了消极的影响。

(一)积极影响

1. 使得网络沟通交流高效省时

信息化时代，网络新媒体已成为人们了解社会及世界的窗口，并借助它进行日常的交流与沟通。一些谐音词汇，因为利用键盘输入时简单快捷、交流起来便捷高效，而且直观性强、形象生动，有利于互动等特点，被网民们频繁使用，大大加快了交流沟通的速度，在人际沟通方面有着积极的影响。

2. 增强了现代汉语的表达效果

网络语言大多形象、生动、简洁，极富想象力和创造性，不但丰富了现代汉语的词汇量，而且极大地增强了现代汉语的表达效果，使现代汉语更富有活力。如"高富帅""白富美"把"优秀、高端人士"这一抽象概念表达得具体化、形象化，"学霸"（指擅长学习，分数很高的学生）、"学渣"（与学霸相反，是学习差的学生）等词语，比规范汉语的同意表达更加简洁生动、幽默含蓄，并且还符合现代汉语的构词规则。再如"打酱油"原指词语表面意思，表示去打酱油，网络语意思引申为过路的，旁观者，不谈政治不谈敏感话题；"盖楼"原意建造多层房屋，网络语意思是指发布引诱回帖的帖子。以上词语，丰富了传统汉语词语的意义，使其相应的引申义也得到了进一步的发展，明显增强了汉语表达的效果。

3. 丰富了现代汉语的词汇

新媒体背景下，人们的生活环境、生活方式、交流方式及信息传播方式的改变，引起了反映社会新事物的新词新语的不断涌现、语言创新用法的不断涌现。比如带有鲜明时代特色的新词新语："两学一做""冻产""摩拜单车""新时代""共享""人类命运共同体""人工智能""侧供给""撸起袖子加油干""一箭双星""进博会""我和我的祖国""学习强国""最美奋斗者""硬核""垃圾分类""一带一路"等。新媒体背景下，网络的普及和普遍应用产生的"网络流行词"也比比皆是。比如"奥利给""洪荒之力""葛优躺""辣眼睛""全是套路""我太南了""表情包""吃瓜群众""山寨社团""亲""点赞""主要看气质""盘他""锦鲤""P民""逆袭""我也是醉了"等。

以上的新词新语及网络热词被收进历年"中国媒体十大流行语"、历年"中国十大网络流行语"。它们折射出当下国际社会的风云激荡，投射出国内社会的热点事件、惠民措施、文化生活和科技前沿等，总体展现了中国与世界的生活和生存风貌。它们以"社会的反光镜"和"时代的透视机"的方式增加和充盈了汉语词汇的数量和质量。

(二)消极影响

虽然网络语言在一定程度上丰富了现代汉语的词汇，增强了语言的表达效果，促进了语言的发展，提高了交流沟通的效率，但同时也带来了一些消极的影响。

1. 网络语言带来了现代汉语的语音、词汇及语法的不规范化

现代汉语中大量的同音字或近音字，使得利用谐音而创造的网络词语，如"美媚"（妹妹）、"妹纸"（妹子）、"泥萌"（你们）等谐音词的使用过于牵强附会，虽然看似增强了语言表达的幽默性，但实际上影响着现代汉语语音的规范化，这些所谓的谐音，实际上是方言语音对标准语音的随意替换所致，是对普通话标准语音的冲击。语言本身是一个开放的系统，其词语当然需要我们不断地丰富，不断地创新，但是网络语言虽然在某些方面丰富了传统汉语的表达方式，一定程度上增加了现代汉语的词汇量，但大量网络符号语言的出现，它的有形无音化，虽然为人们提供了形象的交流沟通的形式，也为研究者开辟了新的研究空间，但同时也冲击着现代汉语语音的规范化。还有一些有音无形（无汉字）的词语的出现，如"biubiu"（拟声词，形容速度飞快的东西）有音有意但无形。这些都破坏着现代汉语语音的规范化。大量词语表意的不确定化，同一词语的多义解读等，都影响着交际的流畅度，而且大量数字谐音的使用，又破坏着语言表意的明确性，还有字母词的泛滥使用，也增加了理解的难度，这些都给沟通交流带来了极大不便。

通过对网络词语的构成情况进行梳理会发现，其词语构成类型不外乎是汉字的谐音、数字的谐音、字母的谐音，或者是汉字与数字的简单组合、数字与字母的简单组合及表音纯粹符号化等形式。而这样的语言表达形式却深受网民尤其是年轻网民的喜欢，并有意无意地带入规范化的现代汉语使用的范围，比如学生在作文中可能大量使用不规范的网络词语，这些都极大地影响着现代汉语使用的规范化和标准化程度。

就语法而言，网络语言中的一些短语或者句子打破了现代汉语的传统语法规范。比如在传统汉语中，"很"是程度副词，用在形容词前起修饰限定的作用，一般不能用在名词或动词前（心理动词除外），但是随着网络语

言的盛行，"很+名词"的说法却被高频使用，使得名词大量泛化为形容词的表性状的功能，而且也出现了类似"很受伤"这样的"很+行为动词"的形式，这些都是对原有语法规则的冲击。也有一些网络句子改变了句子表达的原有语序，如"你去先"（单音节词"先"做状语却置于动词"去"的后面），再如"百度一下"（搜一下百度的意思，"百度"是名词，在此处却有了补语）等，还有将英语语法用于汉语表达的情况，如"兴奋 ing""羡慕 ing"等（汉语动词+ing 后缀，表示正在进行的动作或行为）。这些用语有的受外国语言的语法影响，有的来源于如广东话等方言的语法习惯，有的仅仅是表达者的个人喜好或为了凸显自己鲜明的个性等原因，但这些都是现代汉语的变体形式，对原有的语法规范造成了混乱。

2. 网络语言破坏了现代汉语的纯粹性

现代汉语的书面表达形式是由汉字和阿拉伯数字（表达本意，不同于网络语中的谐音等用法）组成，一般不使用字母或其他抽象符号，这种表达形式在外观上表现为一种汉语的纯粹性。然而，网络语言极大地破坏了传统汉语的这种纯粹性。如把"打屁股"用"打 PP"替代，用"I 服了 U"表示"我服了你"等。这样的表达方式，把汉字与英文字母、汉语拼音、数字甚至符号用于汉语当中，很难说这是标准的现代汉语，它极大地破坏了汉语（或汉字）的纯洁性，而且这种表达也有着非常有限的使用范围，并不可能形成全国全民族的通用语表达，极大地冲击着民族语言的纯洁性，严重影响了汉语自身的健康长远发展，给文字系统也带来了一定的冲击。试想，当我们的国民在口语表达或书面语表达时，时不时地夹杂一些其他语言的文字符号，那我们的语言还能被称为纯粹的汉语吗？

3. 网络语言表达方式的程式化

网络语言的创造和使用主体主要是 35 岁以下的年轻人，他们求新求奇的心理会让他们认为使用网络用语是时尚、凸显自己个性的标志，因此新出现且有可能成为流行热词的网络词语，会首先成为大多数年轻网民进行交流表达的首选词语。这种追风的模仿实际上已经失掉了表达者自身的个性特征，而泛为普遍性，成了一种程式化的表达方式。用同一个词语或句式来表达有明显差异的不同感受，这种程式化的表达方式实际上淡化或弱化了表意的清晰化或明确性，使得语言的表达可能流于形式，而忽视了具体语义及内涵表达的差异性。

综上，网络语言已经从多个方面影响着现代汉语的规范发展，所以我们应该正视这一社会现实，既不能一味地否定、排斥，也不能毫无选择地盲目接受，任由其泛滥。网络语言使新媒体时代的信息传播更加新颖独特，更贴近于人们的日常生活并具有表达的趣味性，这是社会发展和语言发展的体现。但网络语言也是一把双刃剑，不恰当地使用它会对我们的现代汉语造成一些负面影响，并且对中国传统文化也会造成一定程度的冲击，所以网络语言的规范化，是当前时代一个重要而迫切的问题，而且它不是一个人或某些人的事情，应该引起全社会各界人士的关注。我们要共同努力，加快语言规范的立法化，制定网络语言的使用规则，同时还要注意网络语言的使用语境，不能不分场合、不分对象地滥用和泛用，使其影响标准汉语的学习与使用。只有这样，才能减少网络语言对现代汉语的负面影响，充分发挥其对汉语发展的积极作用，使我们的语言得以健康规范地发展下去。

第五章　新媒体背景下的网络语言不规范现象

新媒体的出现使人类进入了前所未有的信息快速传播时代，大量的网络语言迅速传播于网络世界，并呈现出自由性、快餐式、自创性和"互动传播"的特点。网络语言受到了人们的普遍关注，同时因其偏离了语言的规范形式而备受争议。

作为语言的使用标准，语言的规范形式源于语言系统本身所具有的规律及特征，具有一定的稳定性。语言的规范形式作为语言的主导，可以有效地对语言中出现的一些不规范现象加以规范，从而保证语言交际的正常进行。语言规范形式被王希杰先生称为"零度形式"，那些和语言规范不一致的形式（不管是突破超越，还是违背反动），都是对"零度"的"偏离形式"。如果这种偏离经过社会和时间的考验，在语言表达上有积极的影响，可以认为是一种"正偏离"；如果是对汉语语言系统的冲击和破坏，甚至会有消极影响，就是一种"负偏离"，这种负偏离就是我们通常所说的语言的不规范现象。

语言最基本的用途是交际，对于交际双方而言，语言必须使"听者理解""言者被理解"，因此语言具有约定俗成的社会性。此外，语言又是一种具有读音、意义、书写形式的符号系统。所以语言的规范化既是语言自身的问题，又是社会化的问题。因此，当我们研究新媒体背景下语言的不规范现象时，也要从语言本体和社会因素两方面来考虑，把它分为语言本体的不规范和语言道德的不规范两种。

语言本体的不规范是指语言违背了国家法定的全国通用语言的标准。

这一标准在语音方面主要取自北京语音，在语汇方面主要依据北方话，在语法方面主要参照典范的现代白话文著作，在文字方面则是规范了用字数量、标准字形、标准读音和排列顺序。语言道德的不规范则是违背了社会文化心理的价值评价，也可以说是语言文明的标准。"语言文明是指语言与言语的较高级的存在形态，它是社会进步的产物，文化发达的标志，民族素质的体现。"①文明的语言文字体系必须是规范、健康、纯洁而且有效的。本研究主要从语言本体的不规范现象来进行收集、整理、描写，来进行全方位的研究，在此基础上挖掘造成语言不规范现象的深层次的原因，并提出必要的规范原则和措施。

一、新媒体背景下的网络语言不规范现象的表现

语言总是处在不断发展变化中，这种变化不是"破旧立新"，而是在旧有的基础上出现一些"异于传统"的现象。这种现象，有的是在语言规范可以宽容的范围内，可以看作对语言的改善和丰富；有的却严重超出了语言规范许可的范围，是对语言的破坏和冲击，造成了语言上的种种不规范现象。下面从语音、文字、词汇、语法和符号五个方面列举新媒体背景下的语言不规范现象。

(一)语音上的不规范

网络上有这样一个句子："偶 GG 滴 GF 素霉女，偶可稀饭酱紫的 JJ 了，可 JJ 老是对偶妈妈 PMP，7456……"这一堆混合了字母、数字、汉字的句子如果换成规范的文字表述应该是这样的："我哥哥的女朋友是美女，我可喜欢这样的姐姐了，可姐姐老是对我妈妈拍马屁，气死我了……"人们如果不懂一些网络语言，还真读不懂这样的句子。这个句子里出现的主

---

① 高万云. 简论语言文明建设中的修辞方略[J]. 张家口师专学报，1999(2)：42-48.

要问题在于语音上的不规范。下面我们分别从谐音、单音节化、合音和方音四个方面来说明语音方面的不规范现象。

1. 谐音

从修辞学角度看，谐音是巧妙地利用相同或者相近的语音来传情达意，使语言的表达更加生动、含蓄、风趣。如刘禹锡的《竹枝词》："杨柳青青江水平，闻郎岸上踏歌声。东边日出西边雨，道是无晴却有晴。"运用了谐音双关之法，表面指阴晴之"晴"，实际指感情之"情"。

偶尔使用谐音的手法可以增添语言的趣味，但过分为之便会造成语言的混乱。当今的网络语言中到处充斥着不规范的谐音现象，网民们把一些完全无关的字词符号毫无根据地任意组合，比如"墙裂"表示"强烈"、"河蟹"表示"和谐"、"柳鸡"表示"留级"、"桑心"表示"伤心"、"3除"表示"删除"等。有的谐音还存在许多变体，比如"楼主"用"露珠、楼猪"来代替，"版主"用谐音"斑猪、版竹、斑竹、班主、版猪"来代替。

网络语言中的谐音现象，主要可以分为数字谐音、字母谐音、汉字谐音、音译谐音、混合型谐音。

（1）数字谐音。

在网络交流中，产生了用数字谐音来表情达意的词语，这种谐音不一定是读音完全相同，只要读音相近（声母相同或者韵母相同）就可以谐音。0 到 9 这十个数字本来是由古印度人发明，后由阿拉伯人传向欧洲，之后被国际化，成为通用数字。而在网络语言中，这些数字被网民赋予了更加丰富的含义。比如："0"这个数字代表着"圆圆满满、完美无缺"；"1"谐音"一"，当然代表着"唯一"，也意味着所有事情的"起点"；"2"则与"爱"的读音相近，也寓意"两人世界"；"3"的声母"s"谐音声母"sh"，可以谐音"生活"的"生"，也可以谐音"神"；"4"与"是""时"谐音，所以既可以表示"是的"，也表示"时时"；"5"就是"我"的意思；"6"是取"顺溜"之意，也就是人们常说的"六六大顺"；"7"因为声母是"q"，所以可以谐音"气""亲""请""起"等；"8"就是发财的"发"，这是韵母谐音，还可以用于再见时的"拜拜",这是声母谐音;"9"可以谐音"长长久久"的"久",也可以谐音"求求你"的"求"。

在某种程度上,数字谐音的确提高了交际效率和交际效果,但是对数字谐音的理解极其考验人们的想象力。此外,一个数字往往能够和多个汉字谐音,如此丰富的内涵实际上则变成了交际的负担(见表1)。

表1　　　　　　　　　　　　**数字谐音**

数字	谐音汉字
1	一、要、也、呀、龄、您、你、万、年、理、人、原、个、哦
2	爱、呃、饿、恶
3	生、想、撒、相、深
4	死、世、事、是、四、思、子、随、谢、属、睡、去、誓
5	我、呜(哭声)、无、网、武
6	了、喽、啦、溜、用
7	气、吃、去、亲、清、起、去、猜、吃、牵、妻
8	不、抱、吧、帮、拜、别
9	酒、久、就、走、救
0	龄、您、你、万、年、理、人、原、个、哦

这些数字有这样丰富具体的谐音意思,因此本来毫无关系的它们被人为地组合在一起表情达意。比如:

"02746"(你恶心死了)、"056"(你无聊)、"0564335"(你无聊时想想我)、"04567"(你是我老妻)、"0837"(你别生气)、"06537"(你惹我生气)、"04551"(你是我唯一)、"07382"(你欺善怕恶)、"045617"(你是我的氧气)、"098"(你走吧)。

"1314"(一生一世)、"1920"(依旧爱你)、"1414"(要死要死、意思意思)、"1573"(一往情深)、"1314920"(一生一世就爱你)、"147"(一世情)、"1711"(一心一意)、"1589854"(要我发,就发五次)、"1798"(一

起走吧）、"12234"（与你爱相随）。

　　"282"（饿不饿）、"200"（爱你哦）、"230"（爱死你）、"259758"（爱我就娶我吧）、"20110"（爱你一百一十年）、"20609"（爱你到永久）、"25873"（爱我到今生）、"20184"（爱你一辈子）、"2627"（爱来爱去）、"2030999"（爱你想你久久久）、"246437"（爱是如此神奇）。

　　"3456"（相思无用）、"3166"（撒优那拉，日语再见）、"39"（Thank you）、"369958"（神啊！救救我吧）、"356"（上网啦）、"328"（相爱吧）、"360"（想念你）、"359258"（想我就爱我吧）、"3731"（真心真意）、"35910"（想我久一点）、"3013"（想你一生）。

　　"4980"（只有为你）、"456"（是我啦）、"4466"（顺顺利利）、"440295"（谢谢你爱过我）、"4980"（只有为你）、"460"（想念你）、"48"（是吧）、"4456"（速速回来）、"447735"（时时刻刻想我）。

　　"5201314"（我爱你生一世）、"54430"（我时时想你）、"584"（我发誓）、"52460"（我爱死你了）、"53880"（我想抱抱你）、"518420"（我一辈子爱你）、"5555~"（呜呜呜，他在哭）、"587129955"（我不介意你久久吻我）、"5366"（我想聊聊）、"5203344587"（我爱你生生世世不变心）。

　　"6699"（顺顺利利）、"6120"（懒得理你）、"687"（对不起）、609（到永久）、"666666"（谐音溜溜溜溜溜，多指厉害、了不起、不错、挺搞笑等意思）、"6868"（溜吧溜吧）、"6785753"（老地方不见不散）。

　　"7408695"（其实你不了解我）、"77543"（猜猜我是谁）、"729"（去喝酒）、"345"（请你相信我）、"74839"（其实不想走）、"780"（牵挂你）、"721"（亲爱你）、"70885"（请你帮帮我）、"748"（去死吧）、"7087"（请你别走）、"7086"（七零八落）。

　　"825"（别爱我）、"85941"（帮我告诉他）、"886"（拜拜啦）、"829475"（被爱就是幸福）、"8384"（不三不四）、"898"（分手吧）、"8006"（不理你了）、"8137"（不要生气）、"8013"（伴你一生）、"8074"（把你气死）、"81176"（不要在一起了）、"837"（别生气）、"860"（不留你）、"865"（别惹我）、"8834760"（漫漫相思只为你）。

"9240"（最爱是你）、"9089"（求你别走）、"910"（就依你）、"9213"（钟爱一生）、"940194"（告诉你一件事）、"987"（对不起）、"902535"（求你爱我想我）、"918"（加油吧）、"920"（就爱你）、"930"（好想你）、"93110"（好想见见你）、"9494"（就是就是）、"95"（救我）、"9908875"（求求你别抛弃我）。

有个儿子给父亲写了一段"纯数字话"："88：8179，7954。76229，8406，9405，7918934，1.91817。"上面这串数字谐音汉语翻译出来就是："爸爸：不要吃酒，吃酒误事。吃了二两酒，不是动怒，就是动武，吃酒要被酒杀死，一点酒也不要吃。"这样的"数字话"好似天书，读起来真是一头雾水！

还有一种用数字来谐音英文单词的，比如"2"谐音"too 或 to"，"9"谐音"night"，"4"谐"for"等。于是就出现了"F2F"表示（face to face，面对面）、"me2"表示（me too，我也如此）、"B4"表示（before，以前）、"4U"表示（for you，为你）等数字与字母的混写形式。而数字"8"本来要谐单词"eight"的读音，乍一看很难懂，所以用"ate"代替"8"，"L8ly"代表"lately（最近）"，"GR8"表示"great（太好了）"。另外，还有把"tomorrow（明天）"写成"2morrow"这样古怪的组合和纯数字谐音英文单词的表达形式。

（2）字母谐音。

计算机键盘上最简便快捷的输入就是拉丁字母，拉丁字母可以谐音表义，大致分为以下三种情况：

第一，利用英文字母或单词的读音来替代原词。比如"Q"（cute）表示"可爱"；"U"（you）表示"你"；CU（See you）表示"再见"；"OIC"（Oh, I see）表示"我明白了"；"RUOK"（Are you OK）问的是"你还好吗"；"MULCZ"（Miss you like crazy）说的是"想死你了"；"How a u"（How are you）是问"你好"；"Who a u"（Who are you）问的是"你是谁"；"OICQ"（Oh, I seek you）表达的是"我正在找你呢"等。

第二，利用一些英文字母读音与常用汉字相同或相近的特点创造网词。比如："e"（一；咦）、"T"（踢）、"K"（剋）、"I"（爱）、"P"（屁）、

"O"(哦)等。在网络中经常会有"我 I 你""打 PP""O，酱紫呀""小心我 K 你""e 网情深""T 他"这样的用法。

第三，利用汉语拼音字母的读音来谐音汉字。汉语拼音使用的也是拉丁字母，但它们的发音与英文字母的发音有很大的区别，于是，网民们创造出了汉语拼音字母的谐音词，如："D"(的)、"S"(死)、"a"(啊)、"F"(服)等就是这类词。这类词会出现在句子中，如"我 D 书"(我的书)、"F 不 F"(服不服)、"气 S 我了"(气死我了)、"aaa"(啊啊啊)等。

(3)汉字谐音。

汉语中的音节一共只有近 400 个，就算加上阴阳上去四声的变化也不过 1500 个左右，而现代汉语中的词汇却有将近几十万个，音节和词汇并不是一一对应的关系，用 1500 个左右的音节去对应数十万的词汇，汉语中就出现了大量的同音词或者音近词。比如"yi zhi"这个音节，就对应"一直、意志、一只、抑制、一致、遗址、移植、益智、以致、医治、以至、一职、一枝、已知、一支、移至、遗志、意指、一纸、一指、懿旨、一掷、乙酯、抑止、译制、异质、易帜、亦知、义肢、易知、宜纸、移置、以之、异志、已至"等将近 40 个同音词或音近词，这是网络中汉字谐音词出现的根本原因。另外，出于快速聊天的需要和输入法的词语组合等因素，网民在聊天时常常不会去纠正打字时出现的错别字，所以在网络语言中汉语读音相同或者相近的借用比比皆是。如："美腻"(美丽)、"大虾"(大侠)、"幽香"(邮箱)、"大点化"(打电话)、"滴"(的)、"油菜花"(有才华)、"八错"(不错)、"蓝后"(然后)、"肿么"(怎么)等，不说"非常"，要用"灰常"；"木油"就是"没有"；"母鸣"就是"不知"；"什么"用"虾米"代替；"气死我了"要写成"气死我乐"；夸人要说"粉可爱"(很可爱)；感叹则用"饿滴神啊"(我的神啊)。另外，像克(刻)苦、惨(残)酷、脉博(搏)、资(姿)态、菌(俊)男、霉(美)女、油饼(有病)这样的错字别字，更是屡见不鲜。还有"将男踩死"(江南才子)、"四裤全输"(四库全书)、"大痔若鱼"(大智若愚)、"不醉乌龟"(不醉无归)，这些刻意牵强的"谐音"错误没有丝毫审美性，体现的是网络语言使用者的低俗素养和哗众取宠的心理，这是坚决需要杜绝的现象。

（4）音译谐音。

音译词也叫借词，指的是从外国或者外民族语言里借来的词，比如"沙发"（sofa）、"扑克"（poker）、"咖啡"（coffee）这三个词来自英语，"模特儿"（modèle）这个词来自法语。音译词是模仿外语词的读音并采用与其读音相同或相近的汉语文字来记录的，这种记录不是简单地吸收，而是综合考虑两种语言的结构特征，既要保留原词语音和语义的面貌，又要符合汉语语法与音节规律。

但在宽松的网络语境中，许多网民随意用汉语文字来记录外来词读音，组合出一些新的汉语词汇，表达与原有外来词汇完全不同的意义。如"狗带"（go die）、"碗得服"（wonderful）、"因吹斯汀"（interesting）、"一颗赛艇"（exciting）、"砍柴"（cant I）、"爱老虎油"（I love you）、"烘培鸡"（homepage）、"稻穗亩"（.com）、"姑狗"（Google）、"够昂"（go on）、"图样图森破"（too young too simple）、"分特"（faint）、"马屁山"（MP3），等等。这类音译谐音词的使用在一定程度上起到了幽默诙谐的效果，但是过多地使用就会造成语言的污染，威胁到汉语的纯洁。

（5）混合型谐音。

混合型谐音是指用数字、字母、汉字、英文相互混杂来表达意思的谐音词。如："1job"的意思是"要工作"；"44K8"的意思是"试试看吧"；"I真F了U了"是说"我真服了你了"；"4a4a"表示"是啊是啊"；"8U8"的意思是"发又发"；"+u"的意思是"加油"；"拍MP"表示"拍马屁"；"T你"表示"踢你"；"who 8 who"的意思是"谁怕谁"；"4D"是"是的"；"K4"是"吻"；"喝9"是"喝酒"；"3KU""3Q"表示"thank you，谢谢你"；"3KS"表示"Thanks，谢谢"；"4ever"表示（for ever，永远）；"B4N"表示（Bye For Now，再见）；"2B or not 2B"表示（to be or not to be，生存还是毁灭）；"U2"表示（you too，你也一样）；"Up2U"表示"up to you，由你决定"；"树立目标"说成"立 flag"；"我的哥"说成"word 哥"；"哭笑不得"说成"笑cry"等。

　　"'我 GF 已帮我 DL 了那个软件了, PF 吧, 哪像你那样 JJWW 的, 酱紫就不用你帮忙了, 说 0487 你还不信, 哈哈! 0837, 还是 3X 你了, 51396, 88!'这是西安市的一位学生家长无意中看到自己儿子的一条短信。儿子很是得意地解释说, 这段话的意思是: '我女朋友(GF, 源于英文 girlfriend)已帮我下载(DL, 源于英文 Download 的读音)了那个软件, 佩服(PF, 拼音缩写)吧, 哪像你那样叽叽歪歪(JJWW, 拼音缩写)的, 这样子(酱紫, 合音)就不用你帮忙了, 说你是白痴(0487)你还不信, 哈哈! 你别生气(0837), 还是谢谢(英文 Thanks 的读音)你了, 我要睡觉了(51396), 再见(88)!'"这段混合了各种谐音文字的表述仿佛是天书, 让人看得目瞪口呆, 不知所云。

2. 单音节化

　　从整个汉民族语言的发展来看, 从"单音节词"走向"多音节词"是一个必然的趋势。古代汉语中"单音节词"长期占有绝对的优势, 一般情况下一个汉字就是一个词, 如《曹刿论战》中有一段话: "公与之乘。战于长勺。公将鼓之。刿曰:'未可。'齐人三鼓。刿曰:'可矣。'"这段话共 24 个字, 除了"长勺"是复音词, 其余 22 个字全是单音节词。而在现代汉语中则是以复音节词为主, 如这样的一段话: "截至今天白天, 南阳最高气温 16℃, 而且全市保持多云晴朗的天气, 非常有利于市民户外活动、晾晒衣物。"这段话共 40 个字, 除了"的、于"是单音节词, 其余 19 个全是复音节词。

　　但是在网络语言中, 有一些词汇出现了"单音节化"的倾向, 这和整个汉民族语言发展趋势相反。如下列流行于青少年口语中的带有情感评价的词:

　　我真是被陈志朋的衣服雷到了!("雷"本来只是一种自然现象, 在这里指对一些行为或者事情瞠目结舌, 感到不可理解)

　　你再不想点子, 可真是要栽了!("栽"本来指"种植", 在这里是指"栽跟头")

　　有完没完, 别在这儿现了!("现"在这里是"现眼"的意思)

你缺不缺呀！（"缺"在这里是"缺德"的意思）

这是中华新产品吗？我真是要汗了！（"汗"在这里是"我要出汗了"的意思，表示惭愧、无可奈何之意。由此意又衍生出来"大汗""暴汗""暴雨梨花汗""瀑布汗""汗死"等）

"寒"（表示对某个帖子或者某个现象浑身发冷，感到害怕）；"倒"（晕倒，表示对某个人或者某件事或者某个现实特别惊异，无法接受）；"正"（形容女孩子身材好）；"闪"（离开）。类似的词还有"贼、派、侃、酷、绝、贱、棒、神、死、震、帅、盖、融、亮、阴、肥"等。

3. 合音

所谓"合音字"是指把两个音位的组合体，合读成一个音节甚至合写成一个汉字。这种字数量极少，《现代汉语词典》共收 20 余个。新媒体背景下的网络语言中也存在类似的合音现象，如："宣"是从"喜欢"演变而来的，"喜（xi）"的音节和"欢（huan）"的音节连读在一起，只剩下"喜"的声母 x 和"欢"的韵母 uan 拼成一个"宣（xuan）"读音。此外还有"表"（不要）、"造"（知道）、"蔻"（可爱）、"康"（好看）、"票"（朋友）、"兽"（时候）、"壕"（土豪）、"为"（我一、我一个）、"间"（今天），"念、酿"是"那样"的合音，由多个音节合拼的"酱紫"（这样子）、"酿紫"（那样子）、"男票"（男朋友）、"女票"（女朋友）等。

在网络聊天时会出现这样的话："你造吗？有兽，为直在想，神兽，我会像间酱紫古琼气对饮说，其实为直都宣你！宣你恩久了，做我女票吧！"让人看着一头雾水，不知所云。其实这句话里面使用了大量的网络合音词，"造"（知道）、"兽"（时候）、"为"（我一）、"神"（什么）、"间"（今天）、"酱紫"（这样子）、"古琼气"（鼓起勇气）、"直"（一直）、"宣"（喜欢）、"票"（朋友），其实这段话是说："你知道吗？有时候我一直在想，什么时候我会像今天这样子，鼓起勇气对你说：其实我一直都很喜欢你，喜欢你很久了！做我女朋友吧！"

这些网络合音词违背了汉语"一音一字"的基本原则，毫无章法，在语境中原义完全丢失，只起到标音作用，读后不知所云。这些词合音之后也无规律，极易造成词语歧义，如"表"这个词，究竟是表示常用义"钟表"，还是网络义"不要"，单从字形上无从可知。而现代汉语中存在的规范合音字有规律可循，如"甭"字，由"不、用"二字拼合，从形体上就可看出其含义。

4. 方音

网络语言由于其大众化、自由化的特点，很容易受到使用人群的方言的影响，而呈现一定的方言特点。

例如：东北方言中，"人(ren)"的音容易发成"银(yin)"的音，所以网络语言中就出现了"好人"说成"好银"，以及后来产生的"坏银"(坏人)、"有钱银"(有钱人)、"富银"(富人)、"穷银"(穷人)等。

四川方言中，唇齿音 f、舌根音 h 不分，"开会(kai hui)"容易说成"开沸(kai fei)"，所以网络语言中就出现了"灰常"(非常)、"粉好"(很好)、"喜欢"(稀饭)的说法。

西南方言中，"平舌音"(z、c、s)和"翘舌音"(zh、ch、sh)不分，所以就出现了"粗线"来表示"出现"，"四不四"表示"是不是"，"胖纸"表示"胖子"，"次饭"表示"吃饭"；鼻音 n 和边音 l 不分，就出现了"蓝瘦、香菇"(难受、想哭)，"内牛满面"(泪流满面)。

另外，还有来自北方方言的"奏是"(就是)、"饿"(我)、"有木有"(有没有)、"泥萌"(你们)、"介果"(这个)；来自粤方言的"黑凤梨"(喜欢你)、"唔系"(不是)、"你造吗"(你知道吗)、"猴开森"(好开心)、"了改"(了解)、"多载"(多谢)、"大西轰"(大师兄)等。

"模仿方言发音而产生的语言不规范现象体现了语言使用者主体的地域性，但是将这种具有地域色彩的发音带到新媒体这一全民交际语境中，就会在一定程度上造成用词的混乱和词义理解的偏差。"[1]

---

[1]　陈龙菲. 网络语言规范化研究[D]. 济南：山东大学，2015.

(二) 文字上的不规范

《中华人民共和国国家通用语言文字法》中明确规定在全国推行规范汉字。这里的规范汉字指符合中华人民共和国成立后国家有关部门发布的汉字整理方面的字表和权威字书的规定的汉字。国家已经简化的繁体字，写错或读错的错别字，已经整理的旧字形、异体字都是不规范的汉字。可是在网络聊天室、论坛、贴吧、个人空间及 QQ 群等语境中到处充斥着乱码一般的文字符号，这是对汉字标准化、规范化的极大破坏。

1. 火星文

"宥時候卜知道腦子哩葘想什麼"，"莓想埝袮巳宬 s" 1. 种惯"，这就是在 90 后、00 后中最流行的"火星文"。这种"火星文"由异体字、别字、部件、字母、外文、符码、繁体字、日文假名、冷僻字及少数简体字等非正规汉字符号组合而成，又称为"脑残文字"。

请看以下摘自 QQ 个性签名和个人空间上一些"火星文"的句子：①"袮罙是[蕞怒]葤，却是我[蕞爱]葤"（"你不是最好的，却是我最爱的"）；②"今忝，峨要開始一個人蕙生活。"（今天，我要开始一个人的生活。）；③"伱不甾莪葤身邊蕙時候，范重複蕙想念袮。"（你不在我的身边的时候，我重复地思念你。）；④"■十→無論什麼時候，妳都是天空中最亮咮那顆星！★"（无论什么时候，你都是天空中最亮和那颗星！）；⑤"衯扌後，式衯式眇式小湉式天式夜橄是椰嬷難受····"（分手后，一分一秒一小时一天一夜都是那么难受。）；⑥"＿．釁鯖，甚厽庬崈牺，开玩笑嗎？ zん éǹ 四苛笑！ᵀᴱᴸ."（爱情，什么鬼东西，开玩笑吗？真是可笑！）；⑦"じ袮唥離亓，愄俄這輩子朂ナ嘚遺憾！‰"（你的离开，是我这辈子最大的遗憾！）；⑧"没蘂没肺地笑總庇撕蘂裂肺白勹哭怒！"（没心没肺地笑总比撕心裂肺地哭好！）；⑨"伯母袮好，挖 sㄥ亻袮呗忈ㅁㄆ偪佣友。"（伯母你好，我是你儿子的男朋友。）；⑩"伽緥忿開，湜卟湜 9. 嬠陌甡。"（如果分开，是不是就会陌生。）。

这些句子里的汉字有很多在生活中并不使用，只流行于特定的范围及交际圈内，对其他非相关人可能会造成阅读与理解困难。

"火星文"从文字的结构方式上区分有以下几种：

(1)异体字代正体字。如"時"代"时"，"妳"代"你"，"邊"代"边"等；

(2)形近字替代。如"卜"代"不"，"湢"代"福"，"乜"代"也"；

(3)生僻字代常用字。如用"菂、玙、祢、淯、椥、浞、兲"分别替代"的、与、你、情、知、是、天"等；

(4)繁体字代简体字。如"輕"代"轻"，"説"代"说"，"愛"代"爱"等；

(5)拼合部件滥造字。如用部件随意拼合滥造出"懕、哦、傲、杁、潶、嶐"等字并用以分别代替"厌、我、欺、人、黑、要"等规范字；

(6)半边法。如"轲筧饿匋魥魥筧匋都坏堪杁眼"就是"可见饿到人人见到都不堪入眼"。

以上方式在"火星文"的构成中有着随机性、交叉性、综合性的特点。表示同一个意思的汉字出在不同的地方使用的字体大不相同，有时繁体，有时异体，有时形近，有时生僻，即便同一段话，也有可以出现两种甚至多种字体。一个字如此，一句话更甚，同样的句子在不同的时间不同的软件里生成的"火星文"会呈现截然不同的面貌，比如"如果付出真心，最终你将两手空空。"这句话会出现数种表达：

①"ヾ泇緺苻齨槇蘂，蕞 zん̄ong 女尔將倆手淙淙。ヾ"

②"ヅ泇裏付出真ㄟ心，緀終 ηι 將緺扌栏栏。⑽"

③"——如 gʊδ 怂诎真ㄟ心，蕞終ㄟ尔將倆扌空空。づ"

④"ㄚ__茹裏付緤真苎，zㄗI 縄ㄟ尔將魑 sㄣΘμ 空空。yǔ"

⑤"(__ﻬ如果付出真心，最終妳將兩手空空。‾‾‾‾"

⑥"﹨戀﹨ゼ口gǔδ 苻炽真(～)，最終ㄟ尔將魑手空空。╱戀╱"

⑦"——如裏付黜寘杺，最縄ㄚδひ將魑弄空空。づ"

⑧"★·°如果付出真心，最終妳將兩手空空。;)("

这样过分随意就造成汉字使用上的极大混乱，绝不可取。

2. 拆分字

2009 年 7 月 1 日，由教育部、国家语委组织研制的语言文字规范《现代常用独体字规范》和《现代常用字部件及部件名称规范》开始试行。现代常用字的部件拆分规则是既要根据字理、从形出发，又要尊重系统、面向应用。而有意把合体字拆开其实源于一种语言文字游戏，例如中国人说到表示姓氏的字时就有"弓长张、木子李、口天吴、立早章、干钩于"的说法。南宋胡仔《苕溪渔隐丛话》记载了一首拆字诗："日月明朝昏，山风岚自起。石皮破仍坚，古木枯不死。可人何当来，意若重千里。永言咏黄鹄，志士心未已。"每一句中都含有拆字，"明、岚、破、枯、何、重、咏、志"拆为"日月、山风、石皮、古木、可人、千里、永言、士心"，构思奇特新颖。

在新媒体背景下的网络语言中也存在一些拆分字现象，但是其修辞效果却不敢恭维。如："彦页刀巴"（颜色）、"亻壬亻可"（任何）、"马叉虫"（骚）、"丁页"（顶）、"言身寸言身寸"（谢谢）、"竹本"（笨）、"彦页"（颜）、"耳卯"（聊）、"豸苗"（猫）、"弓虽"（"强"宁的拆写，还表示"强"的意思）、"走召弓虽"（超强）、"马叉虫"（骚）、"竹本一郎"（笨蛋一个）等，"王求革圭"这种拆法比较少用，它指的是"球鞋"。语气词被拆开使用的例子比较多，"口我"是"哦"，"口可"是"呵"，"口黑"是"嘿"，"口合"是"哈"……这些拆分都是对原有词语的一种肢解，并用肢解后的残体表达原字要表达的意义，可以称之为"肢解规范字"。

3. 生造字

汉字是表意体系的文字，其构件多具表意性，组合能力强，因此汉字能拆卸，也能组装。所谓"并字"是合并汉字的简称，就是一个新字是由几个汉字或者几个部件合并而成的。如《三国演义》中有这样一段记载：董卓称帝之前有"歌曰：'千里草，何青青！十日卜，不得生！'歌声悲切。""千里草"合成"董"字，"十日卜"合成了"卓"字，歌谣的意思是说：董卓不得生。汉字系统中的合并字并不多，大家常见的有"不好为孬（nāo）"、"不用为甭（béng）"、"不正为歪（wāi）"、"勿用为甮（fèng）"、"勿要为覅（fiào）"、"未曾为朆（fēn）"、"少见为尟（xiǎn）"等，网上"嫑忈曼慭"四个合

并字连用的意思是"一心一意(不要二心),只爱一人(只要他心)",读作
"biáo(嫑)rén(怣)jiào(嫑)tān(怹)"。

　　有些网民也仿照这种形式,把一些汉字组合在一起造出了一些合并汉
字。赅左边一个"皮",右边一个"夹",组在一起念什么?这个因为春晚小
品《不差钱》而风靡一时的"pia"字由"皮+夹"组合而成。䶞这是网民创造
的一个汉字,"上成下龙",合在一起有一个特殊的读音"Duang",意思是
"加上特效",读起来有一种很好玩的感觉。

　　图5.1的12个"汉字"是西安美术学院一位雕塑系的学生创造的。该
生根据当时的一些社会热点话题,选取热点中的关键字,把这些关键字中
的一部分偏旁部首打乱再组合在一起,进行造字。这种方法有点类似于古
代"会意"的造字方法,比如针对即将毕业的大学生都要面对的"就业难"问
题,他把"京、尤、业"三个字和"难"字的变体拼合起来造一个字表示"就
业难";把"房"字中间插入一个"价"字,在左边添上"高"字就表示"房价
高";把"四、院、士"三个字改变组合方式,成为一个上下结构中又有左
右结构,左右结构中又有上下结构的字,指的是"陕西新增加了四位院
士";在西安交大门口有一个被誉为"糖葫芦西施"的美女,就把"糖"字里
的"口"换成"施"字里的"也",再把"糖"字左边"米"字里的三个点换成
"口",一个完全不同的新字就造出来了……

图5.1　独创的"汉字"

2015 年，河南郑州有一个新闻专业的青年，苦恼于方言词只会说不会写，于是决定利用学过的古汉语和现代汉语知识来造方言字。以下是他造出的方言字。

捣"他 duǐ 了我一拳"中的"duǐ"，表示人的动作，就在左边用提手旁，右边用一个能表示读音的"上对下心"的"怼"字，这是形声造字法。这个方言字是"打，干，弄，批评"的意思。

谯"你别再 quō 我，再 quō 我我揍你。"这个"quō"指的是花言巧语哄骗人。跟人的语言有关，就用言字旁，右边加一个"雀"表示读音。

搒"你 wěng 我干啥哩?"这个"wěng"是推搡的意思，就用提手旁，再加一个表示读音的"翁"来造字。

网友的造字手法多为组合型和拼凑型。类似的网络造字还有(见图5.2):

图 5.2　网络造字

想变"穷"就"买买买"；想变"肥"就不停"吃吃吃"；比悲剧更悲剧的是"餐具"；书中虽有黄金屋，但读书也要花钱呀。这些汉字，虽然音义与字形间也有一定的联系，富于趣味，但并不符合我们传统的象形、指事、会意、形声造字法，我们可以称之为"生造字"。

(三) 词汇上的不规范

在语言的语音、词汇、语法等诸要素中，词汇是最活跃、最生动、最敏感的要素，是一个纷繁复杂包罗万象的综合体。它就像一面镜子，一切新生事物的出现，一切社会重大的变革都会首先在词汇中表现出来。中华

人民共和国成立以来，新词语的产生以越来越迅猛的势头发展着，方式有
创造、引进、启用旧词等。陈建民用"太阳每天都是新的"形象地形容新词
语产生的速度之快。于根元的《现代汉语新词词典》(北京语言学院出版社，
1994 年版)的统计数据显示，从 1987 年到 1994 年这八年间，产生了六七
千个新词语，也就是平均每年要产生七八百个，这个数据还不包括那些用
于科学技术上的专业名词。2006 年，国家语委、教育部在《中国语言生活
状况报告》中公布当年出现频率比较高的新词语有 171 条。2007 年，上升
为 254 条；2008 年，增长为 300 条；2009 年，继续增长为 396 条，其中包
括"杯具""保八""钓鱼执法""中学校长实名推荐制""甲流""开胸验肺"
"蚁族"等；2010 年的新词有 497 条；2011 年的新词有 594 条，"限购""房
产税""瘦肉精""京沪高铁""乔布斯""辛亥革命""卡扎菲""校车"等成为
热词，可见词汇的增长速度之快。

　　《咬文嚼字》创刊发行于 1995 年 1 月，发行者为上海文化出版社，主
要针对社会上的文字现象进行讨论。《咬文嚼字》编辑部有着严谨的学术作
风，严格的专业审查，逐一订正书本、刊物、报纸、媒体中发现的字、
词、句、文的错误，在语文知识的推广、语言文字的规范、语文学习的引
导方面成为表率，素有"语林啄木鸟"之称。从 2019 年起，《咬文嚼字》杂
志社每年广泛收集社会和网络中的高频词源，约请应用语言学界的专家学
者，共同评选出"年度十大流行语"。"十大流行语"的认定遵循时尚性、大
众性和具有某种表达效果等原则。表 5-2 是《咬文嚼字》近十年发布的年度
"十大流行语"。

表 5-2　　　　　《咬文嚼字》近十年发布的年度"十大流行语"

2011	亲、伤不起、Hold 住、我反正信了、坑爹、卖萌、吐槽、气场、悲催、志忑
2012	正能量、元芳，你怎么看、舌尖上、躺着也中枪、高富帅、中国式、压力山大、赞、最美、接地气
2013	中国梦、光盘、倒逼、逆袭、微××、大 V、女汉子、土豪、奇葩、点赞

2014	顶层设计、新常态、打虎拍蝇、断崖式、你懂的、断舍离、失联、神器、高大上、萌萌哒
2015	获得感、互联网+、颜值、宝宝、创客、脑洞大开、任性、剁手党、网红、主要看气质
2016	供给侧；工匠精神；小目标；洪荒之力；吃瓜群众；友谊的小船，说翻就翻；葛优躺；套路；一言不合就××；蓝瘦，香菇
2017	不忘初心、砥砺奋进、共享、有温度、流量、可能×××假×××、油腻、尬、怼、打 call
2018	命运共同体、锦鲤、店小二、教科书式、官宣、确认过眼神、退群、佛系、巨婴、杠精
2019	文明互鉴；区块链；硬核；融梗；××千万条，××第一条；柠檬精；996；我太难/南了；我不要你觉得，我要我觉得；霸凌主义
2020	人民至上，生命至上；逆行者；后浪；飒；神兽；直播带货；双循环；打工人；内卷和凡尔赛文学
2021	百年未有之大变局；小康；赶考；双减；碳达峰，碳中和；野性消费；破防；鸡娃；躺平；元宇宙

不少流行语具有社会学价值和语言学价值，反映了时代特征，能弘扬正能量，引导健康的语文生活。比如，2020 年的流行语"人民至上，生命至上"体现了共产党人"以人民为中心"的价值追求；"逆行者"展现了中国人民面对生死考验时坚守岗位、不畏艰险的优良品质；2021"双减"意见发布后，其效果堪称震撼，不但强化了学校教育的主阵地作用，有效遏制了校外教育机构的无序发展，因此，"双减"也成为了 2021 年度流行语。流行语能够反映出社会的变化，如果不了解背后的含义，就会有落后于时代的错觉。近十年以来网络流行语不断在变化，这些流行语的变革，也无疑成为互联网文化的重要组成部分。不同时期产生的网络热词逐渐走进我们的生活日常，成为我们自我表达和自我认知的一部分。下面摘自媒体上的几段话充分地说明流行语已经深入人们的社会生活。

　　①无论是在各个相亲会，还是婚恋机构，剩女总比剩男多，她们自嘲地称自己为"圣斗士""必剩客""斗战剩佛""齐天大剩"。(《武汉晚报》)

　　②比如在这171个新词语中，冻结着青春容颜的"冻容"、冬天开展促销活动的"寒促"、低价位的跑车"穷人跑"、称压力山大的亚洲为"压洲"……这类新的文字组合，能否马上认定为新词语，便存在不同的声音。(东方网)

　　③而求学房在学生和家长中知晓率较高。即为了孩子能读名校，家长不惜重金在学校周边购买房屋，而拼客、草根网民、丁宠家庭、断背、学术超男、高新跳蚤、熊猫烧香、奔奔族、剩女等词也随着网络、电影被年轻人熟知。(《南湖晚报》)

　　以上的短短的三段文字中分别包含"剩女""剩男""圣斗士""必剩客""斗战剩佛""齐天大剩""冻容""寒促""穷人跑""压力山大""压洲""求学房""拼客""草根网民""丁宠家庭""断背""学术超男""高新跳蚤""熊猫烧香""奔奔族"20个新词语，可见这些新词语在社会上的流行程度。

　　在这样一个快速发展的时代，不仅出现的新词语比较多，更新换代也特别快，许多新词可能只是昙花一现。国家语委从2006年至2010年的语料中共搜获了2977条年度新词语。这近三千个新词语中，最终只有大约41%的能够留存下来，比如"80后""博客""动车""保障房""微博"等。还有大约25%的年度新词语只是偶然出现，比如"雷词""发票奴""秒杀族""晒友""高薪蓝"等。而"楼断断""俗贿""晒黑族"等词语已基本从我们的语言生活中消失了。在这些已消失的词语中，有的寿命更短，甚至在以新面目出现的当年就销声匿迹了。这一部分已消失的词占到新词语的34%。

　　流行语的变迁与时代的发展休戚相关，流行语是一种语言现象，更是一种社会现象。对于流行语要一分为二地审慎使用，有的流行语幽默、生动、形象，丰富了词汇的表现力，是对语言积极的有益的补充；有的流行语却粗俗、无礼、乏味，严重违背语言规范，污染语言环境，传播语言糟粗，应受到批判。

当今社会，信息技术快速发展，出版事业空前繁荣，数字网络技术日新月异，新词语更是像雨后春笋般地涌现，这给汉语词汇系统带来了巨大的冲击，在极大丰富了汉语词汇的同时，也会出现大量的不规范现象。主要表现在以下几个方面：

1. 词汇缩略

缩略词语，又叫简称。缩写是为了方便使用，由较长的词语缩短省略而成的词语。如"家用电器"简称"家电"，"四川大学"简称"川大"，"扫除文盲"简称"扫盲"，"科学研究"简称"科研"，"酸、甜、苦、辣、咸"简称"五味"，"外交部长"简称"外长"，"劳动模范"简称"劳模"，"工业、农业"简称"工农业"，"中学、小学"简称"中小学"，"寒假、暑假"简称"寒暑假"，"中等专业学校"简称"中专"，"土地改革"简称"土改"，"陆军、海军、空军"简称"三军"，"公安局、检察院、法院"简称"公检法"，"上海交通大学"简称"上海交大"，"奥林匹克运动会"简称"奥运会"，"新加坡、马来西亚、泰国"简称"新马泰"等。简称本来是在临时场合替代全称的，但有些简称在长期使用的过程中，内容和形式固定下来，渐渐转化为一般的词，例如"空调"（空气调节器）、长江"三峡"（瞿塘峡、巫峡、西陵峡）、"武警"（武装警察）、"流感"（流行感冒）、"地铁"（地下铁路）、"彩电"（彩色电视机）等，全称反倒不常用了。这些缩略词已被大众所接受，成为汉语的规范词语，有的成为专业用语。

但在网络语言中，有许多网民自创缩略词，在缩略时往往缺乏必要的理据性，容易让人产生误解而造成词义理解上的偏差。这些缩略词分为汉语拼音缩略、英文缩略、汉语缩略和混合型缩略四种情况。

（1）汉语拼音缩略。

汉语拼音缩略是把汉语词语拼音的第一个字母组合起来形成的。这种缩略词大体可分为两类。第一类是常用词语的缩略。如"KKK"（快快快）、"GG"（哥哥）、"JJ"（姐姐）、"LG"（老公）、"LP"（老婆）、"GX"

（恭喜）、"BC"（白痴）、"LZ"（楼主）、"MF"（麻烦）、"BT"（变态）、"BD"（笨蛋）、"LJ"（垃圾）、"NC"（脑残）、"CM"（臭美）、"MP"（马屁）、"KL"（恐龙）、"RMB"（人民币）、"WAN"（我爱你）、"LYB"（留言板）、"SJB"（神经病）、"PFPF"（佩服佩服）、"BXCM"（冰雪聪明）、"GXGX"（恭喜恭喜）、"PLMM"（漂亮妹妹）、FB（腐败拼音缩写，吃饭聚聚的意思）等。第二类是詈言缩略。用汉语拼音首字母的缩略来代替一些骂人的脏话。

单纯的汉语拼音缩略容易造成理解上的混乱，比如"PF"有着"喷饭"和"佩服"两个意思，这两个意思差别很大，需要根据情境来猜测。

（2）英文缩略。

英文缩略是指把英文单词首字母进行缩写，如我们熟悉的 USA（美国）、CCTV（中央电视台）、GDP（国内生产总值）、EQ（情商）、MBA（工商管理硕士）等，这些英文缩略大多是人们熟知的组织名称。在网络语言中，由于英语单词字母过多，网民们在使用键盘时为了提高输入速度和交际效率，就自发地创造了大量的英文缩略，如"O"（over，完毕）、"K"（kill，杀）、"BB"（bye bye，再见）、"VG"（very good，很好）、"BM"（boom，轰炸）、"FT"（faint，晕倒）、"BF"（boyfriend，男朋友）、"NP"（No problem，没问题）、"LOL"（laught out loud，放声大笑）、"HRU"（How are you，你好吗）、"BBL"（Be Back Late，暂时离开）、"BTW"（By the way，顺便说一下）、"LTNS"（Long time no see，好久不见）、"DIY"（Do it yourself，自己动手做事）、"IDK"（I don't know，我不知道）、"SYL"（See you late，一会儿见）、"TTYL"（Talk to you later，以后再聊）、"FYI"（For your information，供您参考）、"IAE"（In any event，无论如何）、"IMO"（In my opinon，我认为）、"IOU"（I owe you，我欠你）、"JAM"（Just a moment，等一会儿）等。

"为了提高交际效率适当的减缩无可厚非，但是对于中国人来说英语本来就是外来语，完整地写出整个短语都不见得人人都明白其具体含义，何况是减缩之后的词语呢，这类缩略词往往会让人看后不知所云，从而影响到交际的效果。"①

（3）语句缩略。

在网络上，还有一些汉语句子缩略成词语的形式。比如"人生如此艰难，有些事情就不要拆穿"变成了"人艰不拆"；"然而并没有什么卵用"缩写为"然并卵"；"喜闻乐见、大快人心、普天同庆、奔走相告"缩写为"喜大普奔"；"为何放弃治疗"缩写为"何弃疗"；"说闹觉余"是指"其他人有说有笑有打有闹感觉自己很多余"；"十动然拒"指的是"十分感动然后拒绝了他"；"细思恐极"是"仔细想想，觉得恐怖至极"的意思；"累觉不爱"是表示"太累了，感觉不会再爱了"的意思。这样的缩略尽管非常简便，但不能保证词义能够完整准确地表达出来，容易造成对词义的费解和误解。

（4）混合型缩略。

这种缩略形式多为汉字、汉语拼音、英语和数字的组合。如："g2g"（要走了，"I've got to go"）；"GL2U"（祝你好运！Good luck to you）；"M or F"（是男还是女，Male or Female）；"F2F"（面对面，Face to face）；OIC（哦我明白，Oh, I see,）；R U THERE（你在那里吗？Are you there?）；"小P孩"（"小屁孩"）；"D版"（盗版）；"气s我了"（气死我了）。

2. 旧词新义

词汇在发展演变及使用过程中往往会因为文化内涵延伸的原因而产生许多新的含义，新的词义与原有词义之间有着这样或那样的联系，我们可以称为"旧词新义"。例如，"吃土"，原意是指"贫穷到没有钱吃饭，只能吃土"，后来又指在网络上疯狂购物，花销太大以至于到了下个月就得"吃土"；"土豪"，原意指"乡下的有钱人，虽然财大气粗却没什么修养品位"，现在多指一些家底丰厚大手大脚地消费又喜欢炫耀的人；"心塞"，原来是一个医学名词，也就是"心肌梗塞"，现在常指心里特别不舒服，或者表示对什么事情无话可说。这些"旧词新义"有的属于词性发生了一定的

---

① 陈龙菲. 网络语言规范化研究［D］. 济南：山东大学，2015.

变化,有的属于词义扩大了外延或内涵,还有的就是被赋予了新的含义,在某种程度上与汉语词汇中一词多义的产生有相似之处。以"囧"字为例,它本是一个象形字,像窗口通明,本义是"光明"。这个淹没在古书中的生僻汉字,偶然被网民发现后"由形生义",以其楷书外观酷似失意的表情被赋予了"悲伤、无奈、窘迫或极为尴尬的心情"的新意,从而在互联网上迅速流行。

"旧词新义"对词语含义的丰富化有着积极的作用,可是在网络论坛中,网民随心所欲地赋予旧词新的含义,造成词语理解上的混乱。如:CT(警察)、打铁(发帖子)、大虾(最高级网虫)、灌水(发没有内容的帖子)、水母(喜欢在 BBS 上灌水的女性网民)、拍砖(在 BBS 上发帖子批评别人)、粉(很)、腐败(吃喝玩乐)、太监(帖子烂尾)等。

3. 旧词别解

旧词别解是指故意将原有词语的意义进行错误的理解、歪曲的解释,改变原来约定俗成的词义,旧词别解表面上看来仍然使用的是原来的词语,可是语素的实际意思被改换了,它们的字面意义即"此物"被抽离,反而指代了"彼物"。例如:"天使"的原词义是指"上帝的使者,来自天上的使者"。"使"和"屎"谐音,偷换掉"使"这个语素,而用"屎"的语素意义代替,并与前面的"天"的语素意义重新组合,从而产生了"天上掉下来的狗屎"这样的词义别解。

在网络语言中,还流行着许多让人啼笑皆非的词义别解。如"白骨精"本来是《西游记》里的一个女妖精,被曲解成职场上的"白领、骨干、精英"人士的简称;"留学生"本来指"在外国学习的学生",被曲解成"上学留过级的学生";"后起之秀"这个成语本来指"后来出现的或者新成长起来的优秀人物",被曲解成"爱睡懒觉的,总是最后起床的人"。此外,还有"秘书"(秘密地看书)、"人类"(人渣加败类)、"情圣"(情场上剩下来的)、"偶像"(呕吐的对象)、"天才"(天生的蠢才)、"气死我了"(气得我真乐)、早恋(早晨锻炼)、"天生丽质"(天生没有利用的价值)、"不错"(长成这样真的不是你的错)、"学困生"(一学习就犯困的学生)、"健美"(健忘又臭美)、"神童"(神经病儿童)、"蛋白质"(笨蛋、白痴、神经质)、防火墙(男女做同桌的界限)、"非凡"(非常平凡)、"总经理"(总是经常被人修理)、"冒号"(冒充病号)、爱心(爱钱又没良心)等。

这些旧词别解很多都是把本来是褒义的词曲解为贬义的词,看上去似乎显得风趣幽默,但实际上和原有词语的意义没有丝毫联系。

4. 新"词族"

在汉语词汇中,有一类词是由词根加词缀构成的附加式合成词,如加前缀"老""小""阿""第"的"老虎""老乡""小王""小李""阿姨""阿毛""第一""第十"等,加后缀"子""头""儿""化"的"胖子""刀子""石头""木头""鸟儿""花儿""现代化""自动化"等。这种形式的附加式合成词,它们的词缀往往位置固定,只表示一些附加的意义,如"老""阿"等词缀附在指人的词根前面,往往带有亲昵或喜爱的感情色彩。而在网络语言中,也有这样的一类词,它们具有某一共同形式特征的一组词语聚合体(包括同素词语、同缀词语及谐音同字词语等),被称为新"词族"。如:"×控"词族("哥控""衬衫控""萝莉控""正太控""腰带控""香水控""蝴蝶结控""火柴盒控""电影控""播音控""西瓜控""马尾控""水果控""旅游控""结婚控""数码控""衣服控");"×帝"词族("练摊帝""引爆帝""熊猫帝""粉笔帝""发型帝""口才帝""烧烤帝""火锅帝""演讲帝""奔跑帝""炒作帝""抱怨帝""嚎啕帝""健身帝""求婚帝""淡定帝""可爱帝""黄油帝");"×族"词族("下班族""购车族""背包族""暴走族""打工族""健身族""单车族""追星族""持卡族""冬泳族""啃老族""哈韩族""月光族""推销族""工薪族""飞车族""街舞族");"×门"词族("情报门""中国博客门""伊朗门""拉链门""婚礼门""镜子门""资助门""特工门""差旅门""窃听门""白水门""离婚门""质量门""信任门""电话门""足球门""电池门""解说门""劳工门""哈欠门""钓鱼门""辩论门""龙虾门""听证门""科尔门""赌金门");"微×"词族("微电影""微喜剧""微小说""微企业""微豪宅""微卖场""微统计""微改善""微旅行""微实录""微环保""微天下""微调查""微公益""微时代""微阅读""微语录""微晚报");"零×"词族("零距离""零收入""零口供""零风险""零利润""零增长""零死亡""零记录""零污染""零伤害""零学费""零容忍""零主题""零感染""零储蓄""零上访""零进球");"晒×"词族("晒成绩""晒孩子""晒工资""晒美食""晒八卦""晒校园""晒食堂""晒生活""晒年饭""晒烦恼""晒减肥""晒幸福""晒股票""晒理财""晒隐私""晒游戏""晒资源""晒总结");"轻×"词族("轻商务""轻知识""轻灾区""轻运动""轻瑜伽""轻小说""轻压痛""轻绅士""轻税率""轻创意""轻资产""轻乳酪""轻体育""轻喜剧""轻时尚""轻少年""轻办公""轻课堂""轻创业""轻公司""轻断食""轻旅行""轻奢侈""轻芝士""轻旋律""轻口味");还有"×奴"词族、"×党"词族、"×哥"词族、"×客"词族、"×吧"词族、"×棍"词族、"×女"词族、"×货"词族、"×点"词族、"裸×"词族、"被×"词族、"海×"词族……数目众多,可以说"词族"已经成为网络词汇里的一个不容忽视的现象。

我们以"×星人"词族为例,这是一个以"外星人"为原型词形成的庞大的词族。"外星人"本来指的是"来自地球以外的星球的外星生命体"。仿照"×星人"这种模式,逐渐发展出"星人"这样一个类似构词后缀的成分,在网络新媒体中产生了"喵星人""刷屏星人""不秀恩爱会死星人"这类新词,虽然保留了共同语素"星"和"人",都有一个相同的类"后缀"——星人,但是它们的语义显然与"外星人"没有直接关系。这种超常搭配词在网络上广泛传播,一些时尚杂志也开始把这些"非常规词"运用到文章标题中。如:电脑周围,如何请走喵星人(《宠物世界·猫迷》2012年第10期);写给"不善言辞星人"的聊天秘方(《课堂内外高中版》2014年第11期)。① 虽然这样的表达使话语更生动幽默,但是这类网络语言的使用随意自由,言

---

① 黄蕾. "×星人"新词族的衍生及语义变异[J]. 现代语文(语言研究),2015(8):125-127.

语的组织搭配往往打破了词汇构成规则，是否有可能固化成词并为更多人所接受，还有待讨论。

5. 生造词

"生造词"是指语言词汇系统中根本没有的词语，是某个人在他的语言使用中随意构造出来的。"表达某概念的词语，语言系统中已经有了，却撇开不用，另造一个表达同样概念的词语。生造词语往往在结构上违反语言组合规律，胡拼乱凑，把几个语素、词，生拉硬扯拼到一起。所以生造词语的语义往往模糊含混、艰涩费解。"①这样的词进入语句会造成句子的歧义难解。比如把成语"为民请命"和"安身立命"杂糅出来"为民立命"；把"吹捧、崇拜"拼凑出"吹崇"；仿照成语"如泣如诉、三言两语、朝令夕改、脱胎换骨、愁眉苦脸"生造出"如倾如诉、两言三语、早令晚改、脱骨换胎、愁眉皱脸"；把单用的动词、形容词硬配上同义字构成双音词，造出"摔跌、抽吸、摔撞、恼愠、暖热"这样的费解的生造词。

黄伯荣、廖序东主编的《现代汉语》中认为："如果已有的词可以完成或基本完成相关的交际任务，便不能另造新词，否则便是生造词，生造词语是'词汇中的赘疣'，因为它不是语言表达的需要，没有任何积极的意义，而是语言的'异化'，不仅给读者的理解造成障碍，徒然增加人们记忆上的负担，也造成语言的混乱，破坏了祖国语言的纯洁和健康。"②

(四)语法上的不规范

在如今的信息时代，人们在语言交流过程中出现了许多背离现代汉语语法规范的不良语言习惯，主要表现在词法和句法两个方面。

---

① 张盛如. 常见病句辨析[M]. 北京：北京工业大学出版社，2000.
② 黄伯荣，廖序东. 现代汉语[M]. 北京：高等教育出版社，2011.

1. 词法上的不规范

(1)随意转换的词性。

现代汉语中每个词都有一定的类属,也就是它的词性一般是固定的。有些词是"兼类词",比如"病"既是名词又是动词;"理想"既是名词又是形容词;"丰富"既是动词又是形容词;"叫"既是动词又是介词;"便宜"既是名词又是动词又是形容词,"兼类词"的几个不同词性也是固定的。有时为了表达的需要或语体风格、修辞手法等方面的需求,人们会改变一下词性,这就是"词类的活用",但这只限于特定语境,是"偶尔的、临时的"。而在网络环境里,网民们随意改变词语的性质已司空见惯。比如下面的例子:

①名词变动词。比如:你最近电影了吗?(你最近看电影了吗);要是明天你来的话,提前电我(要是明天你来的话,提前给我打电话);我谷歌一下(我搜索一下谷歌)。其中的"电影""电""谷歌"从名词词性转变为动词词性,在句中做谓语,有的后面还带了宾语。

②名词变形容词。比如:你很芙蓉姐姐啊(你很像芙蓉姐姐);你也太菜了(你水平也太低了)!其中的"芙蓉姐姐""菜"从名词用法转变为形容词用法,在句中充当谓语成分,前面加程度副词。

③形容词变为动词。比如:这件事情就到此为止了,如果还有意见的,想聊聊的,就短我吧。"短"本是形容词,按照语法规则它的后面不能带宾语,但是在这句话中"短"放在了谓语的位置,具有了动词带宾语的语法功能,"短我"就是给我发短信的意思。这种用法和"刘小虎还短(少)我十元钱"中的"短"不一样。

④形容词变为副词。比如,"高手真多啊,太有才了!可是我严重不同意你们的观点,这哥们儿巨傻"。其中的"巨""严重"由形容词变为表程度的副词。

⑤拟声词变动词。汉语中的拟声词一般是用来模拟自然界声响,如"哗啦"(东西倾倒声)、"扑通"(跳水时的响声)、"咚咚"(鼓声、敲门

声)、"呜呜"(汽笛或喇叭声)、"噼里啪啦"(雨点敲击房顶)、"咔嚓"(按下快门的声音)、"吧唧吧唧"(吃东西的声音)。在网络语言中拟声词的用法很灵活,如:"这个项目被老板直接咔嚓了。"(被老板否决了。)"我想吧唧吧唧。"(我想吃东西了。)其中的"咔嚓""吧唧吧唧"活用为动词,在句子中充当谓语。

⑥拟声词变副词。"我嗷嗷想吃冰激凌。"(非常想吃)中的"嗷嗷"活用为副词,表程度。

(2)构词含有英语词缀。

中国重视对英语的学习,很多青少年从小就开始学习英语,有良好的英语基础,同时他们也是网民的重要构成部分,所以在网络语境中就出现了他们自创的一些含有英语词缀的汉语词,如词语后缀加 ing,表示正在进行的动作。恋爱 ing、紧张 ing、郁闷 ing、痛苦 ing、奋斗 ing、努力 ing、兴奋 ing、考试 ing、热卖 ing、看戏 ing、思考 ing、招募 ing 等。还有句子中使用后缀:见到你,我太高兴了,语无伦次 ing;早起后的晨读与运动 ing。词语后缀加 ed,表示已经完成的动作。如:我吃饭 ed、他喜欢 ed 我。词语后缀加 s,表示复数。如:朋友 s、兄弟 s、学生 s 等。

不再使用汉语中的"着、了、过"来表示时态变化,而用英语的时态"ing、ed",不用"们"表复数,而在汉字后直接加"s",这样的做法是对汉语语法规范的严重背离。

(3)词语随意重叠。

在传统汉语中,重叠是一种常见的语法手段、构词手段和修辞手段。从构词手段来看,"姐姐、哥哥、爷爷、仅仅、刚刚"由两个相同的词根相叠而成,这叫作"重叠式合成词"。从语法手段来看,动词的重叠表示动作的短暂或者轻微,例如"看看、玩玩、打扫打扫、研究研究"等。形容词的重叠可以表示"很、相当"的意思。如"红红、黑黑、老老实实、干干净净"等。从修辞手段来看,重叠词语的选择可以绘景状物,增强韵律感,渲染气氛,创设意境。例如汉乐府《迢迢牵牛星》"迢迢牵牛星,皎皎河汉女。纤纤擢素手,札札弄机杼。终日不成章,泣涕零如雨。河汉清且浅,相去复几许！盈盈一水间，脉脉不得语"。全诗只有十句，里面就用了六组叠音词"迢迢、皎皎、纤纤、札札、盈盈、脉脉"。

在新媒体网络语境中，也有大量的名词重叠现象存在，如：饭饭（饭）、鞋鞋（鞋子）、东东（东西）、帽帽（帽子）、车车（车子）、桌桌（桌子）、坏坏（坏蛋）。网民们把"厕所"说成"厕厕"、把"睡觉"说成"觉觉"、"虫子"说成"虫虫"、"鸡腿"成了"鸡腿腿"，"打屁股"也被"打屁屁"代替了。此外还有"一半半、一般般、等一会会、去一下下、美美（美）、漂漂（漂亮）、怕怕（害怕）"这些量词、形容词、动词的重叠。这些词语的重叠是对儿童语言的刻意模仿，相当于把孩子的口语搬进成人的世界，从中可以看出网络语言对儿童语言的偏爱。但是故意重叠与汉语传统的词法规律相悖，"车""虫子""吃饭""洗澡"这类词语是不能重叠的。

还有的词语重叠运用得更随意，如："万能的天涯请告诉我吧，祛斑哪家强强强强强强强强，据说标题要长长长长长长长长。"句中形容词"强"和"长"多次重叠。"小宇没有表态，但是楼主开启了开心的买买买买买的模式。"句中动词"买"多次重叠。[1] 回答时用"是我我我我……"，不想多说就用"呵呵呵呵呵……"等，这些词语重叠都违背了汉语规范。

（4）滥用语气词。

普通话里最基本的语气词实际上只有六个：的、了、呢、吧、吗、啊，还有一个比较特殊的是"了啊"的合音语气词"啦"。新媒体背景下的网络语言中也常借用语气词来抒发情感，网民们被求新求异，模仿从众的心理所驱使，滥用、错用语气词的现象层出不穷。如："我快要疯咧。""嫌你啰嗦你就这么快烂尾呐！""这图片好可爱吖！""楼主快回来填好坑咩！""是我喔。""跪求八完丫。""你来了噢。""这样很危险咯。""怎么这么久才来叻？""叻"这个字是广东方言，褒义词，相当于普通话中的"棒"或"厉害"。因为"叻"指有口才有能力，所以当地的每个人都希望自己是"叻女""叻仔"。"叻"还与"石"一起构成"石叻"，是马来语中"新加坡"的意思。无论

---

① 陈婷. 网络语言的变异类型及原因探析[D]. 武汉：华中师范大学，2017.

如何，"叻"都不是语气词，在这些例子中被误用作语气词。"咩""咧""丫""吖"则是"呀""了""呀"的误用。"咯、哦、喔、噢"在现代汉语中是叹词，也不是语气词，在网络中却被用来表示疑问、亲昵、赞叹等语气。

还有把汉语的语气词放在英语句子末尾的用法，如"cheating de"（骗你的），"write ne"（写呢）、"eating la"（吃了）、"working ne"意思是"正在工作呢"，"joking de"意思是"开玩笑的"，"miss you le"意思是想告诉对方"想你了"等。这样把英语和汉语拼音糅合拼凑的不规范的用法，只有在网络语言中才会出现。

2. 句法上的不规范

在语法体系中，句法主要指的是短语、句子的结构规律和类型。新媒体背景下的网络语言中句法的不规范主要表现在四个方面：句式不当、成分残缺、搭配不当和语码混杂。

（1）句式不当。

状语置于动词前是现代汉语语法一个显著的特征，但有时我们也会对句子的语序作一些适当调整，主要是为了强调句子的某种成分来更好地表达句义，这种调整是在现代汉语的语法规范许可范围内的。新媒体背景下的语言中也存在一些改变语序的句子，比如刻意改变汉语的常规语序，将状语置于动词之后。这些句子有的仿照方言，有的学习影视作品或网络小说中的说法，还有的则属于网民自造。例如："有急事，走先。"（有急事，先走）、"强帖啊！留个名先！"（强帖啊！先留个名）、"我乐坏了都。"（我都乐坏了）、"我都饿晕了快。"（我都快饿晕了）、"有急事，走先。886。"（有急事，先走。拜拜了）、"信息载入中，请喝杯茶先。"（信息载入中，请先喝杯茶）。这些句子的语序调整后在表义方面没有任何作用，不符合语法规范。

另外，网络语言中还有这样不符合现代汉语句法规范的句子，如"伤心得死掉了。"（伤心极了）、"兴奋得死掉了。"（兴奋极了）、"今天晚上谁去看电影同去的说？"（今天晚上谁和我一同去看电影）、"谁看到我的平板的说?"(谁看到我的平板)、"我们决了个定!"(我们决定了)。这里"……死掉了"是受到了粤语语法的影响,"……的说"是对于日语的借鉴,"决了个定!"则可能是网友自己创造的。

(2)成分残缺。

在虚拟空间中,人们的交流状态是自由、随意、简约和放松的。为了交流的快捷,人们多使用短句,很少使用复杂的长句,只要交流双方能互相理解,完全不在意话语成分的省略和残缺。例如:"我晕。"(我真晕倒了)、"我闪。"(我要飞速离开)这样的句子是状语、补语等成分残缺。而最常见的残缺是省略谓语,如"问:你干吗? 答:我食堂呢。"缺少谓语动词"在";"他昨天下午老师那里了吗?"缺少谓语动词"去";"你这人太可恶,为什么假话呀?"省略动词"讲";"办公室? or 家?"其实是"在办公室?还是在家?"。

对于缺少谓语的句子,虽然我们结合具体的上下文语境,也能够猜得出它表达的主要意思,但是对于一个句子来说,谓语成分是不可或缺的,谓语可以和主语组合成"主谓句"("谁渴? 我渴。");可以和宾语组成"无主句"("你想干什么? 喝水。");甚至可以单独成句("你来不来?""来。")。状语修饰限制谓语,补语补充说明谓语,谓语是句子结构的核心成分,也是表义的关键,是句子不可或缺的成分。

(3)搭配不当。

新媒体背景下的网络语言中存在着许多搭配不当的现象。

"给力"这个词,从构词角度来看,"给"做动词时是一个后面带双宾语的及物动词,"给"后的直接宾语应该是人,比如"给他力量""给他苹果"等,作为间接宾语的词语不会直接跟在"给"的后边,不能说"给力量""给苹果"。而"给力",由动词"给"和名词"力"组成,其中"给"表示动作,"力"是"给"所支配的对象。这违反了现代汉语语法规范,属于谓语和宾语搭配不当。

"快乐变得好稀薄。"这样的句子,"稀薄"一般指气体稀薄,而"快乐"是无法"稀薄"的,这是属于主语和谓语搭配不当。在汉语语法中,"最"

"太""非常""很"这样的程度副词可以修饰形容词，一般不能修饰名词。但是在网络语言中，副词随意放在名词前面。如"很香港""很雷锋""很潮流""很阳光""很现代""很淑女""很美国""很模范""很东方""太高价""最款式""真小儿科""非常现代"等。

在汉语中名词可以作句子的主语、宾语和定语，这是名词的基本语法功能。名词作句子的主语和宾语不需要什么条件，可是作句子的定语时，有的名词可以直接充当，有的名词则需要在后面加上一个结构助词"的"。网上流行"魅力上海""魅力女人""魅力前线"这些短语，前面的"魅力"是名词，后面的"上海""女人""前线"也都是名词，两个名词组成的一般是定中短语。那么"魅力"作定语时后面需要不需要加上一个结构助词"的"呢？"登高山看日出，这是从幼小时就对我有魅力的一件事。"（刘白羽《日出》）"祖国呵，你能告诉我吗，你的未来的道路究竟有多宽，多远，多美呵，你是以多大的魅力在吸引人们！"（魏巍《谁是最可爱的人·前进吧，祖国!》）以上两例都是在典范的现代白话文著作中"魅力"一词的规范用法。有学者"在北京大学汉语语言学研究中心网站提供的现代汉语语料库中对'魅力'一词进行了检索，发现包含'魅力'的例句共346个，但其中并没有'魅力'直接作定语修饰名词的例子，而多是作主语、宾语和定中短语的中心语"。"看来'魅力'这个外延很广的名词并不属于可以直接作定语的名词，它一般属于被修饰、被陈述或被支配的对象。"①所以可以确定，"魅力××"这类短语属于定语与中心语搭配不当，违背了汉语的语法规范。

（4）语码混合。

语码混合指的是在语言中随意混杂汉字、符号、数字、拼音、英语等词语。如：我要look一下；周末去happy一下；I服了U；小case啦；她很man；我out啦；有事call我；你明天写一份Report，然后F给我，OK；这是N年以前的事；拿什么拯救你，OMG深恶痛绝的红血丝+敏感皮；看

① 苗杰.从"魅力北京"的出现再谈汉语语法规范[J].现代语文（语言研究），2007(4)：10-11.

得我目瞪口呆＼⊙o⊙／，等等。

这种语码混合如果在交流中频频出现，会给人造成交流困难。

(五)符号上的不规范

网络语言中网民们还用键盘上的字母、数字、符号、图形、特殊符号等组成一系列符号图形来弥补自己表情达意的不足。如图5.3：

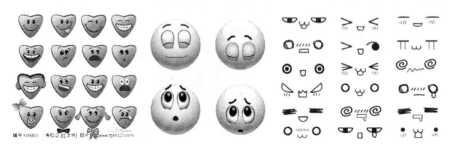

图5.3　用符号表达意思

在QQ软件中，网民们用一些特殊组合来作为自己的QQ签名，使用这些签名随心所欲，无奇不有："☆风ψ铃☆"、"◥⊙坦⊙克⊙◤"、"≈☆肖◎静☆"、"ご☆—可珂"、"♀杀♀ッ火龙り"、"ξs☆玉龙☆"、"~⊙ō⊙~WeSt 囧K"、"╠╣糖の果"、"☆girl~@_@~冷冰"、"I しovのyouκi"、"◥▛苹果◣◤"、"︵☆YWH☆︵"、"ぁ★ぁラ☆ラ"、"◆嗨--天马流星拳"，还有一些超长的签名，如："◤ミ非你不可↙╬↘非你不嫁ミ◥""〆爱过囜伤过囜悔过囜哭过囜〆""卐【●】拳【●】脚㊣[热血同盟会]㊣"等。

过度使用这些键盘符号图形影响到了人们的日常交际。这些数字、字母、符号、图形混杂在文字中，超常搭配使得表意困难，而且符号表情混杂需要不断切换输入法，在语言交流中费时、费力。

1. 滥用表情符号

表情符号简单说可以分成四种：

①纯符号。例如："＝＝#"表示"生气、青筋暴露"；":-)"表示"眨眼"；

">-<"表示"大哭";"(+__+)"表示"流泪,感动";":-O"表示"惊讶,张大嘴巴";"<＊)>>>=<"表示的是"鱼骨头";"|(-_-)|"表示"我没听到";"＄_＄"表示"见钱眼开";"╲(▽)╱"表示"把两手一摊";"⊙__⊙‖│°"表示"真尴尬呀";"(＊^[＊]"表示"羞羞";"(⌒^⌒)"表示"不满意";"(T_T)"表示"哭泣";"╲_╱～"表示"眉毛扬起来,我很生气";"(～▽～)"表示"装傻";"○●○—"表示"一串烤丸子"。

②数字符号。例如:"3__3"表示"刚睡醒";":-9"表示"舔着舌头笑";"0:)"表示"可爱的";"0-0"表示"戴着眼镜的人";"0.0"表示"无话可说";":-8("像"一张笑脸";"8<"像"一把小剪刀";">3<表示"亲亲";":9"像"舌头舔着嘴唇地笑";"3:=9"表示"这是一头牛";"8:-I"就是"一个魔术师"。

③字母符号。例如:":-D"表示"开心";":-P"表示"吐舌头";":-C"表示"很悲伤";"B-)"表示"一个小人戴着眼镜";"Q_Q"表示"流眼泪的样子";"==b"表示"冒汗"。

④汉语文字符号。例如:"囧"代表"多种情绪,尴尬、无奈、挫败、无语、真受不了或被打败了";"(-艸-")"是指"遮着脸";"(=>▦<=)"表示"刺激、受不了"。

还有复杂一些的,比如:\(@^0^@)/★(晚安～～);＊\(^v^)/＊GO(拿彩球);＊^?＾＊哦～(呵呵傻笑);>>d(˙_˙)b<<(戴着耳机正在听音乐);(^o^)哇～～(^0^)哈～～(^○^)(哈哈哈,大笑三声);(__)(-.-)(～o～)(累了,又眯眼,又打呵欠的);(^^)/▽▽\(^^)(干杯,杯子碰杯子);(¯□¯)(脑中一片空白);m(-_-)m(抱歉,两手张开高举,投降状);b(-▽-)d(竖起双手拇指说好);～～～///(^v^)\\\～～～(微笑表示友善);…(⊙_⊙;)…○圭～○(怎么?);╭∩╮(-▽-)╭∩╮(哼,鄙视你);<(-^-)◠θ◠θ◠θ◠θ◠☆(>口<-)(无影脚攻击);(^^)(((((((((((((((((●～～～～☆(放个炸弹炸人啦);(⊙_⊙)<～～啾～～(#^_^#)(亲一个,发出"啾"的声音);?◑,:＊:? \(-▽-)/?:＊?°◑＊(用力撒花恭喜);～哈～哈～、=@～@=(一个看到美眉就紧张、脸红的大学

生);\(@^O^@)/★～～～(晚安);～w_w～……(嘘! 别吵我,让我思考一下!);(*_*)(`～~`) = = = = =(看到鬼了);等等。

"〇|-|_"这个表情符号,从形态上看很像一个人低着头双手支地屈膝跪倒的样子,让人联想到可能是受了打击感到莫大的委屈,也可能是对某人某事佩服得五体投地,后来有人用"orz"这三个字母连在一起来代表这个动作,从此,"orz"这个字母符号就开始流行起来。"orz"还有很多个变体,比如说"rzo"(这是突出双手趴在地上求饶的)、"szo.osz"(这是两个人头对头趴在地上玩蚂蚁)、"OTz"(这就像个举重运动员)、"or2=3"(这个人放了个屁)、"orZ"(这个人下半身特别肥大)、"On"(这是个小婴儿)、"orz,OTZ"(一个是小孩,一个是大人)、"●rz"(这个人的头又大又黑)、"〇rz"(这个头特别大)、"Xrz"(这个人的头刚被爆完)、"or2"(这个人的屁股翘着)、"Or2"(这个人头大翘屁股但是身体小),还有"prz"(这是一个长发垂地的 orz)、"囧 rz"(这是没有什么话可说的 orz)、"srQ"(这是换到另一边并舔着地的 orz)、"Oroz"(这个 orz 是有小腹)、"oΩ:"(这个 orz 是背部隆起的)、Oxz(这个 orz 是被五花大绑的)、"囚rz"(这个 orz 是没有眼和口的)、"芷 rz"(这个 orz 是女的)。Orz(OTZ)后来还进一步产生出新的意义。比如"orz6",表示"我(O)认(R)栽(Z)咯(6)",而"OTZ6",则表示"我(O)天(T)真(Z)嘞(6)"。

因为极富创意,表情符号受到网友们的广泛喜爱,人们热衷于在网络交流中混杂一些表情符号来帮助自己表达情绪和增加画面感。但是过多表情符号的使用也给我们的交流带来了不小的困难。比如,

(O^~^O)[>\/<](*^∩^*)-.-+ A_A ^_~~-˘M(_ _)M o_O?
(#`)凸 (`▽´)ψ (°o°)~ @ (^人^) (\ ~ /) (*o*) (_m_)~ *
⊙__⊙ ⊙0⊙ ⊙^⊙ ⊙ω⊙⊙__⊙⊙△⊙ ⊙▽⊙
?__?? 0?? ^?? ω?? __?? △?? ▽? (|.|)? (⊙⊙?)
≧__≦ ≧0≦ ≧^≦ ≧ω≦ ≧__≦ ≧△≦ ≧▽≦
`__´ `0´ `\~ `ω´ `__´ `△´ `▽´
+__+ +0+ +^+ +ω+ +__+ +△+ +▽+

□||？（⊙_⊙）a --\(˙<>˙)/-- <("""O""") > >///< Orz < (OO,)/

看到这样的一串串符号，如果没有天马行空的想象力，人们真的难以理解它们想要表达的真正含义。

2. 乱用标点符号

标点符号是书面语言中不可缺少的成分，可以帮助人们更加准确地表情达意。它分为两种，一种是点号，比如句号、叹号、问号、逗号、分号、顿号等，可以表示语句中的停顿和句子的语气。另一种是标号，比如引号、括号、省略号、破折号、书名号等，可以标示出词语的性质和作用。新媒体背景下的网络语言当然也使用标点符号，但在使用过程中出现很多问题。

第一种是错用标点符号。如下面的几段话：

①我也不知道你喜欢不喜欢看《三生三世十里桃花》？（问号应改作句号）

②《×××××》不仅仅是一个优秀的选秀节目，也是一个大型的励志专业音乐评论节目。（"×××××"为栏目名称，应用引号。）

③我国的房价长期居高不下的多种原因：房地产商谋求高额利润、地价过高、官商勾结和炒房团的操作等。但是推高房价的元凶却是土地财政.（在这一句话中有两处标点使用错误，第一处是顿号应改为逗号。第二处是句号用了英文的标点。）

第二种是混用标点符号。如果一个疑问句同时带有惊异语气的，可以允许问号和叹号并用。比如《雷雨》里当周朴园告诉鲁大海他已经被矿上开除了，鲁大海说："开除了?!"这里"?!"混用，生动地表现了鲁大海不敢相信又愤怒痛恨的心情。但是这种混用一定要恰当慎重，如"……产生了非常恶劣的社会影响，也损害了政府机构的社会公信力。?"这句话句末句号的问号不可以混用，问号是多余的。

第三种是过度使用标点符号。常见的是句末标点符号的过度使用，如："国家如果不印那么多钱，房价怎么可能涨这么高??????"（问号的过度使用）；"最终决定了。。。。出发了。。。。又回来了。。。。。。"（句号的过度使用）；"就酱紫走了你觉得合适么!!!!!!!!!!"（感叹号的过度使用）。在表示非常强烈的感叹时，可以使用叹号叠加形式。如"她要揭露！她要控诉!! 要用死作最后的抗争!!!"，但是一定要得体，坚决不能滥用。

这些标点符号使用错误的现象并非偶然，类似的情况还有很多。有的是因为网民在输入时不方便输入省略号而使用句号代替，有的是因为输入法切换中英标点时出现的问题，不管什么原因，都要遵守现代汉语标点符号的使用规则。

二、新媒体背景下网络语言不规范的原因

新媒体背景下的语言不规范现象呈现多样化、复杂化、严重化的趋势。那么，面对这种不良趋势，我们应当追根溯源找到其产生的原因，才能进一步规范语言，提出有效的原则、建议和方法。

语言是人类交际的工具。语言问题不仅与语言本体相关，更是和语言背后深层次的社会背景因素、交际主体心理因素、国家民族文化因素以及传播媒介形式等因素密切相关。我们从语言因素和非语言因素两大方面来探究新媒体背景下的语言不规范现象的成因。

（一）语言本体的原因

语言是一种交际工具，这主要表现在作为信息载体的语言能够成为信息发出者和信息接收者之间的信息传递。信息传递必须是准确和经济的，所以语言及其使用需要一定的标准和规范。我们现阶段所推行的就是一种标准化的民族共同语。但语言不是静止不动的，而是处于不断发展变化中，在社会交往空前频繁和科学技术迅猛发展的现代，这种情形尤为突出。施春宏说："语言具有不自足性，它为了自身的生存和发展，为了实现自己的功能，必须不断地与外界进行信息和能量的交流，必须全方位地

对外开放。它既对外语和少数民族语言开放，也对自己的过去和方言土语开放。既可以通过吸收引进实现开放，也可以通过调整已有要素之间的关系、改变现有语言单位的性质实现开放。"①在开放交流过程中，总有这样那样偏离原有规范和标准的语言成分进入我们的汉语系统里。所以，语言不可能是绝对纯洁的，它总是从不规范到规范再到不规范，或者可以说语言的规范是"在发展中的规范"，语言的发展是"在规范下的发展"。

从语音方面来说，按照汉语拼音方案，汉语里的声母和韵母可以拼读出近四百个音节，加上阴阳上去四个声调就是近一千二百个音节。声母、韵母和声调完全相同的音节又可以写出字形、意义完全不同的许多字来。从汉字方面来说，汉字的形体复杂、字体繁多、历史久远。自有文字记载以来，最古老的汉字是甲骨文。从甲骨文开始，汉字字形经历了古文字阶段(金文、六国文字、籀文、小篆)、今文字阶段(隶书、楷书、草书、行书)。汉字中同音字、异读字、异体字、假借字，不断繁衍，其中还有从繁体字到简化字的调整。常用字不过是几千个，康熙字典收集的汉字就有四万多个，是常用字的几倍。像"龙"字、"虎"字、"福"字、"寿"字，从古至今的写法就有上百种。后人写字，一不小心就容易出错：形似致误(汉字的字形相似，只有局部笔画不同，这样的汉字容易写错)；音近致误(两个字的读音相同，容易相互误写)；义近致误(两个字的意思相近但略有不同，这种情况较容易出错)；音、形两近致误(两个字的字音相同、字形相似，更容易出错)；音、形、义三近致误(读音、字形、字义三样都很相近，这种错误的机会也最大)。

在词汇方面，汉语词语意丰，情况复杂，存在着大量的多音多义词、方言词、外来词、熟语(成语、谚语、俗语、惯用语、歇后语等)，在使用过程中，极易出现选词不当、表义错误、语义矛盾、重复等现象。在词法方面，有一些词类可以充当多种句子的成分，有一些句子的成分也可以由多种词类充当，词类和句法成分并不是一一对应，所以，词法情况复杂，

---

① 杜红梅.《新安晚报》语病问题研究[D]. 合肥：安徽大学，2010.

出现误用也是在所难免。在句法方面，汉语句式繁多，有主动句、被动句、把字句、长句、短句主谓句、多重复句等。在词语组合成句子的过程中，需要用有限的规则和结构表达无限的意义，所以不容易分辨清楚和准确把握，往往会出现搭配失误、语序不当、成分残缺等一些不规范现象。

(二) 非语言因素的影响

在语言本体以外，存在着方方面面的非语言因素，这些因素会对语言的表达或对语言的理解形成干扰，使书写者写出不合语言规范的病句，口述者说出不合语言逻辑的错句。这个问题在数字化新媒体时代尤为突出。

数字化新媒体时代技术发展日新月异，知识更新瞬息万变。这个时代的语言内容也处于急剧变化之中。语言是时代的一面镜子，折射出时代的社会道德意识和文化思想观念。新媒体背景下的语言不规范现象的形成原因和社会文化、心理需求、媒体传播、媒体自身、政府监管等这些方面息息相关。

1. 社会文化因素

目前的中国正处在一个扩大开放深化改革的时期。政治民主、经济繁荣，文化交流空前活跃，从根本上改变了人们的思想和文化观念，作为信息传播载体的语言，也必然随之发生变化。

(1) 相对宽松的社会环境为语言提供了自由生长的空间。

西方的互联网更多服务于电子商务，中国的互联网则多被用作公民表达意见和娱乐的平台。网民们利用网络高效的信息传递速度，便利的言论表达渠道，去评说那些滥用公权渎职、触犯公众道德的焦点问题，或者议论那些新闻生活报道、明星动态八卦的热点事件。而这些传递民众的心声、反映某些社会公共事件的新词语，只要在网络上出现就会备受各种传统媒体的关注，成为一时间流行全国的流行语。

例如，"很X"的结构，是现代汉语中用程度副词"很"作状语修饰形容词中心语的结构，这在普通话中是十分常用并且符合语法规范的格式，如书柜很漂亮，蜻蜓飞得很低。网络上的"很黄很暴力""很好很强大"也是"很+形容词"的结构。但继"很黄很暴力"之后，在网络上出现了大量以"很×很××"为基本框架的短语，如"很傻很天真""很绿很自然""很蓝很和谐""很黄很低级""很笨很愚蠢"等短语。网民又创造出很多违反传统语法规则的短语，如"很值很悲壮""很火很炒作""很雷很山寨""很雷很草根""很爽很摇滚"这类短语，"很值""很炒作"是"很+动词"的结构，"很山寨""很草根""很摇滚"是"很+名词"的结构，还有的网民甚至把专有名词进行拆分改造，生造出如"很恒很源祥"这样的短语。

改革开放以来相对宽松的社会环境为语言提供了自由发展的空间，但这也带来了一些负面影响。首先，在网络时代，建立在数字技术和网络基础之上的各种新媒体形态强烈地冲击着中国传统文化，使中国传统文化受到了前所未有的打击。此外，受西方自由平等文化的影响，中国人思想上渴望自由解放，这会淡化原有规范的遵守意识，会影响到语言文字的规范。

（2）文化的多元化造就了语言的多元化。

语言与文化相互依赖、相互影响。语言是文化的重要载体，它就像一面镜子反映出一个民族和一个时代的文化。文化对语言有制约作用，但文化的繁荣发展又丰富了语言的表达方式。词汇作为语言中最为敏感的因素，其变化发展最为直观，也最能体现语言的丰富和发展，进而反映出社会文化的发展和变化。

随着中外交流的频繁深入，外来文化日益渗入中国人的日常生活当中，也不可避免地进入了网络交际，反映在网络词汇上是出现大量中文与英文、日文、韩文等混用的情况。如英语单词或句子的缩略："BMW"是"big mouth woman"（长舌妇）的缩略；"BS"是"bullshit"（废话）的缩略；"INO"是"I don't know"（我不知道）的缩略。还有语码混合的情况："word天""我的sister""wuli宋慧乔""who（谁）来帮我解决这个trouble（麻烦）啊?"等。中日语、中韩语混用的情况："哈韩""哈日""思密达""欧巴""罗莉""正太""御姐""熟女""欧尼""阿里嘎多"等。当今的网络话语已俨然成为多语言数字符号的聚会，挑战着中华五千年以来以传统书写文字为轴心的社会文化体系。

在西方文化与中国文化夹缝中成长起来的港台文化长驱直入，因为时尚、独特和新颖被内地人接受和传播。比如从港台电影、电视剧中流行出来的类似"无厘头""生猛"等词就频繁在出现在各类媒体中。还有在网络交流中经常会使用"我有买这个东西吗？"这样不合规范的句子，在现代汉语中"有"只能做动词，不能做副词修饰谓语，而"我有买这个东西吗？"中的"有"却变成副词放在了状语的位置，这种用法就是港台语言进入内地后的影响。

2. 心理因素

新媒体自诞生以来，不但在文化、技术方面震撼着我们，对于人们的社会心态、价值观念、精神追求也是巨大的冲击。《中国互联网络发展状况统计报告》显示：网民规模持续扩大，到 2017 年底，我国网民人数已经高达 7.72 亿。年轻群体仍然是网民主体，尤其是学生群体，更是活跃在网络平台上的主力军。年轻的网民们是网络语言的主要使用群体，他们的世界观、人生观、价值观，以及心理成熟状况直接影响到他们对网络语言的使用和改造。下面主要从从众模仿心理、娱乐戏谑心理、儿童化的亲和心理、求异求新心理、焦虑泄愤心理五个方面来分析网络语言不规范的原因。

（1）从众模仿心理。

所谓的从众心理就是我们平时所说的"随大流"。年轻人是一个爱凑热闹的群体，个人极易受到外界的影响，或者懒于保持个体的特异性，或者从众使人们得到安全感，所以容易放弃自我判断，愿意与多数人的选择保持统一性。这种从众心理表现在语言上就是古人所说的"人云亦云"。

以 2014 年的"十大网络流行语之一"的"任性"一词为例，始发于微信，转发到微博，再从新媒体的不断链接一直演变到席卷传统纸媒的版面，一时间成为媒体热词，网民纷纷围绕"任性"遣词造句："有钱，任性""有车就是那么任性""××就是这么任性""广场舞就是任性"等。

2016 年度的十大网络流行语之一的"蓝瘦香菇",是一个广西的男子失恋后在网上播的视频中说自己"难受想哭",因为他用的是方言,听起来像是说"蓝瘦香菇",让人们觉得有趣好玩,因而"走红"网络,被大量地引用并广泛传播,一时间,满屏都是"蓝瘦香菇"。如:"蓝瘦,香菇,某些产品,我真的是不吐不快了";"木子走了,微微地心痛,蓝瘦,香菇,愿安好";"今天才周二,蓝瘦,香菇";"一星期满满的实验 and 上机 and 课,蓝瘦,香菇"①。

"扎心了,老铁"是 2017 年上半年最火的新词,出自斗鱼抽象 TV 直播间的弹幕留言。"扎心"指的是某件事情很让你触动,让你内心受到了极大的创伤和刺激,"老铁"是中国北方方言"铁哥们"的意思,"扎心了,老铁"就是向哥们诉苦或抱怨。这个词走红之后,网民们大量转载和使用。比如:"单身狗看别人秀恩爱,扎心了老铁!""扎心了老铁,我们食话食说!"网民又创造出女生模仿版"扎心了,老姐!"还有升级版"扎心了,都扎透了,老铁!",还出现了"扎心了,老铁"系列表情包,一时间,微信、微博包括纸质传媒都席卷充斥着"扎心了,老铁!"。

"确认过眼神"是 2018 年度的十大网络流行语之一。林俊杰的《醉赤壁》里的有一句歌词:"确认过眼神,我遇上对的人。"2018 年春节有一个网友为了吐槽广东人太小气,过年就发一些小面额的红包,他在微博上模仿林俊杰的歌词戏谑说"确认过眼神,你是广东人"。从此"确认过眼神"走红网络,大家纷纷模仿,掀起一场造句"竞赛":"确认过眼神,是我要考的学校""确认过眼神,他是我痛恨的人""确认过眼神,民警抓对了人""确认过眼神,社会人小手表,我儿子分分钟扳坏""确认过眼神,这些就是 2018 俄罗斯世界杯的潜在爆款了""已确认过眼神,是我家安琪拉没错""躲过了冬天却冻死在春天,已确认过眼神,都是要冻死的人""确认过眼神,你是我跨越千里来'治愈'的人"。

---

① 姚炎嫣.网络语言背后的青年人心理探析[J].青年文学家,2018(33):180.

《江南 style》是韩国音乐人 PSY 的一首 K-Pop 单曲，在中国唱红以后，网上立即出现了"理工科男 style、上海 style、杨浦 Style、航母 style、跨年 style、凡客 style"等"××style"格式；2010 正式开启了中国的"微"时代，"微话题、微电影、微旅行、微爱情"等说法流行后，"微公益、微祝福、微招聘、微达人、微支付、微理财、微购物、微客服、微体验"等"微×ד格式的词语层出不穷。此外，网络中还流行着很多语体："高铁体"（至于你信不信，我反正信了）、"淘宝体"（亲，快车道很危险哦!）、"甄嬛体"（本宫看了这碎碎的一抹青翠，甚是欣慰。若用来提神醒脑，想必是极好的）、"咆哮体"（查古字!!!! 至少查二十部字典，有木有!!!!!!! 下周一上课时交，有木有，有木有!!!!!!!!!!!!）、"元芳体"（"我想考教育学硕士，元芳，你怎么看?)等。

从以上语汇语体的流行中可以看到大众语言的贫乏。流行语像病毒一样经由新媒体这个传播器产生裂变，继而被大量地复制，在这个过程中人们的语言趋同，逐渐失去了语言的鲜明个性和独特风格。

（2）娱乐戏谑心理。

网络流行语往往以"娱乐"和"游戏"作为标识，通过对经典权威的颠覆反叛，刺激着大众的快感神经，使长期以来提倡内敛含蓄的中国大众得到心灵的解放，所以网民会热衷于对一些社会热点问题集体吐槽，会以逗弄的方式、自嘲的角度、反讽的话语嬉笑怒骂，创造出幽默、调侃、戏谑的语言。比如："不怕神一样的对手，就怕猪一样的队友"，这句话出自魔兽世界，本来是形容玩游戏时团队合作的重要性，后来被广泛运用到各个领域。此外还有"哥帅的不是外表，哥帅的是气魄""长江后浪推前浪，前浪死在沙滩上""我的优点：勇于认错；缺点：坚决不改""不要怪我太坏，是这个世界不给我做好人的机会""名花虽有主，我来松松土""只要锄头舞得好，哪有墙头挖不倒""不要迷恋哥，哥只是个传说""流氓不可怕，就怕流氓有文化""一个臭皮匠，弄死三个诸葛亮""得知你过得不好我也就安心了"等。这些嬉笑的话语出现在特殊的语境中，形成鲜明强烈的反差对比，往往比一本正经的语言更能揭示事情的本质。

网络语言中的戏谑不仅是语言层面的文字游戏，更多表达的是对现实社会和生活的无奈、不满。如"刘波很忙"这个流行语是网民套用周杰伦的歌曲《牛仔很忙》创造出来的。刘波是四川什邡的一名防暴人员，2012年在当地爆发了一次群众抗议活动，后来升级为暴力冲突。在气氛相对比较缓和的时候，刘波仍然"过分尽职"地在追打毫无防备的行人。网民合成了许多图片，把刘波"低着头全力向前冲"的形象和许多人"仓皇奔跑"的形象嫁接在一起，网民用这种恶搞方式来表达群众对于国家公务人员滥用公权力的不满。类似的还有房姐(陕西省神木县农村商业银行原副行长龚爱爱在京有41套住房)、"我爸是李刚"(李刚是河北保定市公安局北市区分局副局长，他的儿子李启铭酒后驾车撞人后口出狂言)、"躲猫猫"(云南青年李乔明死在看守所，警方称其"躲猫猫"时撞墙而死)、"俯卧撑"(贵州省公安厅发言人王兴正关于李树芬之死的介绍)等。

(3)儿童化的亲和心理。

新媒体背景下的语言交流中，经常会发现一些儿童化"卖萌"的表达方式。比如：使用叠词和语气词的组合来替代常规的形容词，在说话中加上"么么哒，萌萌哒，美美哒"一类的词；用"偶"代表我，"酱紫"表示这样子，"稀饭"表示喜欢等；讲话时喜欢使用"重叠式的童语"，如"等我一下下""我要吃饭饭了"；用"宝宝"来指称自己，如"吓死本宝宝了、本宝宝不开心"。一般来说，生活中女性比较喜欢使用这类词汇，这样的表达方式会让人觉得甜美可爱，具有亲和力。

人类天生有一种亲和本能，这是产生结群、交往行为的原动力。人类需要别人的关心和帮助、需要友谊、需要爱情、需要别人的承认和接纳、需要别人的支持与合作等需求都属于亲和动机。深层的心理需求则是人们安全感的缺乏，希望在孤独无助时有人能给自己温暖和依靠。在这一点上，女性有着比男性更为强烈的情感需求，所以，她们在语言交流中很自然地儿童化"卖萌"，希望得到对方的好感，引起对方的怜惜。应该说这种说话方式带有天然的自我保护色彩，利用人际关系中的亲和动机拉近了人与人之间的社交距离。只不过一旦使用不当，就会适得其反，让人有装嫩、扮幼稚、很讨厌的感觉。①

（4）求异求新心理。

现代社会中人们存在着各种压力，考研进修、恋爱买房、就业升职，生活中的种种不如意使得人们备感疲惫，网络成为他们释放压力、表达自我的舞台。面对着电脑屏幕，想象着虚拟空间中(音频、视频聊天除外)的交际对象，不可知的场景充满着神秘和新奇，"年轻一族"终于可以摆脱现实世界里的各种束缚，不用察言观色，不用斟酌字句，他们陶醉于用键盘敲打创造出来的与众不同的语言表达，打破常规给他们带来了轻松和喜悦，并在对方的惊异和赞扬中得到满足。在网络中，他们模拟声音、旧词翻新、谐音谐义、选用形象化的符号，甚至自创新词，如"新蚊连啵(新闻连播)"；"强烈"打成"墙裂"；"贤惠"表示"闲在家里，什么都不会"；"讨厌"其实是"讨人喜欢，百看不厌"；用"你又双叒叕不是小孩！"加强语气；把"很累，感觉自己不会再爱了"，缩写成一个词"累觉不爱"；把"这本书男生看了会沉默，女生看了会流泪"缩写成"这本书男默女泪"；"啊多么痛的领悟"成了"啊痛悟蜡"，后面的"蜡"是因为网友说这句话时，常在最后加个"蜡烛"图标来表示悲剧。

彰显个性、求新求异走向极端便成了怪诞甚至畸形，大量的稀奇古怪的语言变体，是对传统语言规范的颠覆和歪曲，表达的绝对自由最终将会造成语言使用的混乱。

（5）焦虑泄愤心理。

当前中国社会剧烈变化，利益重新分配，社会阶层重新划分，收入差距不断拉大，许多人虽然经济收入增多反而觉得生活压力加大。作为网民群体主体的青年人，尤其是处在社会底层的青年，由于社会处境的困顿所引发的内在焦虑并不因置身于虚拟空间而消失忘却，从"压力"到"鸭梨"再演变为"亚历山大"，他们以一种水果和历史名人的方式表达了生活的艰辛，类似的词语还有"坑爹""悲催"等。

---

① 姚炎嫣. 网络语言背后的青年人心理探析[J]. 青年文学家，2018(33)：180.

2015 年 4 月 14 日，一封辞职信引发全国热评，辞职的理由仅有 10 个字："世界那么大，我想去看看。"这句话之所以走红，是因为社会的竞争与压力之大，让现今很多人身心疲惫，他们焦虑不安却又无能为力，所以只能把希望寄托到一个不可能实现的虚幻中。一时间，网络世界里到处都是"世界那么大，我该去看看。世界那么大，替我去看看！世界那么大，跟你去看看。世界那么大，没钱去看看。世界那么大，我有钱再去看看。世界那么大，咱啥时去看看"！

一个人在生活的浪潮中，必然会面临很多次急流的打击。他们会选择激流勇进，也会选择随波逐流，实际上很多人会选择随波逐流，但是内心的郁闷、焦躁、愤怒必须得到适当的宣泄，网络就是一个隐蔽的、安全的、自由的、不受时空限制的空间。在这个空间里，青年人时刻关注社会动态，用讽刺、嘲弄、辛辣的词句吐槽、批判、谴责各种不良现象。如2010 年，通货膨胀蔓延到普通商品，大蒜的价格疯涨，一时间老百姓表达不满、抗议物价上涨的新词语"蒜你狠"在网络上走红。在这以后，又出现了大量相关的词语如"炒蒜人""炒蒜商""蒜你跌得狠""谁动了我的'蒜盘'""蒜你完""蒜你惨""蒜你贱"等。"煤超疯""油你涨"这些词谴责的是能源价格上涨，表达的是渴望政府监管部门干预物价的愿望。2009 年天涯论坛上网友"酱里合酱"发了一个帖子，声称自己在不明真相的情况下"被就业"！一个"被"字，形象地表达了面对公权力时个体的无奈和委屈。

但任何事都不能走极端，焦虑泄愤的心理一旦走向极端，就会形成网络语言暴力，是对网络人文生态环境的污染。

3. 媒体传播因素

语言的存在形式分为口头语言和书面语言两种。网络交际主要是通过键盘输入和计算机联网完成的，因而它既有书面语言的特性，又具有口头语言即时征，可以把它看作书面语言和口头语言的综合体。在媒体传播中键盘输入重视速度效率，并不在意交际用语的准确性；虚拟世界里身份的匿名化使得人们在使用语言时更加随心所欲；语言的有偿性促使交流速度的提高而忽略语言的准确度。

（1）键盘输入。

新媒体背景下的语言交际与语言输出形式和传播方式有很大的关系，这是因为它使用的是与传统语言交际截然不同的交际工具——键盘。手机也同样是键盘形式，只不过改双手打字为单手输入。但是，汉字的输入并不容易，根本原因在于中国的方块汉字是表意文字，是由一个个部件构成的，而键盘所提供的都是英文字母。

目前，大多数网民使用的是各种版本的拼音输入法，只要掌握了普通话的汉语拼音，对应英文键盘上的 26 个字母，看着键盘就能打字。可是，这种输入法也有一个致命的缺点——同音重码率太高。现代汉语里的同音词大约占词汇总量的 1/5，所以需要花费很多时间去选择多个同音词选项。用拼音输入法输入单字时也面临同样的问题，如"yi"这个读音下有 370 多个汉字，"ji"这个读音下有 300 多个汉字，从这么多的同音字里选择会非常麻烦。在惜时如金的网络上，人们往往没有耐心去查对选择，便出现了大量的同音代替词和谐音词，如"油菜花"（有才华）、"水饺"（睡觉）、"河蟹"（和谐）等，人们并不想改正这些错误，只要交流的双方能够理解就可以了。

另外，以键盘输入为主的交际方式还有一个特征就是交际双方的"疏离感"。在日常生活中，人们不但可以用视觉感知文字，用听觉感知声音，还可以用眼神、表情、动作辅助交际，甚至可以用身体上的接触来增加交际的温度。但是在网络的虚拟空间里，人们面对的是一台冷冰冰的机器，看到的是一个个打出来的文字，无法看到交流对象的样子（视频聊天除外），也听不到他的声音（语音聊天除外）。为了尽可能表达丰富的思想感受，人们开始利用键盘上提供的各种条件来创造更为直观、便捷、独特的网络非语言符号，甚至出现"火星文"，如" *ﾟ°^_^……♣♣o(┳＿┳)o♥♡ じ☆ve【♡Kica Z 宝贝】"，等等。虽然这些非语言符号的确突破了键盘这种交际工具的限制，增添了表意形式上的多样性、开放性和流动性，但是符号的解读需要交际语境的存在，一旦离开了网络交际的语境，这些符号便没有了意义。

（2）身份的匿名化。

在丰富多彩的网络空间里，来自天南海北的网民们使用自己或精心设计，或随手打出的网络 ID 进行交流。这种身份上的匿名化使得人们完全摆脱了年龄、性别、民族、职业、爱好等的束缚，人们无须在意现实社会中复杂的人际关系，他们可以畅所欲言地传递他们最真实的想法，他们可以任性自由地表达无聊、郁闷、戏谑、新奇等多种情绪。想表达的时候，他们可以天马行空地侃天说地；不想说的时候，他们也可以不理不睬马上中断，或者转换话题随便打出一串不知所云的字符来。这种随时随地、随性随意而为的"优势"使得语言的交流真正实现了自由和开放。

任何事情都具有两面性。在现实生活中，人们要对自己说出的话及做出的行为负责，但在虚拟空间情况就不一样了，隐蔽、非公开的虚拟环境以及主体身份的匿名化使得人们失去了约束，交际者可以随心所欲地随意发挥。

（3）语言的有偿性。

网络交际的初期，由于网络的使用费用是按照上网的时间和使用的网络流量来计算的，所以，语言交流速度成为人们首先要考虑的问题。争取到更快的速度，就相当于节省了更多的时间、更多的流量、更多的金钱。汉字的五笔输入需要记忆大量的字根和拆分规则，拼音输入又有许多同音字词需要选择，这在一定程度上带来了语言交流的不便和障碍，加大了语言交流的成本，所以人们在用键盘输入时，为了能在有限的时间内"说"更多的话，"打字速度"等于"说话速度"，缩略语便成为网民们的钟爱。缩略语虽然简单省时，却有着多义性，也就是表意的不确定性。比如"BB"这个缩略语，可以理解为英文单词"baby"（婴儿、亲爱的）的缩略形式，也可以理解为"bye-bye"（拜拜、再见）的缩略形式。再比如"LZ"这个字母缩略，可以理解为"楼主"（发帖子的第一个人）的拼音首字母缩写，也可以理解为"老子"的拼音首字母缩写，这完全要取决于当时的语境如何。

另外，如果键盘输入速度过慢会导致网络交流的中断，所以网友们往往不会为了合乎语言规范而字斟句酌，相反，即便出现了语言错误，也不会花费时间去纠正，只求表意，久之形成众人接受的习惯性表达。

4. 政府监管因素

我们国家十分重视语言文字的规范化，自《中华人民共和国国家通用语言文字法》颁布以后，在全国范围内宣传、推广、学习和贯彻实施，目前已有二十几个省、直辖市、自治区在语言文字工作者的共同努力和社会各界的配合下，制定了当地的法规和规章。

但是仍然存在着很多问题。语言文字职能部门对《国家通用语言文字法》的宣传总体上还不够深入广泛，大多数人对国家颁布的语言规范化方面的一系列法律、法规并不了解；社会上大部分人语言规范化意识相当淡薄，认为与己无关，人们的语言文字规范意识亟待提高；虽然有语言文字的法规制度，国家却并没有制定明确具体的处罚措施，还不能真正起到规范约束的作用。

另外，在《中华人民共和国国家通用语言文字法》颁布的时候，网络语言还是一种新生事物，该法没有涉及网络语言，对网络语言的规范也就出现了法律法规的空白。近年来，网络语言的迅猛发展才引起了语言学专家学者、语文教育工作者等人群的重视，并就网络语言的现状、成因、特点、影响等发表了不同的看法。只是，目前对网络语言的研究主要是一些年轻的研究者，他们在语言学界地位不高，影响力不大，所以国家对网络语言还没有足够的重视，有关网络语言规范化的法律法规还没有制定出来，网络语言也就没有法律层面上的规范和制约。

第六章　新媒体背景下的语言规范

一、新媒体背景下的语言规范与国家通用语言规范的关系

随着新媒体进入千家万户，媒体世界呈包罗万象之态，由以往的广播、影视、报刊、出版等媒体形态扩大到电脑、手机、数字电视机、网络电视机等互联网支持下的一切崭新媒体形态。新媒体在给大众带来更开阔的视野的同时，也带来了随意性很强的新媒体语言。这是一种新兴的事物，它一出现便势如破竹，因易上口、标新立异、戏谑性强、形式多样、变化万千而为大众所接受，尤其是在青年人群中传播得更快。部分新媒体语言源自生活，并且按照语言发展的特有规律不断发展，符合国家通用的语言要求，因而也是规范的。部分新媒体语言则不甚规范，他们自身带有许多不规范的现象，网民们利用新媒体特有的性质，随心所欲地在语言中添加字母、符号、数字、别字、图画、繁体字等，极大地冲击了国家通用语言，因而国家语委也不断发声，强调国家语言规范化的重要性。

2016 年一封《征求意见稿》引起了人们对汉字读音"从古"还是"从今"的文化争论。语言是交流沟通的工具，它的最大作用是便于人们交流，可是如果因为大多数人的错认、错读、误读而导致要改音，国家语言规范化的作用似乎就发挥不出来了。如此下去，国家的语言将走向哪里，语言的标准在哪里，中国的汉字发音还有修改的必要吗？老师还怎么教学？孩子们还怎么读？当时《咬文嚼字》的主编在接受采访时称，总体来讲这是条

"假新闻"，请不要担心。他指出，这则"假新闻"中的大部分内容来自国家语委 2016 年 6 月 6 日发布的《征求意见稿》，这个《征求意见稿》至今尚未正式发布。今后正式发布的《审音表》应该不完全和《征求意见稿》一样，也许担心的"读音改动"根本就不会出现在正式发布的《审音表》中。①

语言的产生和发展要经历一个漫长的过程，是经受了众多语言学家的鉴定和反复斟酌才确定的，是约定俗成的，而这也正是普通话和方言的区别。中国大地上之所以允许方言的存在，也正是尊重当地人的生活习惯和生活方式的表现。对于一些字在语言发展过程中发生的读音变化，语言文字也要相应地做出适应与调整。如，"说服"的"说"，中国大陆大部分人读为 shuō，"因为都这样读，就应该以它为标准音。而且原先 shuì 这个读音的含义'劝说别人使听从自己'，和 shuō 这个读音中'解释，解说'的含义是有联系的，因而这个字统读为 shuō，是符合语音发展规律的"②。

在新媒体成为主导的信息化时代，新媒体语言已成为人们尤其是年轻人交际的重要工具，而计算机网络的发展日新月异，使得新媒体语言不断渗入各个领域，并有大量渗透到国家通用语言之中的趋势。互联网通过改变人类的生产、生活方式来影响人们的精神世界和思想意识，知识和智能的交融将全面提高人的素质，人类社会将会进入一个以全体创造为主体的新时代。③ 2019 年 3 月 27 日，一个名为"996ICU"的项目在 GitHub 上传播开来。程序员们揭露"996ICU"互联网公司，抵制互联网公司的"996"工作制度。在"996ICU"的发起人的呼吁下，程序员们纷纷揭露，一众超长工作制度的公司被曝光。一周之内，华为、阿里巴巴、蚂蚁金服、京东、58 同城、苏宁、拼多多、大疆……一个个互联网巨头公司先后上榜。这个名单还在不断加长，多益网络、马上金融、游族等中小公司的名字也陆续出现④。这就是互联网的魅力，简单的几句话就会引发广泛的关注，简单的

①　https：//finance. sina. com. cn/roll/2019-02-20/doc-ihqfskcp6733122. shtml.

②　https：//finance. sina. com. cn/roll/2019-02-20/doc-ihqfskcp6733122. shtml.

③　欧阳友权 . 网络文学概论[M]. 北京：北京大学出版社，2008.

④　https：//baike. so. com/doc/25072741-26046406. html.

数字也能代表深刻的含义，网友们乐于献出时间和耐心，不得到满意的答案决不罢休。2019 年 4 月闹得沸沸扬扬的奔驰事件，也是有网友用一连串的数字戏谑奔驰公司因小失大，对女研究生的做法大加赞赏，"文明的泼妇"第一次被认为是值得推崇的。更有网友写出文章《论女人哭的价值》，指出"美女研究生一哭喊，奔驰股市损失 166 亿，美女身价提高 500 万，为国家增加 10 亿税收"，结论："哭也是生产力。"然而，无论新媒体语言如何强盛，它仍根植于中华大地丰富的语言环境，离不开传统语言，它的存在和国家通用语言有着千丝万缕的关系，具体表现在以下几个方面。

（一）扩大国家通用语言的容量

在新媒体蓬勃发展的今天，人们在原有语言的基础上开始使用新的词汇以便更准确地表达个人的意志，这些词汇来源很广，可能是某件新生事物，可能是一句日常生活中顺口的话，可能是一个电视剧的经典对白，也可能一种日益突出的社会现象，也可能是人们对某种事物、某种生活的向往，也可能是受到了某种伤害而达成共识等。而且新媒体所特有的传递快捷性和隐匿性使得人们可以酣畅淋漓地表达个人的愿望、倾诉对世事的不满，与之相应的应和声也更为积极和响亮，许多新媒体语言由此产生，大大丰富了现代汉语的词汇量。

自从有了微信与微信群，"群主"一词应运而生。"群主"指的是一个群的创立者或者管理者，属于一个虚拟的称谓，但它和现代汉语中的"校长""班长"一样具有实在的语法意义。与此同时，也出现了很多与群主有关的语言和文化，比如一首与群主有关的打油诗："群主我想赞美你，你咋那么有魅力，你一露面，姑娘小伙就围着你，话匣子打开就合不上，你一句他一句，欢声笑语。丢了困意。"再如另外一首打油诗："群主没来，我先来，看看谁坐主席台；群主没讲，我先讲，看看话筒响不响；群主说话，我鼓掌，带动下面一片响；群主吃饭，我先尝，看看饭菜凉不凉。"这些和群主有关的语言反映的是平民百姓的生活，其中也蕴含很多哲理，也使得群主们引以为傲，自诩存在感和价值感。渐渐地，人们认可了"群主"这一称谓蕴含的地位意义，对这个术语也就习以为常。由微信衍生出的很多词语，与我们的日常生活中密不可分。微信、QQ带给我们不仅仅是生活的方便、交流的方便，还有许多代言词的出现。如"红包"，本意是一个名词，单纯的理解是一个装钱、装物的容器，可是现在，你只要问要红包不，还有哪个人拒绝了它的诱惑呢？红包已经从普通的小包装，变成了赤裸裸的金钱代言词。代言词带给我们生活的丰富多彩，让我们充分感受到新媒体语言的简单，以及简单带来的快乐和自豪。

大量新媒体语言的出现，已使我们的生活由简单变得复杂，由单调变得多彩。例如，"姜你军"是大众对生姜市场行情的一声呐喊，反映了生姜价格飞涨的无奈与怒意，更在深层次上揭露了大众对于市场失灵、政府失职、民生缺乏保障等一系列问题的隐忧。此外还有"豆你玩""糖高宗""油你去""药你苦""蒜你狠"等词语，它们都反映了通货膨胀给民众带来的生活压力。这些看似调侃的语言其实隐藏着老百姓对生活重担的无奈。"度娘"这一媒体语言也为广大市民所喜爱，它来源于"有不懂可以百度一下"的百度App，百度能帮助用户打开全新的世界，找到你需要的内容，根据个人的情况有选择地浏览，随时随地解决一切问题，因此深受人们的欢迎，被很多年轻人亲切地称为"度娘"。

如今新媒体语言的快捷和简便已让越来越多的市民高呼，不学网络语言就看不懂别人交谈的内容，跟不上时代的步伐，带来沟通交流障碍。部分新媒体语言的确有特殊含义，如"美女"不再是真正意义上的品貌绝优的少女，而是成为一个对女性的统一称呼。又如"酱油男"，它源自2008年一条新闻，一位电视台记者在街头随机采访，询问到一名男子对这某明星事件的看法时，这名男子一脸不屑地说自己是出来打酱油的，明确表示对此类事件不感兴趣。于是"酱油男"一词一夜爆红，成为事不关己、漠然无视的代名词，后来又引申为明哲保身，表达对现实和他人不关注的态度。这些新媒体语言虽然也由网络产生，但其具有一定程度的规范性，能让人们根据语法特点去理解和使用，能够表达清晰明确的意思，在出现了新媒体语言的特殊含义后不会再引起歧义，它们使汉语言的词汇量大大增加，丰富了人们的词汇积累。

(二)保留现代汉语的口语化

人类语言的发展从无到有，从简到繁，从口头语到书面语，以文字为媒介，薪火相传，绵延千古。无论在古代还是在现代，人们使用汉语口语表达时会有很多省略和隐藏语。如在古代，贾岛的《寻隐者不遇》，全诗四行共二十个字，有三个层次的内容省略，一共省略了三个主词，一个宾词，三个问句。在现代日常生活中，人们口语表达比较随意，如"谁?""我。""去哪了?""北京。"现代汉语中表达可长可短，可繁可简，可以在语义基本不改动的情况下根据场景情节人物需要增删词汇，配合不同的语言色彩和地域方言，能产生各种适应情境的效果。

相声演员把现代汉语的口语技巧运用到了极致，新媒体语言又将现代汉语的口语化引入一个新的境界。人们在新媒体交际中，无论使用何种交流工具，归根结底是通过文字表述出来，这些交谈保留了现代汉语口语化和创造性的特点。人们见面打招呼直奔主题，尽可能地做减法，如问"吃饭了，你?""走亲戚了，昨天"，根本不会如书面语般那样讲究语法逻辑，更不会字斟句酌。很多新媒体语言频繁用省略句、倒装句、文言句，注重表意的清晰度，并不拘泥于语法规范规则。新媒体语言中的谐音词大量使用，也是只重视现代汉语口语发音而不重视文字规律的表现。现代汉语口语中一些方言、象声词在新媒体语言中被大量使用。比如，"就酱紫"是台湾普通话的读音，意思是"就这样子"，如今"就酱紫"也成为新媒体语言流行开来。

有人说，当今中国的语言文化中，主流文化占主导地位，亚文化占从流地位。其实，何为主流文化，何为亚文化，在不同人的心里有不同的诠释。"当一个社会的某一群体形成一种既包括主文化的某些特征，又包括一些其他群体所不具备的文化要素的生活方式时，这种群体文化被称为亚文化"①。

---

① ［美］戴维·波普诺，著. 李强，等，译. 社会学(第 10 版)［M］. 北京：中国人民大学出版社，1999.

对于 50 后、60 后、70 后来说，主流文化当然是传统汉民族文化，是中国五千年的文化瑰宝，语言方面的主流是国家通用语言文字的规范的语言表达方式。亚文化只是特定历史条件下的产物，起着对主流文化的辅助作用，是一种被边缘化的文化。但对于一些 90 后、00 后来说，他们更倾向于使用新媒体语言，因为它相较古汉语、现代汉语更加通俗易懂，不拘一格，能够充分表达个体意志与性格。总之，新媒体语言将汉语口语化引领到了一个新的境界。

(三) 挑战和突破国家通用语言的规范

新媒体背景下的语言利用语言本身已有的语法形式来进行网络互动，网民们在虚拟的世界依赖固有语言模式沟通，又根据不同的语境和需求，对现代汉语进行了改造，这些语言形式多样，变化万千，形成了特有的网络语言。这些语言或夹杂数字，或使用谐音，或用大量符号等，充分体现了人类的智慧。通过对各种符号和汉语词汇的不同排列、组合、搭配而产生的新媒体语言，代表的是人们在新媒体交际中的自得其乐。它们扎根于原有国家通用语言，又不拘泥于此，突破了国家通用语言的规范。于根元先生在《网络语言概说》一书中曾将网络词语划分为 11 类，即术语、外语词语、翻译词语、中文与英文并存、缩写、数字符号、港澳台词语、谐音、按照汉语造词规律产生的新词、汉语特色的俗称、汉语特色的美称、作用于视觉的词语等。而郑远汉先生在他的论文《关于网络语言》中将网络语言划分为 7 种形式，即符号组形类、数字会意类、谐音替代类、缩略简称类、转义易品类、双语混杂类、重字赘语类等①。

这些新媒体下的语言类别在新媒体时代被广泛运用于日常生活的各个角落，但不可否认的是，部分新媒体语言破坏了中国传统语言的纯洁性，没有严格遵循语言的语法规律或约定俗成的语言方式，更有甚者包含了大量的错字和别字。语言的随意性也造成传统文化中的本真的丢失，部分新

---

①　于根元. 网络语言概说[M]. 北京：北京大学出版社，2008.

媒体语言的流行使用正在曲解中国语言文字，混淆中国传统文化中语言的作用，模糊了传统语言的真实内涵，丢失了传统文化的本真。类似的例子前文中已列举很多，这里不再赘述。错字和别字的大量使用，数字和谐音词的出现，使新媒体背景下的语言显示出前所未有的随意性、不稳定性及不规范性，既影响了民众对现代汉语词语的正确理解，也在一定程度上改变了现代汉语的词语搭配和句法结构。

现代汉语中语音声调严格，词汇系统结构严谨，语法规律规范，语意重视逻辑，语言表达重视语境。而新媒体出现后，网民们在交往中不必见面，不必发声，更不必观察对方的表情，只要能够表达意思，进行快意的交流便足矣。人们为了加快输入文字的速度，加速交流的进程，便随意更改现代汉语中的词语，或者对现有的词语进行创新性的使用，变换词汇的含义，大胆地突破常规用语，追求趣味性、新颖性、刺激性，以此彰显个性、引发关注、获取认可。相对自由的新媒体平台为广大网民提供了无限的语言发展空间，丰富多彩的语言就是网民展示个性的证明。更为重要的是，网民的年龄层次不同，且以年轻人居多。青年人风华正茂，有着超强的想象力和创造力，他们快意于新媒体上语言的任性发挥和暂时挣脱了外来的束缚和压力，把个性和自由彰显到极致，构思也更为巧妙。如用"我稀饭你"代替"我喜欢你"，既减轻了被拒绝的尴尬，又有俏皮活泼的表达效果。如"88"，对它的理解可以是数字88，也可以是英语"bye-bye"（拜拜）的缩略形式，也可以是春节讨口彩的吉利语"发发"的意思，造成了很多歧义现象，只有放在特定的语言环境中才会确定其真实意义。

新媒体语言的灵活性、多样性、自由性、随意性和交流性，使其受到越来越多人的喜爱，很多人在日常交谈中不自觉地用起了新媒体语言，甚至有些小学生、中学生写作文都用起了新媒体语言，其传播速度和影响力确实超出常人想象。随着时代的发展，高科技会让新媒体进一步发展，人们对新媒体的依赖更强，新媒体语言的另类词汇和另类表达会不会成为主宰世界的语言也未可知，不久的将来，或许会冲击并颠覆着我们日常使用的传统语言，因而规范新媒体语言迫在眉睫。

(四)补充和发展国家通用语言的规范

中国互联网络中心(CNNIC)发布的第 49 次报告显示,截至 2022 年 2 月,我国网民规模达到 10.32 亿,互联网普及率达 73%。

这些数据说明互联网已和普通百姓的生活息息相关,绝大部分的市民每天要接触新媒体语言。这些语言来自生活,反映生活,是人们真实的生活状态和喜怒哀乐的代言词,无论人们是否相识,都可以在新媒体工具中找到共鸣。现代汉语中的一些"旧日常词"在成为新媒体语言后被赋予"新网络义"。

现代汉语中的动物"猫"在网络上就摇身变成了"Modem",意思是"制解调器(一种信号转换装置)"。《西游记》里三变其身诱杀唐僧的"白骨精",在网络上意思是"白领、骨干、精英"。"潜水员",现代汉语词典的解释是按规定经医学检查与选拔确认身体合格,经专业知识和技能训练获得资格证书的从事潜水工作的专业人员,而在新媒体语言中,"潜水员"一词专指那些在群里只看别人发帖子,自己不发表意见和言论的网民,一定程度上借用了现代汉语中潜水员的本义,形象生动地比喻那些默不作声的网民。词典中"晕"的意思是因某种原因导致身体的不舒服,而在新媒体中"晕"也是最常见的词,这是回应别人的话,可是它和身体不舒服一点关联都没有,它表达的是听到对方的话而感到非常惊讶,并有同情对方的意思。2019 年火爆的电视连续剧《都挺好》,自开播以来,受到广大群众的喜爱,剧中人物苏大强也成了网络红人,有很多据苏大强改编的漫画、网络用语也在各种新媒体中广泛传播,如"这东西要是不吃,不就亏了您一片心吗?""小的小不靠谱,老的老不着调。"这样的例子不胜枚举。

网名和个性签名也是最好的例证。在新媒体的虚拟性空间中,很少有网民使用自己的真实姓名,但又要找一个能符合自己身份或者愿望的词汇来代替,因而网名以及个性签名就丰富多彩了。如"平凡""愿得一人心""大号""新嫁衣"等用旧日常词组成的网民签名,铺天盖地,至今也无法统计到底有多少个网名,但是每一个网名的出现都有一层语言内涵,网名有多丰富，他的网络语言世界就有多丰富。

还有一些生活方言，或者是一句普通的家常话，几经流传成了新媒体流行语。2009 年 7 月 16 日，一个名叫"贾君鹏"的网友，因一张水帖"贾君鹏，你妈喊你回家吃饭"而在短短几小时走红。两天内，浏览次数超过 800 万，回帖次数超过 30 万。随后，"×××，你妈喊你回家吃饭"就成了一句流行语。陕西关中方言"额滴神啊"，原本的意思是"唉呀，我的天啊"，"额"是该地区"我"的拼音"e"的汉语书写形式，"滴"即该地区"的"的拼音"di"的汉语书写形式，这句话原本就是当地极为普通的一句口头禅，但因电视剧《武林外传》中老板娘用正宗的方言加上夸张幽默的表演后，便流行开来，不少网民一遇到奇怪或者超出预料的事情，就会瞪大眼睛夸张地说"额滴神啊"，以示该事情不可思议。

这些来自影视文化的新媒体语言更易于被广大民众接受和理解，因而传播得也会更快更远，普及的面积也更大更广。所以，做好新媒体语言的规范工作将会极大促进我国通用语言规范化的发展。

二、新媒体背景下语言规范的意义

汉语言文字是中国悠久文化的标志，是中国灿烂文明传播的工具，承载着中华民族精神的发扬和光大，是记录中国发展变化的载体。国家一直很重视语言文字规范化工作。随着新媒体的普及、外来语的渗透、网络用语的恣意滥用，新媒体语言作为一种新的语言很快流行开来，无论是形式还是内容，都对规范的语言文字造成很大的冲击，也给中国语言的发展和人们的思想带来一些负面的影响。因而，对汉语言的规范研究，是在新媒体背景下进行。

中国的传统语言自发展至今已有几千年的历史，其稳固性不言而喻，然而随着网民的低龄化，越来越多的青少年因对中国汉语缺乏了解而陷入盲目跟风状态，人云亦云，以为大众都接受的语言就是正确的，久而久之就会忘却母语的使用规则，他们经常根据情境生造词语，随意搭配各种符号,将网络语言同传统汉语混淆、生造词语、随意搭配,不顾现代汉语的纯洁性和规范性。这都会深深地影响着还没形成固定语言体系的青少年。

近年来,动漫文化尤其是日本动漫文化已然成为中国青年亚文化的重要内容。"日本动漫在中国的广泛传播,首先不是一小撮人的阅读偏好问题,而是一种具有普遍意义的社会文化现象。"①日本动漫中的人物形象已严重影响到了我国部分青年人的生活和学习,行为处世也在不自觉地模仿,体现了中国青年亚文化的心理倾向和特征。当然这些动漫形象也有积极的一面,比如果敢、勤奋,有团队精神,遇到困难不退缩的决心,以及注重亲情、友情、乐观主义、环保等,这是我们中国青年应该学习的一面。但是,在这些动漫形象里,还带有很大一部分不良的行为,比如暴力倾向、个人自私主义、极端主义,甚至还有同性恋等,就其名字本身已成为了部分中国青年自诩的代名词,如"伪娘""宅男""宅女"等。

现在很多人尤其是青年人,非常依赖网络新媒体,枕着手机入眠,在手机铃声中醒来,每天第一件事就是打开手机。很多人盲信网络,希望能从网络上得到现实生活中得不到的东西,比如温情、娱乐、朋友。"宅男""宅女"这一新媒体词语的出现,正说明了现在有这么一些人,把大量的时间交给网络,生活在虚拟的世界里,他们可以不必思考现实中的问题,不必思考自己的未来人生,逃避现实,不愿意承担生活压力。他们不敢面对生活的挑战,没有足够的心理承受能力来面对生活的压力,宁愿生活简单些,因而感觉宅在家里最安全舒适。语言是有传染性的,会快速在网络上蔓延,消极的语言会给我们的生活带来了负面影响,因此新媒体语言规范已势在必行。

(一) 新媒体背景下语言规范的学术意义

中国的语言是中国人民在勤劳的生产过程中创造发明出来的。文字从甲骨文、金文、小篆、隶书、楷书到行书是一个漫长的演变过程,也是一

---

① 陈奇佳,宋晖.日本动漫影响力调查报告[M].北京:人民出版社,2009.

个不断发展变化创新的过程。语音从古代猿人的第一声兽吼到今天的汉语普通话412个音节，语汇从最初的结绳计数到今天不计其数的单双音节，这个过程是不断发展的、不断创新的。当前新媒体背景下语言呈百花齐放之势，有很强的创新性，同时伴之而来的有许多不规范的现象，对语言的研究就会有许多新要求，尤其是语言规范问题。所以，我们研究新媒体背景下的语言规范问题具有重要的学术意义，目前学术界已经开始重视对网络语言规范化问题的研究并取得了很多成果。

(二) 新媒体背景下语言规范的社会意义

语言是对人们生活的反映，社会、政治、经济、文化的发展都会促进语言的丰富和发展。反之，语言的发展也会影响社会的进步与发展。因此，新媒体背景下的语言规范有其深远的社会意义。

1. 营造文明、健康的社会语言交流氛围

新媒体背景下的网络语言呈现随心所欲之现状，词语滥用、胡乱搭配、篡改汉字，而更有甚者出现一些低俗不堪的或者让人看不懂的字母词、数字词等不规范的现象。网民们在虚拟空间采用匿名，相互之间并不相识，因此语言表达肆无忌惮，随心所欲，造成人与人之间的交流不通畅，不能传递正能量。语言的不规范使用还会影响我们的文化审美甚至道德判断。学习一种语言，也就是学习如何以言行事，如何以言取效，而这些都是规范性问题。通过了解语言规范，我们可以知道何谓恰当的、有效的或正确的表达，可以区分雅言与俗语，还可以知道如何避免在语言的使用中"以语伤人"。因而，语言环境对人类学习和使用语言所起到的作用是毋庸置疑的。所以新媒体语言规范是一种社会趋势，是社会发展的需求，只有规范了新媒体语言，才能营造一个文明健康的社会语言交流氛围。

2. 促进汉语教育

国家很重视语言文字工作，但还有种种原因很多人对我们的母语并不

是很重视,导致一些在校中小学生不重视汉语的学习。但是青少年学生对新出现的新媒体语言却有着十分强烈的好奇心,因为新媒体语言可以不受语法的限制,用词造句自由随意。如不及时纠正会使正处在学习阶段的青少年产生错觉,认为传统的语言教育可以摒弃,代之以随心所欲的网络语言,这会给青少年、家庭、社会甚至是中国语言文化带来致命的冲击,结果必将导致人们读书写文章不再按照语言规律和规则,会冲击我们语文教育的标准。因此说,新媒体背景下的语言规范化建设已刻不容缓。

3. 利于社会的发展

新媒体背景下的语言以其独特的个性直接冲击汉语,给人们的现实生活带来了很多不便,语言的通畅性受到破坏,打破了良好的语言环境,从而阻碍着人们像以前那样从优美的汉字里获得美感。任由网络语言的个性发展,必会影响汉语的健康发展。中国地域宽广,多年来形成的南繁北齐语言统一的局面会被打破,也将会制约中国文化的发展和社会文明程度,多年来全国各族人民共同努力的和谐社会也可能因为语言的沟通障碍而倒退。因而,搭建一个优雅纯洁的语言文化平台,维护新媒体背景下良好的语言环境,引导人们健康有序地在虚拟的世界自由畅想,营造一个文明、健康的社会语言交流氛围是刻不容缓的历史任务。

(三) 新媒体背景下语言规范的政治意义

随着中国的崛起,汉语的国际化地位也日益提高。目前美国、日本等国家的重要场合、大型商场、街道等地方都设有汉语指向,充分说明了汉语的地位。我国对语言文字工作特别重视,一直开展汉字规范化和推广普通话的工作。语言的政治性、建设性和权力性直接影响着国际政治化的进程。语言和政治有密切关系,语言是为政治服务的,而政治需要通过语言实现,中国和世界各国之间的合作关系通过语言来进行,中国人的思维方式是由中华优秀传统文化积淀和汉语表达形式而决定的。当今是新时代中国特色社会主义建设关键时期,中国的巨大成就正通过汉语在国际上快速传播。因此，我们要加快语言规范化建设，促进汉语健康有序发展，推进汉语国际化地位的提升。

(四) 国外语言规范对新媒体语言规范的借鉴意义

语言是社会文明进步的载体，语言规范承担着传递信息、传承文明、交流思想、传达指向的重要功能。语言来自现实生活，规范语言也要和实际情况相结合。面对新媒体背景下语言形式的变异，内容的随意搭配、省略，滥用生造词、外来语、表情包等现象，语言研究者发表了不同的看法，对网络语言的态度及规范问题也持有不同的观点。这些专家学者根据语言的发展和自身规律进行剖析，从不同的角度指出新媒体背景下语言规范的重要意义。网络语言的变异不仅出现在中国，国外的语言变异现象也很严重，特别是一些西方国家，近年来也发出了规范本国网络语言的呼声，并采取了一系列的措施。国外语言规范的研究，对我国新媒体背景下语言规范有借鉴意义。

新媒体语言是在母语基础上改造和简化的，西方国家的语言是由字母拼写而成，所以变异后更加难以辨认，因而一些语言专家指出，语言变异是对母语的"侵犯"。英国语言学家 David Crystal 在《语言与互联网》中将网络语言定义为[①]："一种在互联网特有的，出现在电子群聊、邮件、虚拟世界和全球资讯网的语言，其特点是全球性、电子性和交互性且有口语和书面语的特征。"Lewin and Donner 的研究（2002）[②]研究发现，电子邮件使用的语言能为多数人所理解和接受，虽然也用了大量的标点符号、表情包、省略、缩写、大小写失范等，但在对人的称呼和问候语上比较正统，仍然按照人们日常的生活习惯用语使用。可见，新媒体背景下人们在电子邮件中使用的语言还是比较健康的。

英国早就将网络语言编入辞典，还指出网络语言是一种文化。1996 年

---

① 赵永丰. 英汉网络新词对比研究[D]. 大连：大连海事大学，2007.

② Labov, W. The Social Stratification of English in New York City[M]. Washington D. C.: Center for Applied Linguistics, 1996.

至今，英国政府只让网络观察基金会来管理网络，用"监督而不是监控"的方法来规范网络语言文化。这种监管模式，使得英国网络语言自由发展，带来了语言文化产业的丰收。Google 原本是一个搜索引擎，2006 年，《韦氏大辞典》将其作为一个网络新词收录，这意味着"Google"有"使用搜索引擎 Google 查询信息"的词义，词性也由名词变成了动词。类似的网络词汇 mouse potato（网虫）也被收入新版的《韦氏大辞典》。①

对于新媒体背景下的网络语言，世界各国持有不同的态度，较少国家用法律制度封杀不规范现象，更多的是引导和监督。每一种新生事物的出现都有一个发生发展的过程，该思考如何对其加以引导、约束和规范，使其为社会和人民服务。"他山之石，可以攻玉"，我们可以借鉴国外规范网络语言工作的可取之处。

三、新媒体背景下语言规范研究的观点

关于语言规范问题，学术界持有不同的观点，归纳起来可以分以下四类：

第一，语言纯洁说。闪雄认为，对网络语言中存在的问题，要防微杜渐，先建立规范，保持汉语的纯洁。②

第二，语言调和说。詹伯慧认为，特定人群在一定范围内使用的习惯用语并不属于通用语的范畴，没有必要以通用的语文的规范标准来衡量。他还认为，网络语言不同于一般使用范围很窄的专业词语，因此对不规范的语言要加以规范。③ 周洪波认为对待网络语言的态度应是宽容理解、推荐引导。④

---

① http：//vnt，w. 210ur. com/readnews/1024/1024238. html.

② 闪雄. 网络语言破坏汉语的纯洁[J]. 语文建设，2000（10）：15-16.

③ 詹伯慧. 当前一些语言现象与语言规范[J]. 暨南学报（哲学社会科学版），2001（4）：116-120.

④ 周洪波. 中国网络语言词典·序言[M]. 北京：中国经济出版社，2001（6）.

第三，语言层次说。于根元指出，网络语言的规范是以交际到位的程度作为衡量的唯一标准。网上的成员情况复杂，新老网民的语言共存，形成了层次差别。所以，网络语言的规范工作应是有层次的、无止境的。①

第四，语言过早说。陈榴认为，目前网络语言处于发展的过程中，语言形式也正处于约定俗成的阶段，要人为地规范它，不仅时机尚未成熟，而且很难操作。②

从以上专家学者提出的观点可以看出，对于新媒体背景下的语言现象、语言发展和语言规范的问题可谓"仁者见仁，智者见智"，各执己见，各有依据。我们认为都有一定道理，我们更倾向于客观地看待网络语言。社会性是语言的本质属性，网络语言是语言社会性的必然产物，我们应尊重接纳，但同时对于其存在的问题理应进行规避和纠正。

(一) 新媒体语言规范是社会发展的需求

新媒体语言是在媒体快速发展过程中产生的，它是社会发展的产物，是社会新媒体发展的标志之一。作为一个新生事物，新媒体语言有令人喜悦的一面，它形式上灵活多样、内容上方便易懂、表现力上活泼生动。但也有不为人首肯的一面，优势和缺陷并存，我们应该取其精华，弃其糟粕。有利于社会进步的就保留下来，阻碍社会发展的就要摒弃。

我们也可以将新媒体语言作为一种社会方言变体来接受和吸纳。语言的发展需要外来词汇的丰富，汉语亦如此，汉语普通话以北方话为基础方言的，同时也在不断吸收其他方言区的语汇，还吸收其他民族的语言。那么更能吸收新媒体语言。汉语规范一直在进行，新媒体语言的规范更需加强。

---

① 于根元. 中国网络语言词典·序言[M]. 北京：中国经济出版社，2001(6).

② 陈榴. 网络语言：虚拟世界的信息符号[J]. 辽宁师范大学学报，2002(1)：82-85.

(二) 新媒体语言规范应该更加注重语言内容

新媒体语言在产生发展和网民使用过程中出现了一些正现象和负现象。正现象是指新媒体语言充分展示了人类的聪明才智，能把复杂的理论简单化，建立庞大的语言符号体系，为人类提供了快意交际、自由表达、自我张扬的语言素材，使得语言世界丰富多彩。并且，人们能通过新媒体平台在第一时间发表内心的感受，针砭时弊，引导正确的人生观、价值观、道德观等，而且公众参与度很高，会形成良态的社会舆论，也能监督政府部门的决策。负现象是指新媒体语言存在粗俗低级、语言暴力、黄色泛滥等现象，传播迷信段子，散布诈骗虚假信息，恶意篡改传统诗词等不文明的行为。正是因为新媒体语言的种种负现象，很多学者认为必须对新媒体语言进行纯洁化、规范化。也正是因为新媒体语言有正能量的一面，所以"过早说""调和说"也是能够站得住脚的。其实，新媒体语言的出现与使用是大势所趋，全盘否定是不科学的，全面扼杀是武断的，也是不符合社会发展规律的，新媒体语言应该规范也必须规范。我们认为，当务之急是要注重新媒体语言的内容健康化、文明化。只有语言内容跟上时代的节拍，新媒体语言才能成为人类进步的工具，提高全民族的文化素养就不是一句空话。

规范新媒体背景下的语言不单是语言内部发展的需求，更是语言工具性的发展需求——为了全民族更好地运用新媒体语言。只有这样，新媒体语言本身才能朝着更好的有利于社会进步的方向发展，才能更好地在新媒体平台上为人类服务。人们要正确地认识它、理解它、宽容它、容纳它，从而以更好的理念去发展和繁荣新媒体语言。

(三) 语言规范应该放眼新媒体世界之外的现实世界

新媒体语言是一种顺应历史发展的种语言现象，反映的是一个国家的社会现象和文化现象，我们应该用审视和发展的目光去看待它，应对其进行内容上和形式上的全面分析，方能正确认识它。

从现代汉语的标准来看待新媒体语言，它的语言构成成分并不纯粹，是数字、汉字、符号、英文字母、表情等的混合体，它的使用也没有口语和书面语之分，因而它不是现代汉语言的延伸，也不是现代汉语言的演变和发展。它是从外到内、从意义到内涵都经过改造了的现代汉语。这种改造在一定程度上会给现代汉语带来混乱，会使人们对现代汉语的认识和使用产生某些偏差。所以，学界大多数的观点是应该对新媒体语言进行规范。"射人先射马，擒贼先擒王"，其实这个"马"和"王"是新媒体世界之外的现实世界。新媒体语言是依附于现实世界而生存的，没有现实世界人们的使用，就不会产生新媒体语言。

近年来出版的多部网络语言词典已明确指出新媒体语言的使用范围，人们在网上自由地交际的时候一定要有道德底线。人们要自由的同时，也要自尊、自爱、自律，养成良好的道德素养，从根本上摒除不文明的行为，才能净化新媒体世界。国家相关部门可以加强对网站的监控，制订一定的管理办法，对网民的谩骂粗俗语言行为进行约束；也可以配套制订一系列的惩处不文明条例，双管齐下，新媒体背景下的语言必会趋于规范。

新媒体语言中的很多词汇是中国汉语词汇标准语中没有的，但这些词汇又往往受到广大网民的喜爱。部分词汇不单是在网上交流时使用，就是平常见面打招呼或者在正式的文章中也使用，显然它们经过了现实生活的过滤，已经有了存在的价值和意义，所以这部分词汇就被编入网络用语词典中，成为规范的新媒体语言。如"网虫、黑客、达人"等使用频率高、词义又无歧义的新媒体语言已正式被编入新词库。一些外来词、数字表达的"PK、88、巨无奈"等网民认可的语言符号，在不产生歧义的情况下，能节约书写时间，又没有触及人们的道德底线，也不破坏汉语的语用规律，我们认为宜采取宽容的态度，不妨让这些语言出现在新媒体中。

新媒体语言的使用者以年轻人居多，呈年轻化趋势，年轻人也正是新媒体语言的发明创造者，因而更要重视加强对新媒体语言的文化内涵和社交方式的宏观监管与引导。当前很多青少年使用新媒体语言，包括小学生在内。他们在作文中也经常使用，有的只是出现几个词语，有的却是长篇累赘。这种过度使用新媒体语言的现象是极不正常的。长此以往，汉语言的规律和规则在年轻人的头脑中会渐行渐远，直至消失不见、不留痕迹。因此要充分发挥家长、学校、社会的积极性，重视青少年的新媒体语言使用规范。多方位立体交叉式教育他们从小、从我做起，按照汉语言的语法来规范新媒体语言。多方面、多渠道地引导青少年接受并喜爱我国的传统文化，努力营造规范的语言环境。长期的耳濡目染，有助于青少年对不规范的新媒体语言进行自动过滤。所以，重视语言的现实世界比约束虚拟的新媒体语言更有意义。

中国的现代汉语是在不断接纳和吸收外来词汇，不断规范语音、语汇、句法、标点符号等情况下发展和完善起来的。同样地，新媒体语言会经历和现代汉语一样的发展和完善的过程。现实世界是多样化的，西方的生活方式和文化元素在一定程度上会影响着心理成熟度还不够的年轻人。所以，我们要拿出海纳百川的气度，对新媒体背景下的语言规范要做到在吸纳的同时要适度引导。只有这样才能使新媒体语言更加健康，更加繁荣。任何对语言采用限制形式、保守形式、净化形式都是不符合语言发展规律的。

四、新媒体背景下语言规范的原则

在新媒体超速发展的今天，无论你在哪里，在任何时候，脱离了互联网就如同盲人一样。公交车上、地铁上，低头看手机的比比皆是，饭店、酒店、商店都免费提供无线 Wi-Fi，家庭、办公室也离不开网络，我们现在生活在网络时代，网络彻底改变了我们的生活方式。新媒体已经走进千家万户，是老百姓日常生活中不可缺少的一部分。如果说以前是网络在影响着老百姓的生活，不出家门便知国家大事，隔着时空能随时随地接到亲人的问候，等等，那么，现在又是老百姓的需求在影响着这种新媒体文化形式。因而可以说新媒体语言存在于生活的方方面面，它已经由最初的信息传播反过来影响着整个社会语言的使用，进而影响着社会风貌的形成。

整个社会已经形成了独特的网络环境，这里有大量的网民和独特的体系，而且还在快速地变化之中。它越来越与人类社会相似，因而它会出现很多社会问题，诸如语言的构成性、内容的真假性、形式的多样性等。已有部分地区对网络语言进行规范立法，明文规定合法使用网络语言的范围，国家也出台了很多措施，监督各大网站的生产运营，规范新媒体语言是迫在眉睫了。对于新媒体语言的规范，我们认为，要把握好以下几个原则。

(一) 层次性原则

以于根元先生为代表的学者在解读网络语言时曾指出，新媒体语言的规范是分层次的。因为它不论以何种形式出现，它的作用和价值就在于交际，对其唯一的衡量标准是交际值，能否交际到位是衡量其是否规范的标准。中国的民众千差万别，学识、学历、文化素养各不相同，老的网民不在了，新的一拨又补充进来了，不同的阶层语言表达的形式也不一样。受过高等教育的学者在交谈中大多注重语言的规范，学术性深厚，所用的术语也要多一些。但是，中国是一个农业大国，百姓大多根植于农村，言语交流常常注重口语化、通俗化。何况现在中国网民更呈现年轻化态势，年轻人恣意交流，不愿意按照中国传统语言的规范一字一板地说话。他们随意搭配语言符号，随意更改某些文字的既定意义。当然这不能排除西方国家的文化、意识形态对中国传统文化的冲击，使得中国的传统文化现在处于大滑坡的时代。对于中国网民文化的层次性存在现象，新媒体语言规范也必须依照层次性原则进行，不能全盘否定，更不能一刀切，要循序渐进，示范文明用语，慢慢删除不道德的语言，一层一层地渗透，充分利用新媒体的开放性和匿名性来传递健康向上的语言。部分不合理、不为人接受的语言时间长了自然就会退出新媒体舞台，年轻人接受新生事物的能力强，可塑性强，只要合理地规范新媒体语言，仍保持其率真个性，假以时日，就会成为规范用语的领头军。这部分历经锻炼趋于成熟的网民将会影响新的网民，他们是新媒体语言健康的希望。

（二）包容性原则

新媒体语言作为一种新生语言，一经出世，便受到世人瞩目。20 世纪 90 年代初，互联网进入我们的生活，对人类的行为和思想产生了巨大的影响。尤其是近几年，随着智能手机的普及，微信、钉钉、QQ 等网络社交媒体代替了电话和短信，人们的日常联络与交流越来越便捷；美团、滴滴、飞猪等手机软件程序的研发和使用极大地方便了人们的衣食住行，互联网让我们不再必须现场排队购票，不再为旅行的住宿和旅游体验犯愁。以上这些行为的完成离不开语言这个载体，因而，新媒体语言的发展在最近几年更加迅猛。由于中国网民的层次性，新媒体语言也出现了高雅与粗俗相伴、规范与随性并存、中文与英文互用、数字变意等良莠不齐的现象。专家学者对此各执一词，有的褒之，有的贬之。更多的声音则是认为需要规范，原因是新媒体语言破坏了中国语言固有的语法构造，冲击着传统的汉语言，不尊重中国的传统文化，甚至横加糟蹋，专家担心随着新媒体语言的强大，中国传统文化会渐渐失去自我。也有学者建议客观认识这一新生事物，毕竟每一种新生事物都在批判中成长，如果现在不能消灭它，那就要寻找它的存在优势，并将之发扬光大，以便取其精华，让它作为中华民族的新生语言而立足于世。而有的学者认为新媒体语言的任意组合，生造新词是中国年轻人叛逆的性格使然，是他们受西方思潮影响而出现的畸形现象。

与此同时，面对现代本土文化的变迁与外来强势或非强势文化的渗透，中国传统文化在现代文化中面临着挑战与重塑，传统文化与新科技发展教育的交融与冲击已成为一个不容争辩的事实。现代的青年与中国文化产生了巨大的断层，许许多多的青年不愿读《红楼梦》，不知道司马迁，不愿意听戏曲，更是对"四书五经"闻所未闻。当我们在韩剧、日剧中找到传统文化的影子并产生心理共鸣时，却在中国找不到一部充满自己文化的电影电视剧。戏曲在萎缩，诗书画琴在萎缩，中国元素变成了用来升学的特长。我们传统文化正面临传承的危机，而更重要的是，我们已不仅在形式上而更在精神上离传统文化越来越远。由于传统文化缺少传承，中国人已逐渐找不到"根"，浮躁的社会已难以找到中国五千年沉淀的沉稳。有的人将这样的现状归因于互联网快速发展，有的则认为是新媒体语言的滥用所造成的。

我们认为应该客观公正地看待以上现象。在对待新媒体语言的发展上，我们应当以一种包容的心态去接受它，欣赏它的优势，更改它的缺陷。中国文化的精髓就在于其伟大的包容性，这也是中华文明能够绵延几千年而不中断的原因。中华文明的博大精深和立足于世界顶端，与它的海纳百川、大气磅礴分不开。所以，我们也应当以包容和理解的态度去面对新媒体语言对现代文化的冲击。

(三) 引导性原则

新媒体语言的出现，是社会发展的结果。现在，人们的生活压力越来越大，人与人之间的沟通和交流越来越少，很多心里话不愿对熟悉的人讲，于是在互联网上聊天就成了宣泄的渠道。许多平时不敢说的话，敢对陌生人说了，敢于发泄内心的不满了，这正是新媒体语言的优势之一。因为面对的是冰冷的键盘，说话的对象又是一无所知的人，即使说了过激的话，也不担心造成坏的影响，所以也就没有压力。于是，尽可以口出脏言污语，尽可以随心混搭英文数字。很多人在质疑这种语言存在的价值。显而易见，它在短时间内不会消失。它作为一种非主流的文化出现在快速发展的社会，如果找不到切实可行的规范方法，就会对中国的传统文化产生巨大的负面影响，尤其给下一代带来困惑。令人不知应该是因循守旧，还是另辟蹊径、随性而为。作为几千年中国文化的传承者，我们当然希望现在的年轻人能够健康地使用新媒体语言，让这些语言回归中国现代汉语的语法规范中。

我们认为，要想让这些"非主流"的文化成为主流，需要全社会都参与进来，用足够的耐心和时间去合理地引导。无论是家庭还是学校，无论是学者还是工人，要认识到引导的重要性，找到新媒体语言快捷便利的优势，挖掘其中蕴含的智慧和精华，剔除其不合道德的粗俗、污秽的一面。利用一直以来我们传统语文的特点，肯定新生事物进步的地方，摒弃落后不利于社会发展的地方，正确表达对新生事物的态度。只要全社会人人都重视新媒体语言的健康问题，人人都认为规范是必须的，自觉查找并改正，就能使新媒体语言向着规范化和有序化的方向发展。

新媒体语言并非一无是处，它虽然冲击着我们的汉语，但我们也不必一棍子将其打死，因为我们可以将它的优点吸纳到汉语中来，丰富汉语的词汇量，传递社会前进的信息。社会是在不断向前的，新词的出现是社会发展的标志，通过引导，新媒体语言就会转化成符合道德规范的、代表时代的标志性语言。新媒体语言的缔造者和使用者大多是年轻人，在校学生居多。这些年轻人脑子灵活，接受新生事物能力强，模仿能力也强，思维极为活跃，举一反三联想丰富，叛逆能力也是最强的，如果在这个关键时期，强行改变新媒体语言使用的方式，忽视其合理性和普遍性，势必引起年轻人的反感。所以，引导是主要的方式，辅之以道德教育，加强整个社会新媒体语言的文明程度，提高整个社会人文素质水平，从根本上改变新媒体语言的不规范现象。

引导年轻人正确使用新媒体语言，可以从多个方面进行。首先，在现实社会中，仍要坚持中国传统文化的教育，加强语言的规范化，推广普通话。现在很多地方开设了国学课堂，举办"国学进校园""戏曲进校园"的活动，充分利用社区街道宣传长廊宣扬中国的传统文化，这些对年轻人在很大程度上起到了很好的教育作用。大力倡导语言文明，恪守语言规律，培养公民的语言知识，普及中国传统道德修养，营造一个尊老爱幼、兄友弟恭、邻里和谐的社会氛围。其次，要充分利用最重要的教育主阵地——学校。人的一生1/3的时间在学校接受教育，而且上学期间心灵是最纯净的，语言道德教育也是最有效的、最系统的。因而老师们要自觉地把学校教育和新媒体教育联系起来，把两者互融在一起，适时进行新媒体语言规范和道德教育，让学生们切实认识到遵循现代汉语道德和新媒体语言道德的重要性，树立正确的价值观和世界观，自觉抵制不文明的语言。再次，要充分发挥家庭教育这个主力军。家庭是社会的细胞，是一个学生生存和依赖的最重要场所。原生态家庭教育对于一个孩子的价值观、人生观、道德观的影响是很大的。如果每个家庭都能作为语言文明的教育者，家长先从自我规范做起，遵守语言发展规律，自觉践行中国传统文化的道德行为，如此代代相传，规范新媒体语言的工作就指日可待。最后，新媒体世界要按照社会道德要求，构建一个文明健康的网络体系。国家有关部门可以采取必要的措施干预，用法律手段约束不文明的语言行为，倡导语言文明，以优秀的语言文化去引导年轻人热爱生活，珍惜生活。这是一个漫长的工作，需要全社会共同努力，坚持不懈地做下去。

（四）静态和动态相结合原则

现在使用的新媒体语言是一个大拼盘，只要交际双方能够听懂对方的意思就可以交谈。比如，同是管理者，可以有多个称呼，有叫群主的，有叫斑竹的，有叫版主的，有叫板猪的，等等。这种跳跃性极大的新媒体语言始终处于动态变化之中，这与交际双方的层次有很大的关系。交际伊始，它影响到正常的词意表达，经过双方简单的磨合之后才能继续交流下去。这同时又和新媒体语言快速高效沟通的原则相悖。如果如新浪、腾讯等具有重大影响力的网站能建立统一的新媒体语言符号体系，颁发一定的用语标准，这样既能净化新媒体语言，又能使广大网民在交流中做到有词可依，即便自己生造也有一定的原则，不至于天马行空，了无边际，如此就能缩短交流双方沟通适应期。不能让"Q 言 Q 语"一味狂澜汹涌，"革命"着汉语，更不能让其超越几千年的汉语规范。

新媒体语言是现代汉语的一种变异，它随着社会的发展而发展。世界上的新生事物不断出现，分分秒秒人们的经历各不相同，主体认知、思维方式在不断发生着变化，导致新生的语言也是瞬息万变的。前一阶段已经认可的语言，后一阶段就会出现新的变化，使用旧词的网民习惯了一种格式，新的网民又生造出了另一种格式。新媒体语言就是在这种静态和动态辩证统一的更替交换中发展起来的，因而对新媒体语言的规范要静态和动态相结合。一方面，对于那些新鲜生动的新词语，那些不影响世俗而又别出心裁的语言形式，我们尽可以张开双臂热情拥抱。对于网民认可的使用频率高的、没有歧义而又阳光的词语我们可收录到网络词典，也可以将他们归入我们的日常语言体系，这是一个静态的规范体系。另一方面，语言也在不断发展之中，新词语不断涌现，势必冲击现存静态的语言，这种冲击是不以人的意志为转移的，也许昨天人人都用的见面语，一夜之间就有了更为形象的替代品，一部分规范的用语保持着，一部分旧的却被代替了，更新的、更时尚的、更为广大网民喜爱的出现了。因而，它又是一个动态的过程。

(五) 取精华弃糟粕原则

放眼世界，生活学习已离不开新媒体，新媒体语言是校园传播最快、使用最广的语言。通用新媒体语言是校园的风景线。集音频视频于一体的课件能让学生享受曼妙的音乐、欣赏动人的画面、声情并茂体味所学的知识，远程教育能让学生坐在家里听名师名家讲授知识。然而，新媒体是一把双刃剑。新媒体打破了时间、地域的限制，同时新媒体也让学生学会了偷懒、偷盗，利用新媒体犯罪的青少年正呈上升趋势。在新媒体的冲击下，有的学生一味追求西方文化，而把传统的忠孝礼仪丢弃。所以急须利用校园教育做引导，将中国人缺失的爱国情愫在校园文化建设中重新找回。丰富的校园文化内涵为格调教育提供了广阔的空间，格调教育正好可以在新媒体时代与校园文化有机地融合。新媒体时代，可以利用这二者之间的相互利用、影响、渗透等关系，达到通过语文教育扭转新媒体冲击下校园文化建设中的一些不良影响，力求建立新型的校园文化氛围。目前，校园文化作为整个现代化进程社会文化体系中一个最活跃、最有影响力的亚文化，是各种学术思想交流的园地，是各种文化汇总、碰撞的中心。如何通过校园教育，去除新媒体语言中的负作用，吸取新媒体语言中的精化，从而建设全新的校园文化，提升学生的综合素质，关注学生的心理健康教育，提高全民族的素养是一个全新的规范语言的视角和途径。

（六）课内课外相结合原则

在新媒体时代，网络语言已走进课堂。作为教育者，就要学会运用课内课外的教育来推动新型的校园文化建设，推动社会的发展。整个社会已是新媒体时代，是完全接受新媒体带来的一切，摒弃传统的教育，还是有选择地接受并吸收新媒体给我们的带来的新文化，并将之融入新时代的校园文化建设中，是我们要思考的问题。随着社会发展的日新月异，新媒体语言已在校园文化建设中凸显出来，可以说，要想使校园文化建设健康发展，必须依靠新媒体。因为是新媒体让我们以最快的速度了解天下事，让我们足不出户便可以查阅当代最全面的资料。我们在享受新媒体带来的快乐的同时，我们也失去了很多宝贵的东西。新媒体信息的大量渗透使中国的语文教育正在受到冲击，有人已把中国的语文教育中的孝节礼仪放置脑后，认为只要会用新媒体，可以不再读书，可以不再写字，可以不再顾及中国传统文化。为了防止优秀的传统文化丢失，就要让语文教育跟上新时代的步伐，打破传统的语文教育模式，利用新观念、新科技推动校园文化建设，《弟子规》《三字经》在校园中重新解读，中华诗词进校园，红歌大家唱等新举措已经引起了极大的反响，中国的校园文化呈现出勃勃生机。语文是基础学科，语文教育与校园文化有着千丝万缕的联系。而浓厚的校园文化氛围是一个学校进步的体现，其中新媒体建设是数字化校园文化的基础，景观建设是绿色校园文化的根本，人文素质教育则是校园文化的重中之重，这一切都以语文教育为先导。在语文教育受到新媒体文化冲击的今天，要想有良好的校园文化建设已不是一件容易的事情，因为只有校园文化优秀，学校的学子们才能传承中华民族的优良学风，为伟大祖国繁荣昌盛而努力奋斗。为此，我们要积极研究新媒体时代校园文化的育人作用，语文教学与校园文化的关系，怎样突出语文教学的特点和优势，构建新型的校园文化氛围，使教者更明白 21 世纪文化走向，使学者更积极踊跃地投入校园文化建设。在教与学过程中，培养学生良好的人生价值取向，同时为进一步研究校园文化对社会的促进与发展奠定基础。校园文化的宗旨是育人，育人取向是校园文化的命脉。新媒体时代利用高科技育人，利用"网络、系统、创新"引导学生迈向尖端科技，科学性、创新性地课内课外相结合，使新媒体语言向更健康的方向发展。

五、新媒体背景下语言规范的具体处理

在信息化时代，人们的社会交际打破了时空的限制，使得人与人之间的交流更加广泛、更加频繁，而新媒体的迅猛发展，使得新媒体语言如雨后春笋般出现，在丰富汉语言词汇，给汉语言带来新意的同时也产生了大量不规范现象，这在前文已大量阐述。这些不规范现象，严重影响了人们进行信息传递的准确性和精准度，造成了使用上的混乱，误导了青少年对规范汉语言文字的学习和使用，甚至在某种程度上影响了汉语言文字的魅力。

那么，如何处理好网络语言，怎样规范网络语言，这是所有语言研究者、语言工作者和教育工作者都应该思考和解决的课题。网络语言作为一种新的语言形式，一种新事物，它的存在是两面性的，既有利也有弊，它的发展要经过人们长期的使用形成一种未经约定而形成的规律和习惯，才具有它存在的价值。我们应该保持积极和宽容的态度，遵循语言规范的原则，正确地引导，使其健康文明地发展。

下面我们将从语音、文字、词汇、语法、符号五个方面提出新媒体背景下的语言不规范现象的具体处理建议。

(一) 语音的规范处理

语音的规范应该建立在语音自身发展的规律上，进而规范和推广。因为语音不断发展变化这一客观事实决定了任何一个阶段的语音规范不可能达到百分之百的确定，它总有相当的不确定性和选择性。因此对语音规范要关注其系统性与任意性，不可盲目地追求语音系统的规范性，不然有可能既违背语言的发展规律，又会扼杀语言固有的鲜活的生命力，当然也要避免过于求新求变的倾向。也就是说，语音的规范是必须的，但要掌握好

"度"的把握。对于部分字词随社会的发展而引起的有差别的读音这一现象，我们应保持允许的态度，以适应语音发展规律和时代变化的需要。汉语语音的规范工作要兼具原则性与灵活性。在具体的工作中，我们要认识和了解汉语语音标准的规范性和系统性，又要理解和包容因各种原因造成的部分变读音和异读音等。

世界上任何一种语言的语音标准的制定都以其独特的语言体系、发音部位、发音特色为依据。现代汉语的语音标准是以北京语音为标准的汉语语音音系内涵的体现。以"北京音系"为标准的现代汉语语音规范为广大民众提供了一个统一的读音参考标准，无论是国内或国际，还是人与人、国与国之间的交流，这一语音标准的确立都是非常有益和重要的。因此不规范语音的处理不是一个人要面对的问题，而是整个民族共同面临的责无旁贷的义务和责任。这就需要我们每一个人积极主动地抵制不规范语音，坚决不使用、不传播，使其自行消失于人们日常的语言行为之中。只要全民同心，采取正确的措施予以处理，随着时间的推移，这些不规范的语音就会自我淘汰、退出历史舞台。彼时，正确的、规范的、干净的、环保的一方汉语语音净土必定环绕于国民周围。

1. 规范谐音字应遵循自觉抵制原则

新媒体背景下，网络语言语音不规范现象很多，单就谐音现象就可以细分为数字谐音、字母谐音、汉字谐音、音译谐音、混合型谐音等。这就增加了我们日常交际的理解难度，需要人们在交际过程中费力辨别，还要根据特定的情景去理解。这类字词中，有一些已经为大多数人所理解并接受，有人就把它看成约定俗成的词语。比如，"1314"（一生一世），"520"（我爱你），"气 S 我了"（气死我了），"饿滴神啊"（我的神啊）等。但更多的是网民随性拼写而成，确实给交际带来障碍。

谐音现象是新媒体语言中出现最多的，分类呈多样化。这在前文中已详细阐述，为何出现那么多这类现象呢？究其原因，是在使用新媒体过程中，网民为了省事，追求效率，借用电脑自动出现的谐音字或词，达到交流的便捷性。所以，汉字谐音词多数是输入法的局限性造成的。比如在现代汉语中，"油菜花"是一个固定词语，拼音输入后直接检索第一词就是这个，而"有才华"需要拼音二次或三次组合才出现，那么网民有时为追求速度和效率，直接由"油菜花"代替"有才华"，这类新词的出现，反而被网民感觉具有幽默调侃的意味，在网络中广泛使用。数字谐音、字母谐音，更是在输入中方便快捷，被网友广泛运用，比如，1573（一往情深）、88（拜拜）、我 I（爱）你等，这里不再赘述。

我们认为，要规范谐音字，首先要树立科学的语音规范观，继续扎实做好推广普通话工作，尤其是推广标准音。推广标准音是语言规范化的一项重要任务。1985 年 12 月 27 日公布和实施《普通话异读词审音表》，规定普通话异读词的读音、标音都应以此表为标准。2001 年 1 月 1 日，我国历史上第一部关于语言文字的法律《中华人民共和国国家通用语言文字法》开始实施。该法律规定要以《汉语拼音方案》作为汉字拼写和注音工具，推广汉字和普通话是我们每个公民的义务，更应当做到在公共场合和日常交际中使用普通话，推广标准语音。

第二，规范数字、字母谐音词。一个数字、一个字母可有多个谐音理解，这类词如果没有语言环境或者彼此没有默契，很难被广大网友理解和使用。而且字母、数字与汉字不属于一个系统，如果偶尔混搭运用，可以起到一定修辞效果，达到戏谑、幽默的表达，但终究是不规范的，我们应该提倡自觉抵制。或者，我们语言文字研究者、语言文字工作者或相关权威机构应该每一年加以梳理并整理公布，淘汰不规范的字词，尤其是字母词数字词，仅保留少量被多数人接受和认可的数字、字母谐音词。

第三，可以建议网络电脑专家对汉字输入法进行改进和完善，把更多常用词语、更多被网民广泛认可的网络词语植入词语库中，方便使用者快速打出使用词语，也许可能会减少不规范谐音字母词和数字词的出现。

2. 规范同音乱用应遵循否定原则

无论传统媒体或新媒体，为了广告宣传，或者为了一鸣惊人、吸人眼球，肆意乱改乱造大家耳熟能详的俗语或成语，例如，网吧店的店名为"一网情深"；饭馆的店名为"与食俱进""食全食美"；服装店的店名为"百衣百顺""衣衣布舍"等，这些广告或店名都是借谐音乱用了成语和常用语，这种商家肆意乱用的行为，显得不伦不类。

这些新媒体语言中出现的不规范现象，归根结底是由人们对文字读音的不重视引起的。还有很多人认为，这样的词语改造使店铺的类型一目了然，而且并没有对语音和汉语造成太大的伤害。殊不知，在新媒体飞速传播中，公众的认可和从众心理，会让人对这些词直接产生歧义，久之错别字会被认为是正确的，而原本正确的词汇逐渐被大众遗忘。而且，汉语中成语、谚语都是有一定的典故或生成文化背景的，而广告词中同音错用、同音别用，不仅原义自动消失，更丢掉了原词语背后的文化。因此，对这种现象应予以否定，并坚决抵制。

我们认为，在广告宣传中，可以利用谐音来表达，以达到吸睛、夸张、令人印象深刻的效果，但要规范。用了谐音字要把它标注出来，可以用引号、变换字体等方式实现，比如，要宣传某个"网"，要用一往情深中的"往"来谐音可以这样用一"网"情深，这样效果也有了，又不会误导大众。当然，要想真正把规范落到实处，如果语言文字专家拿出这类新媒体语言宣传的规范标准，然后由行政部门予以公布、约束和限制效果可能更好些。

3. 规范方言失范应遵循推广普通话的原则

在我国，网络已经覆盖到全国各个地区，方言也被运用到网络语言中并且流行起来，例如，"偶稀饭"（我喜欢），"额滴神啊"（我的神啊），"灰常"（非常），"银"（人）等。偶尔听到会让人觉得有趣，但难免让人搞不清意思摸不着头脑。

"汉语方言俗称地方话，只通行于一定的地域，它不是独立于民族语言之外的另一种语言，而只是局部地区使用的语言。"①"方言，也叫地域方

---

① 黄伯荣，廖序东. 现代汉语(增订四版)(上册)[M]. 北京：高等教育出版社，2007.

言……是一种语言的地方变体，是某一地区的人们使用的语言。方言是语言随着社会的分化而分化所形成的必然结果。"①

正是方言的存在，人们在交流的过程中，每个人都习惯用各自的方音，出现声母出错、韵母出错、声调出错、声韵全错等现象。交流的结果是相互影响，经常出现声母读错的问题，比如"麻痹"被说成 mápì，"证券"成了 zhèngjuàn，另外还有"糊涂、结束、捕捉、所以"等也常有韵母读错现象，如"称心"被说成 chèngxīn；"届"读成了 jiài。还有"解剖、谋划、胆怯、什么"等，也有声调读错的现象，如"潜力"读成了 qiǎnlì；"颈椎"读成了 jìngzhuī，还有"卑鄙、梵高、顷刻、惩罚"等。还有声韵全错的现象，如"稚嫩"读成了 zhìlùn，声母 n 错成 l，韵母 en 错成 uen。这和旧词新读有本质的区别。

东北方言中，"人(ren)"的音容易发成"银(yin)"的音，所以网络语言中就出现了"好银"(好人)、"坏银"(坏人)、"有钱银"(有钱人)、"富银"(富人)、"穷银"(穷人)等。

四川方言中，唇齿音 f、舌根音 h 不分，于是就有了"开沸(开会)"、"灰常"(非常)、"粉好"(很好)、"稀饭"(喜欢)、"灰奔"(飞奔)。

西南方言中，"平舌音"(z、c、s)和"翘舌音"(zh、ch、sh)不分，于是就有了"粗线"(出现)、"四不四"(是不是)、"胖纸"(胖子)、"次饭"(吃饭)、妹纸(妹子)；鼻音 n 和边音 l 不分，就出现了"蓝瘦、香菇"(难受、想哭)、"喝流奶"(喝牛奶)。

中华人民共和国成立以来，人们对方言语音和普通话语音的关系因各自出发的角度不同而总是持有不同的观点。有的人主张消除方言语音，纯正普通话语音；有的人提出二者应该并存于世，在推广普及普通话的同时也应该保存保护方言而不是全盘否定并加以消除。方言是不同区域间语言的变体，是一定区域内家庭亲情、民众乡情的天然表现和增进剂，是区域文化、民俗文化最便捷、最直接的承载者、传播者和传承者。在 2008 年的

---

① 杨文全. 现代汉语[M]. 重庆：重庆大学出版社，2010.

第五届国际吴语学术研讨会上，周有光先生为之题词道"普及普通话，珍惜方言"。保护方言观点的明确表达和提出得到了众多汉语言文字研究者和工作者的大力支持和响应。普通话的普及和方言的保护是不矛盾的，二者是可以并行并存的，只不过二者所使用的范围与场合是不同的。普通话是在全国范围内普及的标准的官方语言，是正式或不正式场合下全国通用的语言，而方言仅仅存在于一定的区域，一定的人群之间使用。因此，二者可以并存，但绝不能相互替代。方言决不能替代普通话，同样普通话也不能代替方言。方言是本土文化的承载者和当地文化特产，有些本土文化只有用方言语音才能完整、传神、准确地传达出来。受地域限制影响的方言语音不能通用于全国的整体环境，因为方言中读音的不同会造成不同区域民众之间理解的不准确甚至造成某些不可消除的误解，不利于中华民族和谐社会的营造与发展。

语言学家徐世荣曾说过，大众要正确地、科学地理解"以北京语音为标准音的普通话"，这里的"北京音"不是指所有的北京读音，主要是指以"北京音系"为标准的汉语语音。北京音系之外的偶然出现的、狭义存在的土音和北京音系之内的无规律、无章法的土音则排除在"标准音普通话"之外，因为它们会对交际者的表情达意造成纷乱与障碍。

今日新媒体背景下的语音规范工作依然遵循徐世荣先生的这一观点。在执行"规范化"的审音工作时，正如此前对"北京音"与"北京音系"进行区分，"清理掉不符合标准音的字音音节"①。在我们当下平时的生活和工作中，不断巩固和加强以普通话标准音为基础的汉语拼音方案的牢固地位，继续普及和推广标准音；面对方音失范现象，在正式场合一定要坚决抵制，大胆说"不"，不能让网络上方言的随意使用破坏和妨碍大众(尤其是青少年)对汉语标准音的认知和推广，同时消除因方言发音的介入对大众交流带来的不必要的理解障碍和交流失败。要扩大普通话标准音的推广范围，不仅在国内推广，在国际上也要推广，形成一个让世界认识汉语、

---

① 徐世荣.四十年来的普通话语音规范[J].语文建设，1995(6)：2-6.

认识中国文化的窗口。

4. 规范新造合音应遵循汉语构字和语法规则

两千年前许慎在《说文解字》中首次总结汉字的构造法为"六书"原则，即象形、指事、会意、形声、转注和假借。其中，前四种是造字方法，后两种属于用字方法。其实，在实际生活中，还有一种特殊的造（用）字法，是将两个字的音拼合在一起，只念成一个音，写成一个字，表达同样的意思，这样形成的字我们称之为"合音字"。古代汉语中的合音字是用一个字来代替与其读音相近的两个字。如用"诸"来代替"之乎"，用"旃"来代替"之焉"，用"盍"来代替"何不"。到了现代，依旧有合音字的出现，但数量很少。《汉语大词典》中收录的合音字只有 9 个，其中部分合音字如下："甭"（béng）为"不用"的合音，来自方言；"咱"（zán）为"早晚"两字合音，来自方言；"啦"（lā）为语气助词"了（lě）"和"啊（ā）"的合音；"喒"同"咱"，是"早晚"两字的合音，表"时候"；"瓕"（nǐ）为"那一"合音；"嫑"（fiào）为"勿要"二字的合音，来自江浙一带方言。

新媒体背景下的网络语言中也存在类似的合音现象，如："宣"（喜欢），"表"（不要）、"造"（知道）、"蔻"（可爱）、"康"（好看）、"票"（朋友）、"兽"（时候）、"壕"（土豪）、"间"（今天）、"为"（我一、我一个）、"酱紫"（这样子）、"酿紫"（那样子）、"男票"（男朋友）、"女票"（女朋友）等。

新媒体背景下的网络合音字呈现以下两点特征。第一，大部分网络合音字违背汉字"表音表意"造字原则和"一音一字"的基本特点。如：网络新词"酱"是由这（zhè）与样（yàng）读音合在一起合音为（jiàng），表示"这样"的意义，与所合之词"这样"的字形、词义无任何关联。还有"宣"与"喜欢"的字形、词义毫无关联；"表"与"不要"在字形、词义毫无关联。

这些网络合音词违背了汉语"一音一字"的基本原则，毫无章法，在语境中原义完全丢失，只起到标音作用。这些词合音之后也无规律，极易造成词语歧义，像"表"这个词，究竟是表示常用义"钟表"，还是网络义"不要"，单从字形上无从可知。而现代汉语中存在的规范合音字如"甭"字，由"不、用"二字拼合，从形体上就可看出其含义。

第二个特点，部分网络合音新词存在违反汉语语法结构的现象。例如：网络新词"为直"是"我""一直"的和音新词。新词将语法结构进行拆分重组，把"一"合音成"为"，再与"直"进行跨层组合，形成网络合音新词"为直"。

语用功能方面，这些网络合音新词的产生确实顺应了新媒体背景下海量信息快速传递的社会需求。因为急说快读而自然形成的合音起到了提高表达效率的作用，从而使语言表达更加"经济"，更适用于具有即时性的网络社交。但是，这样的合音违背汉字的构字规则，不符合汉语的表音表意功能体系，同时还破坏了汉语的语法结构。因此我们认为，新媒体背景下的语言规范要坚决制止此种合音，严禁此类合音字词在任何官方报纸杂志、正规媒体或社交媒体上出现和运用。

(二)文字的规范处理

文字的规范使用以 1986 年 10 月国家语言文字工作委员会重新发布的《简化字总表》和 1988 年 3 月国家语言文字工作委员会和新闻出版署发布的《现代汉语通用字表》为准。禁止使用国家已经废除的繁体字、异体字、旧字形，禁止使用错别字，除非中医等方面古籍整理、文献考证的文章可以使用。对于网络上出现的火星文、生造字本文，笔者给出以下处理意见。

1. 火星文之规范处理应遵循恰当认知原则

互联网的普及给予了年轻网民释放求新求异心理特点的时代机会和科技机会。年轻网民彰显个性的方法之一就是在社交平台上使用另类奇特的文字语言。这种文字的形体是由符号、繁体字、冷僻字、汉字拆分后的部分及外文等非正规文字符号组成，发音源于同音字、音近字或特殊的表音符号。对大众而言，它不可被承认或接受，但它还是在无意识地影响着人们的语言行为和习惯。大众对火星文持有完全不同的意见。大多数人认为火星文严重破坏了汉字的严肃性与规范性，是对既定的语言规范的无限量突破和违反。反对声音最大的是中小学的教师们，他们发出掷地有声的抗议：火星文会影响青少年对规范文字的鉴别力，导致他们正常、正确、正规的汉语言语用能力呈直线式下降。

从语言的发展机制与社会发展心理方面出发，语言的创新往往先出自少数人的语言行为，继而得到多数人认可，进而才有可能得到社会的普遍使用和认可。新的用法被民众长期地遵守和沿用，经受了社会实践的检验，于是新的约定俗成就形成了。语言规范也不是固定不变的，它随着具体语言用法用量的改变而发生某个时刻某个时代定时定量的或增或减的改变。

无论从汉字的正确使用还是现代汉语的标准型、规范化使用等方面，火星文对于认识观、认知观正处于发展性的青少年而言都具有不可否认、重复啰嗦的负面影响，但它本身确是青少年美好特质的一种体现，因为它体现的是这个群体鲜活张扬、勇于挑战和善于创新的特点和能力。因此，我们对火星文应该持有一种尝试认识、用心甄别、保持宽容的态度，在正确态度和恰当认知的基础上，给予这种文字非正式场合下一定的生存空间的权利，但绝不允许它们在正规、正式的场合下被人使用，但在某些适当的场合我们要给予火星文适当的规范与描写。我们要加强语言文字规范使用的宣传与教育，重视现代汉语语言文字的规范教育，加大规范网络用语的力度，为我国网民尤其是广大青少年创造正确的、规范的、健康的语言学习与语言创新环境。

2. 生造字之规范处理应遵循宽容谨慎原则

生造字并不是新近才有的语言文字现象。早在唐朝，就出现了敬献给武则天女皇的生造字"曌"（zhào），寓意为"日月当空，普照天下"。在李禄兴先生看来，当下的网络生造字主要分为三种。第一种是赋予生僻字或罕用字的字形新的符合当下的现代意义，例如本意"光明"的"囧"字，现在用作一种表情符号，表示"忧郁、无奈、尴尬"。第二种是对已有的汉字进行新的会意组合，如三个"买"字叠加的"qióng"字，意为不停地买买买，把钱花光光，导致最后变穷。第三种是传播于网络上的独立的生造字，例如"duang"。除了这三种生造字之外，还有一种"新意字"，比如之前流行的"偶（我）"、"粉（很）"、"银（人）"等，它们被赋予了完全不同于原意的新的含义。

对于生造字，有很多人持明确的反对态度，比如中国社会科学院语言研究所副研究员唐正大，他认为字作为一个书写符号系统，需要一定的规范，才能确保语言的准确性与沟通性。也有人持乐观态度，比如李禄兴先生，他认为大众应对网络生造字报以宽容的态度，因为这符合网民们追求"新、奇、特"的心理。作为大众的我们要意识到，语言文字的规范化应用在文化交流传播中的重要作用。在平时的日常生活中我们应多多关注和使用规范汉字，避免误导受众，扰乱正常的社会语言交流秩序。

对于网络生造字，本书的观点也是保持宽容谨慎的态度，一方面可冷眼旁观，不过多、过度约束网民造字娱乐活动，另一方面要加强监管文化领域、新闻媒体、出版机构等部门谨慎用字和规范用字的力度，确保语言文字规范在全国范围内顺利开展以保护中华民族独有的书写符号系统。

(三) 词汇的规范处理

1. 网络词语规范处理应遵循加强监管引导和规范原则

电脑科技的普及使得网络成为人们学习和交流的主要的途径之一。网络的快速发展、更新与普及为网络词语大量涌现和快速传播提供了便捷的通道。比如，"香菇，蓝瘦""洪荒之力""友谊的小船""辣眼睛""A4腰"，等等。这些网络时代下的产物能否被大众接受有待于时间的考验和实践的检验。网络环境的更新变化会产生新的网络用语，它们是社会追求高效率的体现，也是社会变化投射于人类心理变化的结果。于根元先生用三个字总结网络词语的特点，即"新、活、杂"。在总结出这些特征之后，他进一步提出，网络新词的规范要综合考虑网络的虚拟性和受众的社会性。鉴于网络媒体的虚拟性所导致的难以监管这一实际问题，网络语言的规范应集宣传、引导和规范于一体，多头并举跟进。网络词语的使用情况各不相同，有的比较常用，有的则稍纵即逝、昙花一现。网络新词的规范需要分析语境，长期观察，做到在实践中灵活规范。

对网络新词不加规范地使用有时会引起道德失范行为，进而引发公众的道德争议。因此，道德规范也是网络语言规范的一部分重要内容。

网络词语往往来得快，被替代换新的速度也很快，相当一大部分的网络词语短时期内被其他新兴的流行语言所替代。对于这部分被迅速替代的网络词汇我们无须进行规范但应该加以关注。只有那些生命力较长久的网络词语才是我们的规范对象。尤其是那些带有强烈的主观随意性的、偏激的网络词语，我们要多加关注，加强监管、引导和规范。

在对网络词汇进行规范时，我们应关注以下几点。

首先，我们要肯定网络词汇的合理性和正当性，对于网络词汇中的优秀成分要予以吸收和利用，使其融入汉民族共同语言的家族之中，成为共同语家族的正式成员，借此来丰富和发展我们的汉语词汇。

其次，我们要对网络词汇进行分类管理、区别对待。可以将网络词分为两类，一类是能吸收进共同语的优秀网络词汇，另一类是仅使用于通过敲击键盘进行交流而不能使用于书面和口语交流的网络词，比如字母词、数字词及符号词等。对于后者，我们应该允许其存在，但是必须规定范围。它们不能出现在书面用语中，不能出现在传播媒体、党报期刊、考试、会议等正规的场合下的言语行为中。它们只能在受众范围很小的个人社交网站私下使用，仅限于交流，决不允许对其进行传播和宣传。

最后，对于那些严重偏离正常价值观、不负责任的、极具道德争议的或引起道德失范的网络词，必须给予禁止、批评、引导、疏通和规范。

2. 方源词与方言词的规范处理应遵循适度把握和调控原则

方言因其受特定区域文化的影响而带有浓郁的地方特色，更能意义鲜明、生动活泼地反映当地经济、政治、习俗等文化。普通话的词汇中有一部分来自方言词汇，这部分方言词被称为"方源词"，是构成共同语词汇的重要成员。已经成为共同语词汇体系中一员的方源词和原本的方言词是同一个词，写法相同，语音接近，语义一致，但是它们隶属不同的体系，显而易见，方源词属于共同语的语言体系，而方言词仍旧属于原本的方言区体系。对二者从体系上加以区分是为了更科学、更合理、更有针对性地对二者进行语言功能本源的梳理与归纳，使得语言研究的范围和体系更具明晰的层次感。"凡存在于具体某个方言中，有不同于共同语及其他(所有或绝大多数)方言的特殊含义、特殊构成材料或构造方式的词，是方言词；而来源于方言、成为共同语词汇单位的词，可称为方源词。"①

以北方方言为基础方言的普通话，顾名思义，它的方源词必定大量来自北方方言，只有一小部分来自粤方言、吴方言等南方方言。比如普通话里的"酒店""单车""雪糕"等来自粤方言词；普通话里的"弄堂""垃圾""晓得"等来自吴方言的上海话。改革开放后，随着海峡两岸暨香港、澳门政治、经济上的频繁往来，这些地区的方言自然而然走进大陆人民的生活之中，逐渐被人们认识和接受，随着使用频率的加强，部分港台味的词语也逐渐成为共同语的方源词。

新媒体背景下的网民们，喜好打破传统语法规范，使用包括方言在内的新兴网络语言，即使处于非同一方言区的人也很容易被这种带方言音的网络词汇所吸引，从而使得很多"方言词汇"在网络中被广泛运用。比如，"穷银"来自黑龙江、吉林两省农村地区的方言，意思为"穷人"；"母鸡"来自广东方言，代表"不知道"之意；"油饼"来自宁夏等西北地区的方言，代表"有病"；"虾米"来自闽方言，代表"什么"；"老铁，老妹，老好了，杠杠地"来自东北方言，分别表示"好哥们，妹妹，很好了，特别好"的意思；"扎心了"是北方方言，意思是"走心，骂人骂到心坎里了，或骂到痛点了"，也指某件事情很让人牵动，从而引起对感动或哀痛等情感要素的

① 刘叔新. 汉语描写词汇学[M]. 北京：商务印书馆，1990：244-245.

改变；"稀饭"（喜欢）来自粤语方言；"坑爹"（上当、吃亏）来自江苏赣榆县及山东部分地区的方言；"有木有"（有没有）是陕西、河南、宁夏、甘肃等地方言；"捉急"（着急）是南京方言；"肿么了"（怎么了）是山东枣庄一带的方言；"嘚瑟"来自东北方言，常指获得不值一提的成就或做成一件芝麻大的事就得意忘形，有时也表示严厉的训斥，一般带有贬义或者调侃之意。

以上这些网络上流行的新词语，显示了方言语音对网络词汇的巨大影响。虽然网络的发达促使其能广泛流传，但能否被普通话词汇系统所吸纳需看其能否经得起时间的历练。

我国地大物博，人口众多，居住在不同地区的各族人民自然是口音各不相同。我国的七大方言区，语言情况纷繁复杂。每一个方言点、方言片、方言区的方言词语多得不可胜数。任何一个方言区方言词的迅猛发展，都会影响到普通话的词汇量，也就给普通话的规范带来了新的问题，不过也正是因为这样会或多或少推动普通话的发展。对于方源词，大多数人持理解和积极的态度，认为普通话应该有选择性、有针对性地吸收方言词中的词汇来丰富自身，尤其应该吸收那些富含表达张力和感情色彩明朗的方言，这些被吸入普通话词汇的这类方言词语主要源于它的"色彩而非意义"①。还有人提出"拿来主义"，不过"应该注意对拿来之物的分析和评判，并予以认真规范……"②

从语言规范的问题出发，相关人员首先要对方源词进行微观角度的审视与分析，分清失范与规范，界定变异与发展，然后从宏观角度适度把握和调控方言与方源词二者的关系使之有利于现代汉语词汇的协调发展。

3. 新词语的规范处理应遵循动态与静态结合原则

因社会发展变化而产生的反映新现象、新内容、新观念、新事物的词

---

① 刘云没，王俊霞．语文规范化简论[M]．保定：河北大学出版社，2002：163.
② 周荐，杨世铁．汉语词汇研究百年史[M]．北京：外语教学与研究出版社，2006：166.

语我们称之为新词语，它们是社会发展的一面镜子，直观体现了语言的社会性、工具性和思维性的特点。社会的发展不是一蹴而就的，新的社会必定带有浓重的最新走过的历史影子。那么新词语在客观反映脱胎于新近历史的、崭新的社会现象的同时，它们必定也与原有的反映客观社会的词语有着千丝万缕的联系。换言之，它们大多是在已有的、现存的词语的基础上演变而来的，例如："军嫂—警嫂""文盲—法盲"。

所以我们要以发展的眼光来看待新词语的规范问题。所谓发展的眼光是指新词的规范要依据大众的使用情况，也就是基于民众的语用效果而逐步形成的语言结果。在"约定俗成"这一语言结果形成的过程中，我们要从三个方面对新词语进行审验。

第一，新词的出现是否必要。有需求就有市场这一经济规律同样适用于语言词汇的更新流变和需求关系。新词语是在旧词语的基础上发展而来的，它的出现是因为旧词语的语义不符合表达要准确和鲜明的需求特点，旧词语的运用会导致民众交流不畅，甚至产生交流障碍。这种情况下，新词语的出现源于社会语言表达的自然需求。比如，过去从事出租车这一行业的大多是男性，因此有了"的哥"这一称词，但是后来随着从事这一行业的女性出租车司机的大量出现，"的姐"这一称词也就在"的哥"的基础上自然形成了。

第二，新词的语义表达是否明确。检验一个新词的出现必须要得到大众的认可，表义明确与否是通向大众认可之路的首要标准，即语义明确。新产生的词语应该语词鲜明、语义准确、表意流畅。例如，"宅男"和"宅女"这两个词，最初来自日语的"御宅族"，指对动画、漫画等次文化特别喜欢和热爱的青年人，因为中文中"宅＝家"的用法，于是就演变衍生出"宅男"和"宅女"两个新词，从字面"宅"上就可以生动表达出此类男女整日待在家中，足不出户，不善于与他人交际和相处，不善于与他人沟通交流，从语言色彩上看，这两个词较多情况下是含有贬义的。

第三，新词是否具备普遍性特点。新词的普遍性主要体现在新词的普及过程中。新词的普及就是指新词的生存状况和新词的生命力。由大众创造的新生事物未必就能被大众接受。由大众创造的是新词新语在经过民众语言生活的实践检验后，凡是得到民众认可和广泛持续使用的，就具备了新词的普遍性特点。例如"给力"一词，2010 年 5 月，中国传媒大学学生上传的一段日本动画片里出现了"这就是天竺吗？不给力啊老湿！"的配音，其中的"不给力"得到了网民的热捧。2010 年 11 月 10 日，《人民日报》刊出文章《江苏给力"文化强省"》，开启了"给力"一词的官方认可和普及的第一步。2011 年的春节联欢晚会上，在一个小品节目结束后，朱军问观众"刚才的小品给力吗？"就这样，"给力"一词通过官方媒体得到了认可和推广。

事实上新词语的普遍性往往和国家社会发展、大众文化水平及中华民族心理有着密切的关系。新词语有其自身的时代与语境特点，因此对于它们的规范，在考虑原有的判断标准的基础上，也要用新生的现象来衡量，要将动态与静态结合，用动态发展的眼光来审视。

4. 外来词规范处理应遵循静观其变原则

外来词是一种新的语言形式，是多种语言在相互交流过程中，一种语言借用其他语言的一些词汇用以满足当下人们表达需求而产生的，它是世界文化在融合过程中必然产生的语言产物。

新媒体背景下的网络时代，外来词的使用比比皆是。"拜拜"来自英语 bye-bye 的译音，"脱口秀"来自英语 talk show，"黑客"来自英语 hacker，"可口可乐"来自 Coca Cola，"香波"来自 shampoo，"卡车"来自 car，"芭蕾舞"来自 ballet，"保龄球"来自 bowling，"披萨饼"源自 pizza，"高尔夫"源自 golf，"引擎"源自 engine，"麦克风"来自 microphone，"蒙太奇"来自 montage 等。

由英文（Calorie）音译而来的"卡路里"一词在 2018 年因同名歌曲《卡路里》变成了一个网络热词，更因几乎破音的唱腔使得"燃烧我的卡路里"成为年度流行语。"草根"直译自英文的 grass roots，一是指同政府或决策者相对的势力，二是指同主流、精英文化或精英阶层相对应的弱势阶层。

"草根"的说法产生于19世纪美国寻金热流行期间，盛传有些山脉土壤表层、草根生长的地方就蕴藏黄金。20世纪80年代传入中国，又被赋予了更深的含义，在各领域都有其对应的词语。比如，"草根文化""草根专家""草根争鸣""草根情节""草根逆袭""草根音乐达人"，等等。

"××控"类词语产生于21世纪初，是一种语言变异现象。"控"源于英文单词complex（情结）的前头音（con），日本人借用过来（コン），按照日语语法形成"××控"的语言结构重构，随后汉语借用日语形式就形成了"××控"类新词新语，例如："萝莉控""大叔控""微博控""技术控""职场控"，等等。外来词的普遍涌入使得汉语词汇的规范势在必行。针对外来词的规范问题，1958年文字改革出版社出版的《现代汉语外来词研究》提出了"三一原则"和"二并原则"，前者是指一词一音一字，后者是指异形并存。

人类历史告诉我们，任何一个民族发展到一定时期，其经济文化的发达繁荣必然带动大量的外族语言元素涌入本土语言之中，从而达到丰富和发展本土语言的一种历史的、自然的语言发展模式。从不同角度出发，人们对外来词的具体使用也持有各自相异的观点。有人认为如果我们的语言本就有或可以找到适当的词语来代表某些国外语言所指代的事或物，那么搬用其他国家或民族语言的成分就是非常不必要的行为。最大的争议存在于字母词的使用问题上，反对方认为汉语有丰富的词语词汇完全能满足所有语言表达的需求，根本不需要外来词的加入。2000年史有为先生提出了"柔性原则"，即对待外来词要使用"约定、合宜、上口、引导"①的规范方针。

针对外来词的规范原则，2009年廖意红在《论现代汉语外来词的规范问题》一文中表达了自己的观点，廖先生认为作为语言的规范原则应该具有刚柔并济的特点。刚性成分的主要功能是要在实际的语言生活之中扮演"红脸"的角色，依据标准对人们的语言实践进行指导和引导；而作为原则

---

① 史有为.汉语外来词[M].北京：商务印书馆，2000.

中的柔性成分则是在人们的语言生活中扮演"白脸"的角色，"允许一定程度上的例外存在，允许在规范与非规范形式之间存在一种亦此亦彼的中间状态"①。词汇的发展有其内部独特的规律，因此规范外来词首先要遵循其内部规律，尊重其构词规则，明晰其构词特征。比如，汉语构词最突出的特点之一就是双音节化趋势，即善于把单音节扩充为双音节，把多音节压缩为双音节。因此我们在引进或吸收外来词时少用或不用单音节、多音节语素，最好使其双音节化以顺应汉语词汇的构词规则。字母词的去留问题同样由时间来决定，由实践来检验。其次，在引进和使用外来词的过程中应注意统一其书写形式，尽量避免使用生僻的字眼。权威媒体对外来词的规范使用起着主要的引领作用，因此一些重要的诸如公众传播机构诸如央视媒体、政府文件、期刊杂志、新闻网站等在对外来词语的选择和使用上更应严谨和认真，少用或不用尚有争议的外来词语，以此确保公众的正确理解。

外来词的规范化处理除了要受制于汉语词汇的内部规律外，还需考虑其文化内涵是否与中华民族的文化机制、文化心理、文化审美等相契合。外来词的生命力来自它们与汉语的相融相通性，它符合汉语道德层面的要求，不违背汉语词背后的民族文化禁忌。它契合汉语的语义，符合社会发展过程中中华儿女所秉持的语言习惯。因此在应用的过程中既有利于现代汉语的健康发展，又有利于促使民族文化与世界文化的交流与融合。

外来词是不同民族文化交流融合过程中的一种自然的社会和语言现象，尤其是到了今天的新媒体时代，涌入的外来词更是五花八门。对于当下相当多的新鲜的外来词，我们暂不提出具体的规范要求，静观其变，交付时间进行大浪淘沙，而后再逐步规范。

5. 旧词变异规范处理应遵循科学合理对待原则

在语言的发展和使用过程中，一部分具有固定意义的旧词语在使用的

---

① 廖意红. 论现代汉语外来词的规范问题[J]. 作家，2009(11)：166.

过程中被人们改变了原有的词义，原本的本意不再被人们使用，构成词汇的字数、字词的写法与发音都没有变化，只是表达的内容改变了，这种现象我们称之为"旧词变异"。

生活中常见的旧词新意就属于旧词变异的现象。

例如，"炙手可热"原意为"手一挨近就感觉很热，用来比喻气焰盛，权势大"。但是近几年很多媒体和娱乐节目却篡改了本意，经常用来表达某个当红明星很受欢迎、很受大众喜爱，非常具有影响力的意思，完全背离其本义。

"七月流火"，出自《诗经》。该词原指七月大火星西行、夏去秋来、天气转凉的季节转换现象。后来被人们错误理解为夏季炎热似空气中流动着的一团火。人们逐渐普遍开始用"七月流火"来形容天气酷暑炎热。随后报纸杂志上也开始出现"七月流火，酷暑难耐"等句子。2005 年 7 月，台湾新党主席郁慕明在中国人民大学演讲之时，东道主纪宝成校长在致欢迎词时说道："七月流火，但充满热情的岂止是天气。"

表 6-1 的统计数据显示了赋予新面貌的旧词已经被大众广泛使用。截至目前没有一本词典将这些旧词新意正式收入，人们对它们持有正反两种看法，持肯定态度的人认为它们丰富了词汇内容、增加了表达的多样性，反对者的理由则是新的用法破坏本意，违背规律，会在交际过程中引起误解和产生交际障碍。

表 6-1　　关于旧词变异的使用统计表（截至 2018 年 10 月 14 日）

语料库	炙手可热	七月流火
北京大学语料库	648 例	68 例
"百度"搜索	13,200,000 例	3300,000 例

旧词变异的另外一种表现形式是成语换字。例如：高"枕"无忧（药枕），心花"路"放（电影名称），默默无"蚊"（电蚊香广告），有"杯"无患（哈磁杯）。成语换字的使用与旧词新意一样具有争议，它的出现是建立在

人们特立独行、追求新奇的心理基础上。这一语言现象同样引发人们两种相对立的观点。支持方的理由是新用法可以满足人们新奇的交际需要，反对者的理由是新用法随意改变字词、破坏成语构成规则。

旧词变异，作为新生的语言现象，同其他任何新生事物一样，不无例外地需要经历一个被民众认可、认识和接纳的过程。在认识的基础上才能得到普遍认可，在普遍认可的基础上才会聚集一定的群众基础。语言的群众基础正是社会需要的反映，显示了新语言现象的社会必要性。在一切都具备的条件下，我们要用科学合理的规范观来看待和处理这一语言现象。

6. 生造词的规范管理应遵循严格管控与明令禁止的原则

生造词语是指语言词汇系统中根本没有的词语，是某个人在他的语言使用中随意构造出来的。"表达某概念的词语，语言系统中已经有了，却撇开不用，另造一个表达同样概念的词语。生造词语往往在结构上违反语言组合规律，胡拼乱凑，把几个语素、词，生拉硬扯拼到一起。所以生造词语的语义往往模糊含混、艰涩费解。"①

新媒体背景下，崇尚自由创新的网民们自制、使用、传播了很多生造词。

"不明觉厉"是"虽然不明白（楼主）在说什么，但好像很厉害的样子"的缩略说法。"喜大普奔"是"喜闻乐见、大快人心、普天同庆、奔走相告"的缩略形式，表示一件让大家欢乐的事情，大家要分享出去，相互告知，共同庆祝。

"细思恐极"指"仔细想想，觉得极其恐怖，这种用法主要是营造一种迟缓加混乱的效果，多用于形容人的恐惧心情"。网络流行词"人艰不拆"出自林宥嘉的歌曲《说谎》，"别说我说谎，人生已经如此的艰难，有些事情就不要拆穿"，后常被网友在回帖中引用，变为流行语为众多网民使用，

---

① 张盛如著. 常见病句辨析[M]. 北京：北京工业大学出版社，2000.

意思是"人生已经如此的艰难，有些事情就不要拆穿"。

"十动然拒"出自华中科技大学文华学院一位大四男生写16万字情书在光棍节表白，结果被拒，意思是"十分感动，然后拒绝了他"的缩略形式，用以形容被女神或男神拒绝后的自嘲、心酸心情。

"为民立命"一词是把成语"为民请命"和"安身立命"杂糅一起而成的。"吹崇"一词是由"吹捧、崇拜"拼凑而出的。

仿照成语"如泣如诉、三言两语、朝令夕改、脱胎换骨、愁眉苦脸"生造出"如倾如诉、两言三语、早令晚改、脱骨换胎、愁眉皱脸"，同理造出的成语还有"休闲养性、开天辟地、心往神驰、井井有序"等。把单用的动词、形容词硬配上同义字构成双音词，造出"摔跌、抽吸、摔撞、恼愠、暖热"这样谁也看不懂的词。这样的词进入语句就会造成句子的歧义难解。

这些不规范的用字用词，对汉代语言是巨大的冲击，对现代汉语词汇与语言的规范提出了巨大的挑战。李宇明先生指出，词汇规范的难度很大，原因不仅在于已有的词汇本身就相当复杂，生殖又极快，而且学术界对于词汇的规范规律至今缺乏足够的认识①。戴昭铭先生也指出，对于语言的规范，尤其是细节上的规范，我们还有很多的工作要做②。

黄伯荣、廖序东两位先生在其主编的《现代汉语》中指出："如果已有的词可以完成或基本完成相关的交际任务，便不能另造新词，否则便是生造词，生造词语是'词汇中的赘疣'，因为它不是语言表达的需要，没有任何积极的意义，而是语言的'异化'，不仅给读者的理解造成障碍，徒然增加人们记忆上的负担，也造成语言的混乱，破坏了祖国语言的纯洁和健康。"③

笔者认同黄伯荣、廖序东两位先生的观点。对于违反构词规律、随意合并成语的造词行为，必须加强监督，严格管控；对于那些随意更换文

---

① 李宇明. 词汇规范的若干思考[J]. 厦门大学学报（哲学社会科学版），2002（2）：19-24.

② 戴昭铭. 信息时代的语文规范化问题[J]. 求是学刊，1994(4)：97-101，105.

③ 黄伯荣，廖序东主编. 现代汉语[M]. 北京：高等教育出版社，2011.

字、生搬硬套、变动结构、合并成语、刻意曲解内涵以及可能引发歧义误导的生造词，要坚决制止、抵制，并制定相应的语言法律法规明令禁止其使用与传播。在日常生活中，各类广播电视节目和广告一定程度上要承担着示范带头作用，严格谨慎使用规范用语，影响、营造和帮助民众形成规范用语的良好氛围和习惯。

7. 詈词脏语之规范处理应遵循由粗野转向雅驯原则

"詈词，指的是粗野或恶意地侮辱人的话，包括恶言恶语、粗言脏语、淫语秽语，等等。"①詈词脏语是人们日常生活中尤其是民间交际群体中普遍存在的一种语言现象，它是人们语言等级中最粗鄙陋俗的一种，语言不文明等级达到最高级别，它的使用与交际者或交际群体的生活环境、文化程度、文明程度和所处的当场交际情境有着最为直接的关系。对于不同文化素养和不同文化背景的人而言，詈词脏语的使用频率和使用的具体方式有着很大的不同，但是，就使用詈词脏语的目的和本质并无二致。通常情况下，除了有精神病或其他意识不清的人之外，人们使用詈词脏语主要用于表达愤怒、宣泄私愤、诅咒憎恨他人。因此它表现的是人的负面、消极的情绪。

通常情况下，詈词脏语是用来表达负面、消极情绪的贬义词。但也有一些詈词脏语在某些场合下表达了正面积极的心理。骂詈词大致包括"辱称、指短、命令、警告、威胁、巧咒、辱行、揭隐、骂娘、指名化"②等。詈词脏语是一种言语习俗，反映着一定的社会现象。骂詈者以言语为武器通过贬低、侮辱、诅咒的方式对别人发起攻击以表达或发泄自己的负面和消极情绪。

目前，因网络的特殊性，网络交际中的詈词脏语在公共社交媒体大规模传播，基本处于无人监管的局面。它们与我国语言的核心价值观相对

① 刘福根. 汉语詈词浅议[J]. 汉语学习，1997(3)：44-46.
② 江结宝. 骂辞的行为信息——骂詈语言的语用学研究[J]. 江淮论坛，2011(4)：188-192，187.

立，代表着粗俗、野蛮、无序和丑陋，严重影响了文明语言的建设和维护，降低了国民的素质，破坏了国民的形象。

人类情绪的多样性，人类心理的多变性，人与人、人与社会交往过程中存在的不稳定、不尽如人意、不美好的结果都会引发情绪波动甚至情绪失控，继而造成詈词脏语的普遍存在的。只不过程度不同，用词不同而已。这种普遍存在的社会现象决定了詈词脏语会存在于人们的日常生活之中，难以消亡。

詈词脏语的存在是一种自然社会现象，但不表示不可对其进行整治和规范。人类的基本情绪"喜、怒、哀、惧、惊"作为一种人类的一种自然特质是不会消失的，由它们引发的过度的语言行为是一种自然原始的状态存在。这种原始自然状态的必然存在导致詈词脏语不可能永远消失的，因此所有从事语言文字工作的人员及从事语言文字规范工作的研究者和学者们"应当利用詈辞避秽趋雅规律做一些工作……引导粗野詈辞朝着雅驯化的方向转变"①。以这样的一种方式来提高民众的文明意识，净化社会的语言环境，提高大众的素质修养。詈词脏语作为一种社会语言现象具有任何事物都具有的两面性，一方面它是一种语言文化现象，它是特殊的，具有粗俗低下、伤害他人和不利于和谐的特点，另一方面它是一种寻求心理平衡的方式，它是自然的，具有自我保护、自去调节、释放情绪的功能。

詈词骂语的使用给人带来粗鄙恶俗的不文明感觉，因此在生活中我们不鼓励、不提倡和不传播该类词语的使用，但是我们应该分阶段、有层次、有针对性地进行语言净化，提高民众的文明素养和语言运用的文明程度，在某些特定的场合下要明确规定，绝对禁止使用有伤风化的詈词脏语。

在21世纪的现代文明社会，脏话即便存在，也终归不宜在公众场合宣之于口。我们认为社交媒体负责人及相关人士应该制定规则，发布规定，对这种破坏语言文明、语言魅力和语言和谐的行为加以约束和制止，为广

---

① 曹德和. 詈辞雅化例说[J]. 深圳教育学院学报(综合版)，2001(1)：73-77.

大网民创造干净清朗的网络语言交流环境。

8. 字母词规范处理应遵循堵疏并用原则

字母词是由拉丁字母(包括汉语拼音字母)、希腊字母等西文字母构成的或由它们与符号、数字或汉字混合构成的词。新媒体背景下，网民为了追求高效省时，在网络交流中，频频制造和使用字母词。

"K 歌"是字母+汉字形式的字母词，其中"K"是"KTV"的缩写。"KTV"源于 Karaoke television，狭义指提供卡拉 OK 影音设备与视唱空间的场所，广义上普遍认为是唱卡拉 OK，并提供酒水等服务的娱乐场。2005年前后出现"K 歌"，随着网上 K 歌的风行，各种手机 K 歌 App 的开发及各类 K 歌选秀节目的推波助澜，从 KTV 中析出的"K"已成为群众喜闻乐见的一个字母词，几乎变成"唱"的同义词了。"P 图"，也称"PS"，最早的意思是使用 Photoshop(PS)软件，将图片美化、变更、修复、拼接等，达到美观，或者恶搞的目的。后来发展到所有制图或图像处理软件处理图片时，都可以称为 P 图。

网络盛行的字母词还有"VS""IQ""EQ""RMB""APEC"等。

我国对于字母词的规范处理经历了摸索、讨论、形成规则或完善规则的一系列过程。

2012 年 8 月，国家语委和新闻出版总署收到了北京一百余位学者的联名举报信，"举报信"中指出了商务印书馆出版的第 6 版《现代汉语词典》公然违反了《国家通用语言文字法》的法律法规及相关规定，原因是它在词典的正文中居然收录了"NBA"之类的字母词。9 月 20 日，又有一百余位书法家也以同样的理由联名致信国家语委等部门，要求撤销和制止将字母词编入汉语词典正文中的行为。几日后，另外一百余位的教育工作者有了同样的做法，提出同样的诉求。接下来的一段时间里，就国家权威汉语词典是否可以收录字母词一事引发了公众和学界贬褒不一的说法。实际上，自1996 年第 3 版《现代汉语词典》起，编者们就开始在正文后附加收录以英文字母开头的部分字母词。之后，历版的《现代汉语词典》逐步增加收录字母词条，到 2012 年的第 6 版已收录至 239 条。当下的联名"举报"称其违反了《国家通用语言文字法》、国务院《出版管理条例》及新闻出版总署《关于进一步规范出版物文字使用的通知》的相关规定。联名举报引入了"汉语危机"论，认为英语的滥用将会导致汉语被取代乃至消亡。对此，中国社会科学院的江蓝生教授有着不同的看法，一方面她认为字母词是时代发展的产物，它的出现是不同语言交流融合的自然结果，它的使用是社会交往实际需要的体现。至于"汉语危机论"，她认为更是没有担忧的必要，因为区区几百个字母词对有着四千年历史、不断发展壮大的汉语根本不会构成威胁，更不可能被代替。另一方面，她也指出，《国家通用语言文字法》第十一条规定是："汉语文出版物中需要使用外国语言文字的，应当用国家通用语言文字作必要的注释。"这条规定并没有禁止使用字母词；其他相关部门的相关条例与通知也都是强调要规范对字母词的使用，而不是完全禁用字母词。

对于字母词入典一事，相较于其他人，语言学界的专家和学者们则多数持认可的态度。暨南大学的郭熙教授指出，字母词入典的主要作用在于记录新的语言现象，而非在词典中滥用字母词。中国传媒大学侯敏教授指出，《现代汉语词典》总结、记录人们使用的字母词是尊重语言事实的表现。中国社会科学院刘丹青教授也表达了相似的观点，在他看来字母词的使用是当代社会的既定事实，是国人语言生活中每日都发生的一种语言现象。《现代汉语词典》中收录的字母词是当下汉语环境中使用的、活生生存在的字母词，为其注释的目的就是使人们明白其意思，指导人们正确地使用，从而达到字母词和汉语的正确与规范使用。

在所有的语言单位中，词汇是最活跃的，它直接反映社会经济、政治、文化等各个方面的或具体或抽象的一切存在。字的排列组合构成各种各样的词语，词汇的数量远远大于汉字，排列组合结果的多样性直接导致词汇的活跃程度、数量大小和变化快慢。相较于其他的语言单位，词汇这一特征，也就决定了它在语言体系中的重要地位，因而词汇的规范工作要求我们必须在遵循既定原则的基础上，一定要把握灵活性原则。

　　汉语词汇规范要处理好规范与发展的关系，既在变化中规范，又在规范中发展。新事物的出现、社会心理的变化、人对语言的创新性使用都会引发新词汇，无论是以何种形式出现，若不违背社会道德评价标准、若不引发社会大乱（一般新词汇的出现不会引起社会动荡），语言文字工作者及相关人员理应坚持发展的观点和持有宽容的态度，不要急于对新词汇做出或规范或不规范的定论，而是要用时间来证明它是否会逐渐形成约定俗成并逐渐成为规范词语中的一员。葛本仪先生（2002）认为："词汇是个运动着的整体，对词汇的动态应用进行跟踪研究才是词汇规范工作的中心视点。"[1]刘云汉、王俊霞（2002）认为："约定俗成，应该是词汇规范的一个总的原则。"[2]有人把词汇的规范工作形象比作"鲧禹治水"，对一些违反道义道德底线的新生词用"堵"的方法，对表意较好的新生词则用"疏"的方法。[3]　笔者认同以上观点，于一切方式中诞生出的新词汇，在平时的规范工作中都要秉承在规范中引导、在引导中规范的原则，确保新的汉语词汇在反映社会进步、展现新生事物的同时依然健康有序、有条不紊地发展。它是传统的继承与突破的同时体现，它的规范应以自然有序、利于应用为指导原则，方能使其自然健康地蓬勃发展。词汇规范在协调统一人为干预与词语内部规律的同时，也要采取多种规范手段加以辅助，尤其是相关职能部门的监管和传播媒体的正确引导与倡导。语言工作者及相关人员要利用自己的专业知识，收集整理、研究分析、归纳总结词汇发展的语言内部理据及社会外部理据，析出发展规律；其次要从宏观出发、着眼大局、审时度势地提出有利于汉语词汇健康发展的建设性建议与举措；之后经过举国上下语言文字专家学者的多番商讨与论证后再制定出科学合理的规范标准；此后要进行传统媒体的新时代宣传和推广及新媒体时代下的多屏联动宣传与推广，发挥全媒体、融媒体在引导汉语词汇健康、和谐、良性发展方面的横向纵深积极影响。新词语作为一种由新颖的、新奇的语言词汇运

---

① 葛本仪. 词汇的动态研究与词汇规范[J]. 辞书研究，2002(3)：12-16.

② 刘云汉，王俊霞. 语文规范化简论[M]. 保定：河北大学出版社，2002.

③ 曹德和. 鲧禹治水与词语规范[J]. 语文建设，1997(4)：3-4.

用构成的现实语言存在，我们首先要静观其变，找出其存在的溯源，观察其存在的过程，分析其存在的趋势，正确认识这一存在的作用和意义，支持词汇创新，营造健康、新颖、充满活力的词汇创新和规范使用的社会环境和语言氛围，确保汉语词汇蓬勃发展。

（四）语法的规范处理

新媒体时代下的语言，尤其是网络流行语，因人们创新性、戏谑性、博人眼球性地使用、交流、传播，因而在语法上呈现出违背现代汉语语法规范的现象。对于语法的规范我们主张采取逐级语言体系分明、分层管理的办法。

1. 词法上不规范应遵循语言体系分明的原则

根据最新联合国教科文组织发布的《濒危语言图谱》，世界上现存语言有七千多种。各国语言学家根据语言结构特点、地理位置、历史渊源、亲属关系等标准将世界语言划分为不同体系。根据我国北京大学教授徐通锵、胡吉成的划分标准，世界上共有汉藏语系、印欧语系、高加索语系、乌拉尔语系、阿尔泰语系、达罗毗荼语系、南亚语系、南岛语系等 13 个语系。其中汉语属于汉藏语系，英语属于印欧语系。不同的语系界限明显，即便网络全球化的今天，各种语系都完整保持独立性、独特性和唯一性。

（1）坚决制止汉语+英语词缀。

具体到我国当下的网络新字新词新语的规范工作，本研究认为首先需要规范和排除的是不同语系间的混杂生造。比如违反现代汉语构词法的汉+英的新词新语。中国 1980 年代以后的青少年从小就开始学习英语，有良好的英语基础，同时这个时代及其以后的年轻人也是网络上的主力军，因此他们自创了一些含有英语词缀的汉语词，如：小姐姐恋爱 ing、紧张ing、郁闷 ing、痛苦 ing、甜蜜 ing、是否吃饭 ed 了、××的网红女朋友 s。

他们用英语的表时态的"ing、ed"代替汉语中表时态变化"着、了、过"，用英文中表复数的"s"直接代替汉语中表复数的"们"。这就是典型的不同语言体系的混杂乱用，是汉藏语系与印欧语系的错误掺杂使用。这一错误做法严重违背了汉语构词法，破坏了汉语语法体系。我们认为，针对这一现象，要坚决说"不"，坚决制止和打击，是语言工作者整治和规范的重点对象。

（2）允许词性的改变使用。

新媒体背景下语言使用，除了汉+英的词法创新之外，年轻的网民们更喜好于通过随意改变汉语词语的性质来达到交流的新颖新奇、便捷省时和形象生动。比如：

①变名词为动词：

他不是我最宝贝的人，却是最宝贝我的人。（他不是我最喜欢的人，却是最喜欢我的人。）

他对我太好了，太粉我了。（他对我太好了，太喜欢我了。）

首届"全国中小学教师读写比赛"最终评审结果也太水了吧！！！（首届"全国中小学教师读写比赛"最终评审结果也太假了吧！！！）

吓得我赶紧奶了自己一口！（打游戏的时候快没血了就会有一些特定的角色来加血，这些职位被戏称为"奶妈"，"奶自己一口"的意思其实就是"给自己加下血"。）

以上四句中的"宝贝""粉""水""奶"原本都是名词，但此处都变为动词，在句中做谓语，其中的"宝贝""粉""奶"后面还带了宾语"我""自己"。

②变名词为形容词。

你很芙蓉姐姐啊。（你很像芙蓉姐姐。）

抱歉，我太菜了，拖大家后腿了。（抱歉，我水平太低了，拖大家后腿了。）

哇，你这个样子很淑女嘛！（哇，你这个样子很像个淑女。）

其中的"芙蓉姐姐""菜""淑女"从名词用法转变为形容词用法，在句中充当谓语成分，前面加有程度副词。

③形容词变为动词。比如："这件事情就到此为止了，如果还有意见的，想聊聊的，就短我吧。""短"本是形容词，句中是发短信的意思。

④形容词变为副词。比如："这哥们儿巨傻。"其中的"巨"是由形容词变为表程度深的副词。

⑤拟声词变动词。比如：

"话没说完，她已经眼泪哗哗了。"

"刚一看见他，心就已经扑通扑通了。"

其中的"哗哗""扑通扑通"原本是拟声词，句中活用为动词，充当句子的谓语成分。

⑥变拟声词为副词。"我嗷嗷想吃冰激凌。"句中"嗷嗷"本为拟声词，现用作表程度的副词，意为"非常、很"。

纵观现代汉语的发展史，词性的改变一直从未间断过。汉字造字之初，表静态的名词居多，为了方便人们使用，很多名词就增加了动词的功能。比如，"圈"初为名词表意为"圆圈"（词语"线圈""交际圈""微信圈"等因此而来），后来也指动作"画圈圈"（词语"圈地""圈人""圈粉"等因此而来）；"上"初为方位词表意"在……上面"（词语"树上""山上""网上"等因此而来），后来增加动作指向表意"向上移动"（词语"上楼""上山""上网"等因此而来）。不过词性改变的速度随着汉语字词量的增加及构词法则稳定性的增强而呈现出递减的趋势，这也符合语言的发展规律。

结合汉语发展史的轨迹、规律，同时考量实际生活中的应用情况，我们认为，对于以上所列举的新媒体语言中的汉语词性的改变这一现象应该采取宽容的态度，承认其存在的合理性。因为就汉语语法结构而言，新媒体背景下汉语词性的变通使用并未造成语言结构的大混乱，并未从本质上违反汉语构词法；就交际结果而言，并未造成语言交流不畅。相反，其中某些汉语词性的改变更加突出了汉语的生动性和具象性，比如名词变形容词，"很中国""很女人"等；比如拟声词变动词，"眼泪哗哗了""心扑通通了"。当然，宽容态度的采取和存在合理性的承认并不意味着任其自由随意地发展、任其脱离相关单位的语言监管。语言文字工作者及相关单位首先要引导和确保由新构词法生成的新词新语所传递内容的健康性，其次要给予长时间的观察和考察，最后根据综合考量判定其是否可称为规范的汉语词。

（3）限量、限制使用字词重叠。

新媒体背景下的语言出现了大量的名词重叠现象，如名词的重叠使用：手爪爪（手）、菜兜兜（菜兜）、东东（东西）、盖盖（盖子）、杯杯（杯子）等；动词的重叠使用：鱼摆摆（鱼儿）、纸飞飞（纸）、怕怕（害怕）等；量词的重叠使用：一半半、一般般、等一会会、去一下下，等等；形容词的重叠使用：美美（美）、漂漂（漂亮），等等。这些重叠词语在标准的现代汉语词汇中几乎没有，它们更多用于口语和方言中，比如鱼摆摆（鱼儿）是重庆方言，纸飞飞（纸）是四川方言。如今随着网络交际的蓬勃发展，它们带着方言的朴实、亲切和童真都变成了网民们钟爱的表达方式，成为了新媒体语言的一部分，自然也成了新媒体语言规范工作的对象。因为它们在构词法上与汉语传统的词法规律如"重叠式合成词"等相悖，因此建议少用或不用；对于更夸张的个别单字多次重叠使用，比如"祛斑哪家强强强强强强强强，据说标题要长长长长长长长长。"更是要坚决制止。

（4）谨慎分圈使用语气词。

汉语的重要特征之一就是大量语气词的存在，用以帮助说话人更准确地传情达意。汉语里最基本的语气词有六个：的、了、呢、吧、吗、啊，这些也被称为典型语气词。随着网络的发展，大量非典型语气词以前所未有的速度和生机活跃于网民的语言生活中。如："宁可胖得精致，也不愿瘦得雷同撒""网络骗子多，怪我咯？""不好意思，先走了哈""太阳出来哒""《延禧攻略》日语版，哈哈，感觉也很不错咩！""大哥，来郑州咩？"。

以上例句中的最后一个字都是当下网络上盛行的语气词，也是汉语中本身就存在的非典型语气词。它们全部无一例外来自方言的语气词，除了具有方言的特色外，给网络交流增添了不同于典型语气词的意味和韵味。"撒"是江苏及以南地区的方言，第一句的"撒"既能表现说话人可爱，又增加了幽默的软绵有劲。"咯"是湖南广东等地的方言，第二句中的"咯"表现出了说话人俏皮可爱神色，减缓了反问、质疑的硬度；"哈""哒"都是武汉方言，第三句中的"哈""哒"添加了说话人矫情的成分，增加了交流的小情趣，同时也降低了不好意思的程度；第四句中的"哒"增加了语言的生动性，也表现出说话人可爱的神态；"咩"是广东方言，最后两句中的"咩"自带可爱、娇嗔的语气，有时表达主观强烈的态度。

网络交流的特殊性决定了各地方言语气词大行其道。网络聊天不同于面对面交流。人们在面对面的交流中可以通过面部表情、肢体语言和语音语调理解对方的言外之意和话外之音，网络聊天则只能通过文字、符号、图片来判断对方的意图和语气，这些语气词起着辅助音作用，通过语境表达言者的真实情感和目的。

尽管这样的用法在实际的网络交流中确实增加交际的准确性和有效性，但对于这些肆虐而来的语气词，语言文字工作者及相关单位还是要予以监管，不能鱼目混珠，泥沙俱下。我们建议分层划圈使用网络语气词。不同地域区域圈内的人可以使用本地熟悉的方言语气词，以实现老乡交流的亲切感，但不鼓励、不允许对外使用和进行传播；再者，这些语气词仅限于网络和口语交流，在正式场合和书面交流中坚决不可随意使用。

2. 句法上的不规范

在语法体系中，句法主要指的是短语、句子的结构规律和类型。新媒体背景下的网络语言中句法的不规范主要表现在四个方面：句式不当、成分残缺、超常搭配和语码混杂。

(1)"成分残缺"的规范处理应遵循效应原则。

关于成分残缺，有学者给出了如下的定义："因不符合省略的条件而缺少应有的成分，以致句子结构不完整，表达的意思不准确，就叫作成分残缺。"①因此句子的成分残缺往往是指句子缺少应该具有的成分，容易引起语义表达含糊不清，甚至由此而产生一定的带有不良影响和后果的句子歧义。句子残缺主要表现为句子里的主语、谓语、宾语的残缺。

---

① 黄伯荣，廖序东. 现代汉语(增订四版)(上册)[M]. 北京：高等教育出版社，2007.

主语残缺。如：女公安局局长任长霞的事迹，强烈地震撼着众多观众的心灵，在不知不觉中受到了强烈的震撼。句中2缺少主语，可以在"在不知不觉中"前面加上"众多观众"，让"众多观众"作句子的主语。

谓语残缺。如："在第三十一届里约热内卢夏季奥运会上，我国女排健儿在教练郎平的带领下坚持不懈、不屈不挠的气节和精神。"句中"我国女排……带领下"这一部分缺少谓语，应在其后面加上"发扬了"之类的词语作谓语。

宾语残缺。如："裁判员出席运动会时，始终秉承公正公平公开。"句中应该在句末加上"的原则"作为宾语。通常人们采用的处理"句子成分残缺"方式是纠错增添，缺少某一成分就增添某一成分。句子成分残缺会导致读者在具体语境缺失的情况下误读误解句意，从而造成不必要的言者与听者、书写者与阅读者之间的交流混乱或失败，因此我国通用的标准语言文字的书面表达要求句子成分要齐全，语义要清楚，词语的使用要准确。

但在虚拟的网络交流空间，人们为了达到交流的快速便捷、节约省时，多使用短句，尽量避免复杂的长句，也常常省略部分句子成分造成句子成分的省略和残缺。

主语残缺。如："去不去?""恋爱虽易，婚姻不易，且行且珍惜。"以上两句缺少主语，完整的句式应为"你（或其他人称代词）去不去?""婚姻不易，我们要且行且珍惜。"

状语、补语残缺。如："我晕。""我闪。"以上两句分别缺少状语、补语，完整的句式应为"我真晕倒了""我要飞速离开"。

谓语残缺。如；"他昨天下午老师那里了吗?""你这人太可恶，为什么假话呀?""今天你红牛了吗?"以上三句分别缺少谓语动词"去""讲"和"喝"。

宾语残缺。如："刚去拿快递，态度差，想捶。""走，练练手，去打。"以上两句分别缺少主语和宾语。完整的句子应为"我刚才去拿快递，他态度差，我想捶他"和"走，练练手，咱俩去打球"。

网络交际中的句子成分残缺现象跟人们日常口语交流出现成分缺少的

情况大致相同，比如，口语中我们常常会说"告辞，先行一步""后会有期"等。日常口语中，缺少或残缺的成分可以借助身体语言如手势和表情等的辅助，并不会对人们的正常交流和理解造成消极的影响和交流障碍。网络交流中的句子残缺成分往往会借助图片、符号、表情、上下语境等由言者和听者自动脑补成功，通常也不会造成交流不顺或交际无效。因此，无论是网络空间的虚拟交流，还是在平时生产生活实践中的面对面交流中，我们应当把效应原则作为首要的判断要素和规范依据，以此来确定一个句子是否属于成分残缺。

（2）"成分羡余"的规范处理应遵循实践检验原则。

成分羡余，也称为羡余现象，即语言句子成分里含有传递多余信息的词汇，是汉语中常见的一种普遍现象。国内最先提出"成分羡余"这一术语并进行深入研究的是赵元任先生，在《汉语结构各层次间形态与意义的脱节现象》一文（1956）中，他提出并解释了一部分生活中常用的可能涉及"成分羡余"的一些常用的语言表达。比如"亲眼"本身的意思就是"自己看到的"，也就是"目睹"的意思，从这个角度出发，成语"亲眼目睹"其实就是一种成分羡余的现象。除了一部分成语或词语，有时句子之间也会出现"成分羡余"的现象，主要是源于词汇的搭配或者句子与句子之间的组合会产生句子中各成分语义表达上的重复或啰嗦。"汉语羡余现象是指汉语中部分词汇或句法结构只有语言形式没有语义内容或者重复表达语义的现象，而这种无实意或重复的成分就称为'羡余成分'。"①

新媒体背景下，人们为了追求速度、便捷、高效、即时的对话效果，总是倾向于删繁就简地省略句子诸多成分，但也有很多民众不断重复句中同一字词或反复叠加使用意义相近的词语造成成分羡余现象。比如，"就问你，惊不惊喜，意不意外?"句中后半句"惊不惊喜，意不意外"是两个意义相同"A 不 AB"式的新词新语叠加使用，语法上是成分羡余的表现，语义上则因重复而起到了加强情感的作用。该词最早出自周星驰的电影《家

---

① 潘先军. 现代汉语羡余现象研究［M］. 北京：北京语言大学出版社，2012.

有喜事 1992》里，周星驰饰演的常欢一段经典原话是："意不意外？开不开心？"因为 2017 年某微博搞笑博主使用了"惊不惊喜，意不意外"的标题发了一段比较搞笑的视频而走红网络，成为了年度网络流行语。"惊不惊喜，意不意外"的基本含义可以解释为：事情发生了意想不到的转折，或让对方有一种出乎意料且措手不及的感觉。随后民众套用这种句式来表达自己对某事的既惊喜又意外的主观感受。如"新华字典官方 App 上线！意不意外，惊不惊喜？李瑞英原声播读！""开不开心？意不意外？惊不惊喜？刺不刺激？昨天的 A 股市场，就是这么疯狂，沪指高开高走，最终放量大涨 41.16 点，以 3348.33 点报收，涨幅达 1.24%。""让观众贡献票房的不是各种小鲜肉和人气演员，而是'铁血真汉子'吴京，意不意外？惊不惊喜！"等等。网民们套用这种句式在表达说话人对某事或某个现象感觉不可思议或大跌眼镜或匪夷所思之外，同时也有一些调侃、幽默、搞笑的成分在里面，表达出人们对于生活急剧变化的喜感、陌生感乃至"眩晕感"。

　　"饿滴神呀，上帝及老天爷呀。""我确定一定以及肯定。"以上两句流行语分别来自 2006 大型古装情景喜剧电视剧《武林外传》中人物佟湘玉和郭芙蓉的原话。"饿滴神呀，上帝及老天爷呀"中"神""上帝""老天爷"在童话故事中都是天上掌管世间万物生灵的最高权威者，三个相同意义的叠加，语法上明显成分羡余，但语义上则强调了言者的极度无奈、惊讶、害怕或极度渴望保护的情感(根据具体语境)。"饿滴神呀，上帝及老天爷呀，你咋出这么一档子事儿，可让我咋活呀？"表达说话人无奈、无望和无比绝望的心情。"饿滴神呀，上帝及老天爷呀，这是真的吗？！"表达说话人无比惊讶、惊异、惊奇的心情。"饿滴神呀，上帝及老天爷呀，各路大神啊，千千万万保佑我吧！"表达说话人渴求保护庇佑的虔诚心情。"我确定一定以及肯定。"这句大众流行语的谓语是由"确定""一定""肯定"这三个同义词并列组成的，语法上谓语重复和语义上同义重复都构成句子的成分羡余的现象，但因其语气加强、语义加重和语感幽默而被广大青年喜欢并普遍使用。

　　诸如此类的表现出成分羡余的被大众所熟知所常用的句子还有如下这

些："感觉自己美美哒，靓靓哒，帅帅哒，酷酷哒，萌萌哒。""我全心全意百分之百从头到脚由内而外自上而下一颗红心爱着你哄着你宠着你黏着你不离不弃你。""初见倾心，再见痴心，终日费心，欲得芳心，煞费苦心，想得催心，难道你心，不懂我心！""你对生活哭诉伤情，生活岂能对你笑脸相迎；你对生活张牙舞爪，生活立马把你撂倒；你对生活玩世不恭，生活叫你四大皆空；你对生活嬉皮笑脸，生活叫你连哭带喊；你对生活麻木冷漠，生活叫你穷苦落魄；你对生活不上心，生活灌你两瓶脑白金。""专家专家，所谓专家，专门蒙大家。""我这辈子只有两件事不会：这也不会，那也不会。"

以上这些句子的羡余现象在实际的语言表达中起到了加强、肯定、调侃、幽默、创新表达的作用，展现了成分羡余积极的一面。这也符合语言专家对句子成分羡余的结论性总结：当其与语境相匹配时，会产生积极有效的作用从而使得语言表达发挥出更好的效果；反之它就是消极无用的。因此羡余成分是否与语境匹配显得非常重要。若是匹配，则这个"羡余"成分的词汇或短语会在文本中的具体语境中产生与主题意义一致或强调或讽刺或加强语气等不同的文体效果。比如，我国著名无产阶级思想家、革命家和文学家鲁迅先生在他的短篇名著《秋夜》中如此描写枣树："在我的后院，可以看见墙外有两株树，一株是枣树，还有一株也是枣树。"此句子表面上看是一个成分羡余的病句，但是如果结合当时特定的情景来分析，就会发现这样一种羡余现象，一方面表达了作者孤寂、悲愤的心情，另一方面也表现了作者不屈不挠与恶势力抗争到底的精神。如若离开了这种语境，以上的羡余成分就会产生相反的冗余繁琐的感觉。

当然，时代不同，人们利用成分羡余强调表达的内容不同、表达的语气不同、采用的语言方式不同。这是语言的社会性所决定的，但并不妨碍语言表达方式的沿袭、引用和创新性利用。

对于成分羡余句式的规范工作，我们主张回归语言的工具性进行探讨。语言的交流工具性决定了其不断发展变化，新的语言现象必定会不断出现，其更新的速度与社会经济文化发展的步调保持高度一致。对于这些新出现的不同于原有句子结构和成分的现象，我们不排斥、不拒绝，而是要冷静观察、收集语料，在语言实践与时间检验中进行相关的分析研究，然后再做出符合汉语句子发展的、科学合理的评判和有说服力的结论。

（3）"句式杂糅"的规范处理应遵循先梳理再调整的原则。

"把两种不同的句法结构混杂在一个表达句式中，结果造成语句结构混乱、语义纠缠，这样的语病就叫杂糅。"[①]在表达时两种句式都想用，便将两个句式放在一块导致中途转向是句式杂糅的常见情况。句式杂糅是经常出现在中考、高考中的一种病句形式，隶属于结构混乱。我们举出以下几个例子予以进一步说明。

例1：学校开展的经典朗诵活动对于教风和学风的建设有很大帮助，而小学初中正是我们人生品格形成的极为重要的时期，所以这种类型的活动一定要在中小学阶段就着力抓紧抓好。

例2：菊花茶之所以被认为是就寝时的最佳饮品的原因，是因为菊花茶有一定程度上的镇定效果，对于一些无法放松的神经和身体而言，它是天然的，没有副作用中药饮品。

例3：一些省市地区普遍遭遇的用工荒，本质原因是工人们的付出和工资不成正比，导致了大部分工人不愿意到生活成本相对较高的城市去务工造成的。

黄廖先生在《现代汉语》(黄廖版)里指出，句式杂糅主要有以下这两种形式：第一种是在同一个句子中掺杂了两种不同的说法，既采用A种说法，又采用B种说法，两种说法的混杂使用导致了句式杂糅现象，比如例1把"……这样的活动应着力于中小学(阶段)……"与"……应着力于中小学就要抓紧抓好"糅合在了一起，与前一句对应，只需前者说法即可。第二种是前后牵连，即在未完成上句句意表达的同时，把上一句话的后半句话作为下一句话的开头，这样一来就把本来没有必要连接在

---

① 龚大强. 高考语病中句式杂糅的常见类型[J]. 中学语文(下旬·大语文论坛)，2013(1)：112-114.

一起的上下两句话连成一句，例 2 和例 3 就属于这种情况。例 3 中将上句的后半句"是因为菊花茶具有一定程度上的镇定效果"和下句的"对一些无法放松的神经和身体来说，它是天然的，没有副作用的中药饮品"两个分句糅合一起，造成了前后句子的粘连、语义不明。但是句式杂糅的另一种情况，即句子中由词语的两面性和一面性所引起的句法问题，随着社会的发展，判定其不是病句。例如 1979 年发布的《语法修辞讲话》中提到的"造句的时候，如果将一面性的词与两面性或者多面性的词语搭配时，就会造成语义混乱"①。书中以句子"做好生产救灾工作，决定于干部作风是否深入"为例，认为"做好"仅有一面性，"是否深入"有两面性，因此二者不能连用。将两句连用实际上是将"能做好……决定于……的深入"与"不能作好……由于……没有深入"两句杂糅一起，因而造成句法、句意逻辑不通。

新媒体环境下，民众接收信息的海量性决定了其观点的大量性，分享信息的即时性决定了其观点的丰富性和交叉性。一件接一件的社会事件，一个又一个或稍加思索或深思熟虑之后的观点也应运而生。网民们个人观点的表达除了观点本身之外，也体现出个人的思维习惯及表达特色。这样的表达不免出现句式糅杂或多种观点杂糅的现象。比如：

例 1：你一闪而过，令我热血沸腾，心潮澎湃，望着你的背影，真想把你留住，我告诉自己，不能再让你离开，绝不……抓贼呀！

例 2：也想学学你那绝情，看不懂，猜不透。你是怎样，会甩开，会丢掉。

句 1 中的前一部分"你一闪而过，令我热血沸腾，心潮澎湃，望着你的背影，真想把你留住，我告诉自己，不能再让你离开，绝不……"是说话人对贼的心理感受，贼出现时"我热血沸腾，心潮澎湃"，贼离开时（望着你的背影）我"真想把你留住，我告诉自己，不能再让你离开，绝

---

① 吕叔湘，朱德熙. 语法修辞讲话（第 2 版）[M]. 北京：中国青年出版社，1979.

不……";后一部分"抓贼呀!"是说话人实施抓贼计划时对周围人说的话,说话的对象不同。从语法和语义结构来看,是明显的句式杂糅;从文学写作角度出发,这句话是一句文学现代主义意识流的一种写法;从语用学的角度出发,听者需要时间明白说话人的真实意图;从个体表达特色的角度出发,这句话体现出说话人的幽默风趣。例句2是逻辑揉乱的两个句式杂糅,第一个句式应是"我看不懂你,猜不透你,你为什么会甩开我,会丢掉我";第二个句式应是"我也想学学你那绝情的样子"。说话人打乱逻辑、省略主语、工整句子,以营造一种哀伤的诗体风格,凸显个人的写作或说话风格。诸如此类的句意掺杂或逻辑打乱的句子还有如下:

"告诉闺蜜自己喜欢谁了,一星期以后他俩在一起了,这条火了就去揍她。"

"关于距离,最害怕的就是你不知道那个人是在想念你还是已经忘了你。"

"天使也笑我爱你爱得太傻,最后被爱惩罚,荒谬得像笑话。"

"物理不及格,正常,你跳楼还用得着思考空气阻力吗?"

"地球是会转的,人是会变的,爱你是永恒的,娶你是不可能的!"

"小学十年,中学十二年,我被评为全校最熟悉的面孔,新老师来了都跟我打听学校内幕……"

"俗话说,认识时间不论长短,就看感情发展,朋友,我只在乎质量,不在乎数量。"

新媒体背景下的社会生活快速、紧张,所有的生产生活实践活动都被冠上了快速的名义,因此就有了快速解读、快速阅读、快速声倍等一系列缩略用时的活动。网络环境下,语言的表达同样体现出以少量的字词表达较多语义内容。如:"北京的交通差点饿死人!"这个句子也是多个句意的杂糅。第一层,北京交通太堵;第二层,我(人们)已经在车上待很久了;第三层,我因长时间不能下车用餐就快要饿死了。

以上所有列举出的句子虽然句式杂糅,逻辑有乱,但它们并未造成说话人与听说人之间的交流失败。它们需要对方重新整理思路,延宕了听者的理解时间，有的还能制造一个深刻理解或顿悟的结果，最终完成了语言交流的过程，实现了语言交流的目的。

新媒体背景下的句式杂糅，还有一种是句意较多、逻辑混乱，内容前后不一致，听话人无法理解说话人的真实想法和意图。如：

"恨我背后的冷枪，朋友的伪装，是社会的，荒凉还是蛇吞了大象。不坚强太多的辛酸，每走一步忘记了伪装。"

"一切恶法，本是虚妄的，你不要太自卑你自己。一切善法，也是虚妄的，你也不要太狂妄你自己。"

以上两句是说话人的自我发泄或自我表达，即便是有具体的语境，也不能让听话人抓住说话人的主旨思想。

综上所述，对于句式杂糅的规范管理，我们应该以语言交际值为参照标准，具体做法参照于根元先生对于两面词句式杂糅的判断方法。他说："在实际生活的语言应用中这种表示两面性的词语往往只能表达一个层面的意思，大体情况下这种句式的使用伴随着习惯性，而它实际上表示哪一面的意思往往取决于上下文，从中是很容易判断出来的。"[①]因此按照这个观点，在句子的实际运用中，特定语境下没有造成误会误解或者产生交流障碍的句子就不应该被视为病句。所以，判断一个句子是否杂糅不能只建立在逻辑分析这一基础层面上，也应该根据语言实践中的交际效果来判定。

那么句式杂糅应该如何纠正呢？我们应当先梳理再调整，面对句式杂糅，首先将杂糅的两个句子梳理出来，然后理清逻辑，调整结构，最后选择最恰当的表达句式，使其整体上通顺合理。

(4)"语码混合"的规范处理应遵循严格管控原则。

语码混合指的是在语言中随意混杂汉字、符号、数字、拼音、英语原词。新媒体背景下的语言使用中，语码混合越来越盛行，其中英语是与汉语进行混合使用率最高的语码。尤其是受过高等教育的年轻人，用英汉混

---

① 于根元. 语言应用论集[M]. 北京：北京广播学院出版社，1999.

合语成为一种时尚。这种现象是英汉语言接触的必然结果。网络环境下，语码混合使用涵盖生活的各个方面。比如，

日常交际类有："这是 N 年以前的事""你有 freestyle 吗""这次考试考得很不错啊，只挂了两科，文科 and 理科""你买的这件衣服真 LOW""我 GET 了一个新技能""办公室？or 家？""这件衣服我 hold 不住呀""你这是典型的 no zuo no die 呀"……

弹幕留言类："为党的十九大打 call""达康书记的 GDP，我们来守护！""tomorrow（明天）我的 friend（朋友）要交个作业""明天我朋友有一个 assignment（任务）要 due（交）""你伤害了 word（我），还 excel（一笑）而过""word（我的）心好冷，danger（等着）你来疼"……

成语混杂类："半 tour 废"（半途而废）、"贪生 pass"（贪生怕死）、"东施 shopping"（东施效颦）、"cheer 不舍"（锲而不舍）、"笑不 low 齿"（笑不露齿）、"铺天 gay 地"（铺天盖地）、"无 Jack 归"（无家可归）、"bosh 进取"（不思进取）、"谈 cellphone 生"（谈笑风生）……

诗词混杂类："十年生死两茫茫，不思量，forever young""天若有情天亦老，enjoy your life right now""锄禾日当午，hey man，good afternoon""东边日出西边雨，come on baby quickly""枯藤老树昏鸦……夕阳西下，oh where you are""前不见古人，后不见来者。念天地之悠悠，where shall I go？"

歌词混杂类，《Sweety》中，有如下歌词："行不行懂不懂在不在，我不懂你的爱；配不配怪不怪 high 不 high，come on let's have fun tonight"。

中英混搭及其他语码混搭的流行语以其新奇的组合方式，迎合了年轻人求新求异的心理和社会快速发展的需求。语码混搭的流行使用一方面为网民的日常交际注入了活力和新鲜血液，但另一方面它们造成读音和词义解释等方面的混乱，破坏了汉语的字词句规则，在一定程度上影响汉语的纯洁性，特别是对古诗文名句的改变，会造成对传统文化的误解。因此，我们要采取严格管控、明令禁止的原则，对它们多加引导纠正，遏制其肆意发展。

（5）"新兴句式"的规范处理应遵循更形象更生动原则。

"被××""很××"等这些新兴句式已经进入我们的日常生活，几乎变成了一种生活常态。新兴"被××"句式是原有"被"字句的一种改造，与常规的"被"字句有某些共通点。受事主语都处于"被处置""被迫遭受"的状态，比如："被和谐""被离婚""被捐款""被幸福""被繁荣""被就业"，等等。

现代汉语里的副词"很"，常用来修饰动词和形容词，表示达到某个程度或范围，在句子中作状语或补语。近来，新兴句式"很××"较之前有很大不同，主要表现在新兴句式的"很"修饰的是名词，比如："很女人""很暴力""很中国""很煽情"等，这种不符合常规句子语法的句式已经在年轻人的生活中被广泛使用和传播，口语中使用的频率更高。

新兴句式"很+名词"这一特殊句法结构虽然违背了既定的语法句式，即不同词性之间的修饰与连接，但在语意表达方面却表现出更大的张力，给人更多的联想、想象空间，减弱部分词的抽象感，增强了语言的具象感。比如"很女人"，仿佛让人看到了一个温柔贤淑、优雅娴静、仪态万千的女子；"很中国"给人一种扑面而来的浓烈的中国风，例如中国红、中国结、中国字、中国舞等，仿佛这些饱含浓郁中国文化底蕴的具象一个一个都跃然眼前。新兴句式"很+名词"将抽象直接转化为生动具体的形象，使语言更具表现力和新鲜度，同时也符合了社会群体求新求异求奇的心理特点。

新的表达方式与社会发展密不可分，是社会发展到一定时期语言体现社会现状的必然产物。新句式的结构既是对既定句法结构的继承又是在此基础上的创新。因此，新兴句式"被××""很××"，在一定程度上既合乎语言发展的规律，也迎合人们的使用习惯。这也是新兴句式形成与传播的一个主要因素。

所以，我们认为句子的规范工作不能孤立地进行规范，应在充分考虑句子结构自身发展规律的同时，以句意表达得明确与否、信息传递得有效与否作为判断依据，在语言的实际应用中理解、完善汉语的句子规范。

（6）熟语的规范处理应遵循运用从宽的原则。

熟语也叫习语，即习用语，是"人们常用的定型化了的固定短语"，是"语言中定型的词组或句子"（《辞海》中"熟语"词条）。它包括成语、惯用语、锦句、格言和歇后语等。熟语大多表现力强，在人们的语言生活中运用普遍，在一定程度上反映了人们对与自身生活密切相关的事物的精练概括，有极强的生成能力及丰富的象征意义，充分体现了人们的智慧，体现了人们对事物认识由具体到抽象的动态过程。

新媒体背景下网民对惯用语、歇后语、谚语、锦句、格言等固定词句常常打破常规格式，创造新奇用法。比如："一着不慎，全盘皆活。"（一着不慎，全盘皆输）；"仁见仁，智见智。"（仁者见仁，智者见智）；"养猪前日，食在一时。"（养兵千日，用兵一时）；"敏而好食，不耻下闻。"（敏而好学，不耻下问）；"猪蹄生南国，春来发几只。"（红豆生南国，春来发几枝）；"天若有情天亦老，人若有情死得早。"（天若有情天亦老，人间正道是沧桑）；"猪虽逊羊三分白，羊却输猪一段香。"（梅须逊雪三分白，雪却输梅一段香）；"呕吐呕吐，惊起鸳鸯无数。"（争渡争渡，惊起一滩鸥鹭）；"有钱能使磨推鬼。"（有钱能使鬼推磨）；"谈感情伤钱。"（谈钱伤感情）；"有多少爱可以胡来。"（有多少爱可以重来）；"说好一起到白头，你却偷偷焗了油。"（说好一起到白头也说过不会等太久）。

一般而言，熟语多产生于历史典故或者口头语，内容与一定的历史时期人们的生产生活、思想认识、风俗习惯等紧密结合，经过历史的沉淀、时间的检验而成为汉语组成中的璀璨明珠。新媒体背景下熟语的篡改使用，是语言陌生化表达方式的一种体现，从而达到了幽默、诙谐、搞笑、意义延宕等语用效果。但从语言结构、语言韵味、语言意境等角度出发，新媒体背景下熟语的篡改使用破坏了惯用语、锦句、格言和歇后语的惯常性的固定搭配，破坏了汉语独有的意于言外的悠长韵味，破坏了汉语锦句的含蓄意境美，也破坏了格言警句的严肃性和规整性。

于根元、王铁琨、孙述学三位先生在《新词语规范基本原则》中指出：

"新词规范的标准是交际值，是交际到位的程度。"①网络环境下，这些篡改后的熟语在交际的过程中形成了一定的民众基础，在流通使用的过程中体现了语言的工具性本质，完成了语言的交流使命。因此，对于新媒体背景下熟语的篡改使用这一语言现象，我们要遵循运用从宽的原则。一方面，在保证内容健康的前提下，允许其存在于人们的语言生活中；另一方面，要对这一类篡改使用的句式进行长时跟踪，结合社会现实不断进行分析研究，剔除不合理的语言因子，以是否能经受时间的沉淀作为其能否成为汉语标准语的标准。

(五)符号的规范处理

目前，随着网络技术的不断提高，聊天工具 MSN、QQ、BBS 论坛和微博中有大量的、系统的表情图标库。有高兴的、生气的、发怒的、悲伤的等，还有一些动画图标，使用者可以根据自己的心情选择相似的图标传送到网上或者发送给对方。

符号越来越频繁地被网民使用，甚至出现在日常生活的书面表达中。对于一些简单的表情符号，我们大概可以猜出其中的含义，例如微笑:)、生气@-@、高兴^-^等。但是众多的符号组合在一起，让我们很难理解其中的含义，更难以当作可以进行交流的语言。对于那些网民们组合的复杂的表情符号，大部分人难以理解的，会随着时间的推移被淘汰和遗忘。

规范表情符号，我们应该将经常使用的表情图标固定地存入图标库，再进一步提高网络技术，总结出更系统、形象的表情图标、动画图标供使用者使用，用简单又便捷的表情图标、动画图标代替复杂的符号表情。

---

① 国家语委新词新语规范基本原则课题组，于根元，王铁琨，孙述学．新词新语规范基本原则[J]．语言文字应用，2003(1)：89-95.

六、新媒体背景下语言规范化工作的对策和落实

(一) 调整研究视角，确立科学的规范观

20 世纪 50 年代，针对语言的规范问题，人们提出了"纯洁语言"的观点。"纯洁语言"观起源于 1951 年《人民日报》上刊登的一篇题目为《正确使用祖国的语言，为语言的纯洁和健康而斗争》的社论。此后的一段历史时间内，语言规范化工作在"纯洁语言"观点的指导下以纠正错误、纠正陋习的方式开展下去。1997 年，新的全国语言文字工作会议第一次提出了语言文字"服务"的语言观点，它要求全体语言文字工作者能够加强语言文字"服务于社会"的认识观念和工作观念。随之，一批致力于语言文字研究工作的学者提出了"规范就是服务"的语言文字规范理念，于根元提出"语言是为语言使用者服务的，规范也是为语言使用者服务的"[1]。施春宏在其著作《语言在交际中规范》中提到"语言文字作为人类最重要的交际、思维和认知工具，它的本质属性就体现在服务上"[2]。

我们都知道，任何绝对的事物都是不存在的，语言也不例外。完全纯洁的语言是不可能独自存在于世界的任意某一时空或区间，这一看法与语言本身具有的动态发展的特性密不可分。语言作为一种普遍的社会现象，会随着所处时代社会变迁而不断发展变化。前文所提到的字母词之争便是有力的论证，反对使用字母词，目的是追求汉语言的纯洁性；支持使用字母词，则是从语言的工具性出发，强调字母词发挥着本身的语用功能，方便人与人之间的交流沟通，彰显着其本身所具有的存在价值。对于前文所提到的成语换字现象，反对者出于对既有规则的维护而认为失范，支持者则着眼于其实践生活中交际的功能而肯定其存在的价值。

---

① 于根元. 应用语言学概论[M]. 北京：商务印书馆，2003.
② 施春宏. 语言在交际中规范[M]. 北京：中国经济出版社，2005.

有学者提出，纯洁不能作为考察、评价语言工具的指标……对语言纯洁性的追求在一定程度上是必要的。"但是这一追求是相对性的，不可能有绝对的纯洁。"①这种绝对性与相对性的把握和处理需要所有从事语言文字工作的学者、专家及制定决策的人士拿捏好二者之间的尺度。一味地保持语言的稳定与纯洁而阻碍了语言的发展是不符合语言发展规律的。但从维护民族语言和国家整体利益的角度出发，保护语言的纯洁性的观点也是必要的。所以，我们要平衡两者之间的关系，既要维护语言的稳定以便于人与人之间的交际，也要承认语言的社会发展属性。承认因社会发展所带来的新的语言交际需求可能会损害部分语言的纯洁性，但也要承认新的语言现象更加鲜活有力地发挥着语言的社会服务功能。

信息化时代的各种新媒介通过挖掘整合影、音、文字、图片等多种信息形式来加强人与人之间的交流互动。这种新的人际交往、交流方式催生了新风格的新媒体语言现象，新风格的新媒体语言引起了大众的使用兴趣，大众的广泛使用引发了专家学者们分析语言的新思路，分析语言的新思路产生了新的语言分析法，于是就有了新的语言分析结果。新的语言分析结果一方面是建立在传统语言分析法及其他交叉学科如心理学、符号学、文化学、社会学、统计学、传播学等分析法的基础之上的研究结果，另一方面是新时代新媒体背景下面对新语言现象所做出的探究式分析结果。从事语言规范研究工作的相关人员要不断调整研究视角，确立科学的语言规范观以确保语言传统纯洁性与新语言现象的和谐并存与自然融合。科学语言规范观的确立要处理好三个基本关系，即语言的稳定与发展之间的关系，语言的交际功能与其他基本功能之间的关系，语言的静态规范与动态规范之间的关系。

1. 语言稳定与发展之间的关系

语言学研究表明，语言不仅是一个符号系统，更是一个动态平衡系

---

① 王希杰．语言的纯洁性和言语的纯洁性[J]．锦州师范学院学报(哲学社会科学版)，2002(5)：39-42，97.

统，具有静止稳定和动态发展两个特性。语言的动态发展性体现在新的语言形式和新的语言现象上。新的语言形式和现象主要用以表达社会发展而不断涌现出的新事物、新现象，它生动地体现了语言的鲜活性，极大地丰富了人们日常生活的语言材料，同时也强烈地冲击着既定的语言规则。语言静止稳定性体现在既定的语言规则上，要求语言不能肆意地更替和变动，以免影响人与人之间正常的语言交流和人际交往。鉴于语言的静止稳定和动态发展的双面特性，新媒体背景下的语言规范工作要遵循"保持汉语言的相对稳定、促进其有序发展"的指导思想，平衡好"保持语言的鲜活性与发挥语言的功能性"之间的关系。

2. 语言交际功能与其他功能之间的关系

语言的本质之一在于语言是一种信息的载体，语言有许多功能，在其诸多功能之中，交际功能处于基础核心地位。语言的基本功能在于传递和交流信息。语言规范的目的是解决交际障碍，方便人与人之间的交流和交往。组成语言系统的各个语言单位常常只能在某一特定的"交际"环境中才能发挥它自身的作用，体现它自身的价值。"交际"是一种社交行为，是通过人们之间交往、接触而完成的一系列信息的接收与传递过程。作为个体的人主要靠语言来维持彼此间的联系，通过语言的表达、传递、理解来获取信息、增进理解，从而加强人与人之间的紧密联系和促进社会生活的持续发展。

除了语言交际功能，语言的主要社会职能还有思维功能和文化功能。以交际为目的的语言在进行交际、交流的同时也展现、表达、传递了人们在不同时期的思维活动，这些不同的思维活动是外部现实在人们头脑中的反映，语言对这些反映进行描述、解释使得它们可以得到其他人的理解和认识。语言的交际功能与思维功能揭示了语言与思维之间相互依存、不可分割的密切关系。相较于语言的思维功能，语言的文化功能则相对表现得较为具体化。比如，学者李宇明认为异形词是历史文化传承的体现之一，因为许多不同的有关语言文字的故事隐藏在不同的文字形式背后，"有的构词理据不同,有的因通假用字所致,有的有雅俗风格之小别,甚至有的有意义之微异"①。对于生僻乃至从未听闻的地名,学者王卫兵(王卫兵,2004)认为从文化学、地理学、民族学、社会学和文字学等多视角去研究,可以发现它们的价值。② 人们不仅需要重视不同地名用字的交际功能,还需要重视不同地名用字的其他功能,不可偏废,才能把彼此之间的关系协调好、处理好。例如:"南阳"这一地名,据《资治通鉴·周纪五·赧王四十三年》记载,"秦置南阳郡,以在南山之南,汉水之北也";据《元和郡县图志·山南道二》记载:"秦昭襄王取朝地,置南阳郡,以在中国之南而有阳地,故曰南阳";《释名·释州国》上记载:"南阳在中国之南,而居阳地,故以为名也。"以上三处记载中,"中国之南"中的中国即指"国中"或"中原","南山之南"中的南山即指今日的伏牛山,两个"南"字都表示这一区域所处的地理方位。而三处记载中的"有阳地""居阳地"和"汉水之北"都表示这一区域所处的方位具有"阳"性地望特征。我国自古以来就形成的地名命名原则为:"水北为阳,水南为阴""山南为阳,山北为阴"。由此,中国地名的背后隐藏着的时代变迁的故事,彰显着丰富的民族文化内涵。这就是语言文字所具有的其他功能的体现,如地域文化功能、民族历史文化功能等。

除上述三项社会功能之外,语言还有很多其他功能。王蒙先生曾从不同角度谈及语言的功能,他提出:"语言具有人性化功能、记忆功能、修辞手段功能、政治功能、审美功能、游戏功能等,有神学效应,有心理释放和抚慰作用,还有一种发展人的能力。"③需要明确的是,在语言诸多功能之中,处于首位的是交际功能,其他功能是在交际功能的基础上衍生而来的。如若没有发挥语言的交际功能,其他功能既不会存在也失去了存在

---

① 李宇明. 词汇规范的若干思考[J]. 厦门大学学报(哲学社会科学版),2002(2):19-24.

② 王卫兵. 人名地名用字的文字学定位及其调研和规范[J]. 安徽大学学报(哲学社会科学版),2014,38(4):80-85.

③ 王蒙. 语言的功能与陷阱[J]. 中国海洋大学学报(社会科学版),2004(6):8.

的意义。语言作为人们的交际工具，同时也是一定地域族群民众的文化、思维的呈现载体。因此，鉴于语言多种功能之间是主次、并存与发展的关系，我们要处理好交际功能与其他功能的关系，不能为了语言的"规范"问题而限制语言的交际作用，同时也阻碍了语言的思维与文化传承等其他功能，尤其在信息化时代新媒体语言规范化问题上更不能忽视这一问题。

3. 静态规范与动态规范之间的关系

不同的人对语言系统中的各个成分进行不同的组织和运用会生成风格迥异的具备个人特色的言语作品。这体现了言语对语言的反作用，语言系统的生命力是在为人们使用、运用的过程中才能得以保持，语言体系才得以丰富和发展。语言与言语二者不可分离，语言存在于人们的交际过程之中，存在于人们的言语行为与作品之中，而言语存在于人们利用语言进行交际的行为过程和结果之中。语言具有全民性、静态性和抽象性的特征；而言语具有与语言相反的特性，即个体性、动态性和具象性三个特性。语言和言语相互依存，不可分割，是一个整体中静态存在与动态发生。语言规范不等同于言语规范，二者属不同范畴，前者属于静态规范，规范的对象是作为系统的语言；后者则属于动态规范，规范的对象是具体的言语行为。对于规范，语言文字工作者是应该分治还是合治，这就要首先区分语言规范与言语规范这两者的概念。对此学界有不同的意见，大致分为两种情况。其中，国内有相当一部分学者通过对语言规范和言语规范进行相关区分，基本达成一致观点，他们认为，因为"语言"和"言语"二者属于不同范畴，那么汉语规范工作的开展应当依据不同的规范原则在这两个方面同时进行规范，代表学者有郑远汉（2007）、周一农（1996）、王希杰（2002）、曹德和（2005）等。另一种情况，国内也有一部分学者未将语言规范和言语规范加以区分，而是将二者糅合在一起进行研究，比如戴昭铭先生（1989）认为语言规范化的评价标准是效率原则，即以交际效能和传递信息的效率作为评价语言变化的标准。张先亮先生（1993）提出将刚性原则与柔性原则相结合的语言规范化主张。刘福长先生（1993）则将具有规定性和描写性原则的语言中的描写性部分作为语言规范化的评价标准。苏培成先生(2000)认为语言文字的规范的评价标准有两类，即政府标准和专家标准，前者具有法定性，后者具有推荐性。夏中华(2001)提出约定俗成的社会习惯可以作为语言规范原则的形成过程中的评价标准。于根元(2002)提出了交际值这一概念，即交际到位的程度，他认为规范标准的建立应该以交际值为参照。邹韶华(2004)认为语言规范化的根本原则是习性原则。施春宏(2009)提出语言规范化的根本依据是交际值，语言规范化的基本原则为理性原则。

学者们对语言规范和言语规范加以区分的目的，在于研究和评价汉语的发展时能够更加合理、谨慎，从而使汉语的学术研究更加科学化、精细化。静态规范与动态规范彼此之间相辅相成、相互作用。语言体系层面上的静态规范则是指导着、约束着言语的使用方式及发展方向。言语层面上的动态规范便是对语言规范标准的具体实施，动态规范的发展和变化影响着静态规范。因此，现代汉语规范的内涵必定体现在基于静态规范和动态规范两个方面的综合考量。但鉴于言语行为的发展动态特性，规范过程难免会出现一些无法用语言规范或言语规范来判断或判别的暂时现象，即称谓"中间状态"。而事实上，"中间状态"就是现代汉语规范的过程性体现，是时间的检验过程，也是"约定俗成"的形成过程。总而言之，现代汉语的规范过程要厘清静态规范和动态规范的内涵和外延，处理好二者之间的关系，确立科学规范的新媒体语言观，避免评价模糊不清、有失偏颇和引起分歧。

(二)加强语言规范的信息化建设

1. 语言规范信息化建设的必要性

受社会环境和科技进步程度的影响，我国的汉语言文字规范化工作在中华人民共和国成立初期及20世纪末大多采取单一的工作模式。当今是网络快速发展的时代，我国的汉语言文字规范化工作需要有关部门从多个方面入手，加大宣传力度，增加宣传方式，创新宣传模式，实现汉语言文字规范化工作的质与量的突破。比如宣传方式，我们过去一直采用的是传统媒体：报纸、电视、广播等。传统媒体宣传模式覆盖的范围小、受到的限制多、取得效果小。那么，在今后的宣传工作中，有关部门要在巩固传统媒体力量的基础上，借助计算机网络、手机移动终端为新媒体扩大宣传范围、增强宣传力度，培养和形成广大民众对汉语言文字规范化工作重要性的认识和意识，增强民众对此项工作的支持，推进汉语言文字规范化发展进入一个全新的时代。

2. 语言规范信息化建设的标准

许嘉璐先生曾说："对于社会发展来说，说话写字的规范固然重要，但在信息时代，全民语言文字规范基础上的信息处理语言文字规范①对经济社会的影响更为巨大。"规范与标准是一对范畴内的名词，有规范必有标准，有标准才能加以规范。国家通用语言文字的规范与管理同样也离不开语言文字应用方面的诸多系列规范标准。应用于语言文字信息化服务的规范标准的制定、推行及完善工作已然成为信息化时代我国语言文字工作的重要任务。因为实现语言文字信息化的一个必要前提就是要有已完成的可行的语言文字规范体系和具体执行标准。这一方面的工作，我国已经取得阶段性成就。

《国家通用语言文字法》及其他语言文字管理的有关法律法规明确规定，学校等教育机构的汉语教学及对外汉语教学、汉语文出版物、新闻媒体、公共服务行业、企事业组织名称、商品的包装与说明等重点领域必须使用规范的普通话和汉字。以上这些社会语言文字应用的重点领域的信息产品、信息处理等的用字措辞都要一并依法管理。21 世纪以来，我国在教育教学、新闻媒体及公共服务等重点领域开发研制了一批满足信息化时代实际需求的信息处理标准。比如，我国新闻界首次研制的中文新闻信息技

---

①　许嘉璐. 社会主义初级阶段的语言文字工作[J]. 语文建设，1998(3)：2-4.

术两项国家标准《中文新闻信息置标语言》和《中文新闻信息分类与代码》，它们在 2006 年 5 月顺利通过国家批准并正式颁布实施。这两项信息技术标准由新华社牵头，同步联合国务院新闻办、广电总局、新闻出版总署、人民日报社、光明日报社、经济日报社、中央人民广播电台、中央电视台和中国新闻技术工作者联合会、清华大学等共同研究制定而成，使得我国乃至全球华语地区新闻信息技术领域标准有迹可循，令我国新闻技术发展向前迈进一大步。又如，为了全面推广我国汉字字形国家标准，2008 年 3 月，全国信息技术标准化技术委员会发布了我国首颗标准汉字库 GT2X 系列芯片。该系列芯片是由国家授权的上海集通科技公司研制而成，内含国家标准字型数据所授权的标准汉字库，支持国家标准的简体中文字符集"GB2312(6763 个汉字) 和 GB18030(27484 个汉字)，支持 12 点、16 点、24 点、32 点等多种点阵字形，可以满足打印机等各类电子信息技术产品的不同需求"[①]。这款标准汉字库芯片的成功研发和应用彻底解决了大部分生僻汉字的输入问题，大大加快了电脑、手机等数字化产品采用标准汉字字形的步伐。

3. 语言规范信息化平台的建设与发展

20 世纪中后期，美国著名信息经济学的开拓者 Jacob Marschak 在致力于他个人研究领域——信息经济学时指出了语言经济学的性质。他认为，语言是人类经济活动中不可缺少的重要工具，语言与其他经济资源一样具有价值、效用、费用和收益四大经济特性。进入 21 世纪以来，更加开放的学习氛围和学术环境使得国人认识并理解了 Jacob Marschak 所提出的语言经济学理论：语言是一种重要的经济资源，它可产生不可估量的经济效益与社会效益。因此，要加强开发汉语言文字资源，满足语言文字事业与经济社会共同发展的需求。

---

① 陆楠. 标准汉字库芯片解决汉字信息显示问题[J]. 电子设计技术，2008(4)：126.

近年来，汉语语言知识库、语料库、资源库等语言资源库的建立，全方位为我国的社会语言发展提供标准、便捷的服务，加快了信息化发展的步伐，增加了信息社会经济效益。多项有关汉语言信息化建设的国家语委科研规划课题逐步立项，多家由国家语委与相关科研院所共同建立的科研机构陆续成立。如 2011 年底在北京语言大学成立的中国语言文字规范标准研究中心，该机构主要承担的工作有两项，一项是为国家语委制定规范标准，另一项是对规范标准的使用行业和语委工作系统的干部进行规范标准培训及相关的社会服务工作。同时此类科研机构还承担了研发和建立"资源库""语料库"和"智囊库"的工作，主要用于保护语言资源研究和进行语言监测，为汉语言资源的保护、发展、开发和利用提供成规模体系的现代化服务。再如，2008 年在江苏，国家语委启动了"中国语言资源有声数据库"项目工程，该工程按照科学、统一的规划步骤，运用现代化信息技术普查我国当代汉语方言、少数民族语言及带有地方特色的普通话的实际状况，采集一切有声资料，然后对其进行全面、合理、科学地加工和整理并加以长期保存，最终以数据库、博物馆、语言实验室等多种形式向学术界和社会各界人士展示并提供相关语言服务。这些工程的建立与推广不仅保护了宝贵的民族语言文化遗产、推进了民族语言信息化建设，更是推广了普通话在社会各行各业的规范标准使用。还有 2014 年 12 月完成的"上海语言资源有声数据库展示系统"，于 2005 年启动"国家语言资源监测语料库"，于 2014 年底开始发布的"中华经典资源库"等一批批优秀成果。

4. 未来语言规范信息化平台建设的设想

汉语资源信息化建设已经取得了良好发展，我们身处互联网新时代，面临新的挑战与机遇，应将"互联网+汉语资源""互联网+汉语规范"建设得更好。所谓"互联网+"就是借助信息技术以及互联网平台，让互联网与各种行业进行深度融合，迸发出新的生产力。

(1)借助互联网、云计算、大数据多手段丰富汉语资源库的种类，扩大汉语资源库的影响范围。汉语资源库的建设包括语料库、资料库、有声资源库、汉语学习资源库等多个平台。未来汉语资源库的建设应该在传统的单纯的文本基础上大幅度融合语音、视频、讲解等方向发展，并且要支持影视剧、综艺节目等有声资源语料库检索功能，支持动态语料库的进一步建设和发展，扩大国内语言资源监测语料库的监测范围，及时监测海峡两岸暨香港、澳门和海外汉语使用情况。

（2）重点开发汉语资源信息化 App。如今人们已经生活在一个无线网络覆盖率较高的时代，这为汉语资源信息化建设提供最佳机遇。汉语资源 App 是一种借助"互联网+"模式，将语言学家的科研成果通过信息技术手段集中呈现并方便学习者学习的一款智能软件系统，未来将建设网页版和移动端两种产品。此款软件需要具备各种语料库检索功能及其相关链接、语言保护工程有声数据、语言资源教程、汉语学习(初级、中级、高级)、考试模拟系统(普通话模拟测试、汉语能力测试等)语言研究新动态等模块，可以加入大量视频、微课、有声资源、动态资源、最新研究成果等资源，更加丰富软件形式和功能并为学习者提供汉语言资源的"一站式信息大厅"。软件将设置用户反馈功能，开发者根据用户的使用体验及时作出调整。目前，汉语资源建设的 App 产品较少，以汉语规范规则为内容的 App 更是少之又少，这为以汉语资源、汉语规范原则为内容的 App 建设提供了巨大空间。如果将汉语规范的科学观与规范原则融合于汉语资源建设之中，那将为汉语资源信息化建设的一个决策指导性模块。

后续我国应该成立更多的国家优秀语言资源库，将"俗语、谚语、惯用语、歇后语、锦句、格言"等都囊括在内，加快信息化语言资源库的更新丰富，使国家语言资源的信息化平台建设日臻完善，保障多媒体时代我国语言文字科研工作与规范工作的顺利开展，满足社会经济发展对现代汉语及规范工作的全方位、多层次、多维度的需求。

(三)完善语言规范的法律法规

人们日常交流的语言输出与输入行为属于国民的个人行为，但在具体运用语言这一方面，必须使用统一的国家语言规范标准。就国家层面而言，汉语言文字的规范化工作的推行和开展需要国家颁布相关的法律法规给予法律层面的支持和保障，使汉语言文字的规范化工作有法可依。

语言立法是指部分国家在《宪法》或有关的法律中简要规定某种语言的地位与规划以及语言权利保护等内容，还有少数国家制定颁布专项的语言文字法用以确定国家的官方语言文字，或者用以确定某一种或几种语言在国家层面上的法律地位，其目的是明确、明晰本国公民的语言权利等事务。一个国家的语言文字立法是从法律角度上体现了国家的语言规划和语言政策。到目前为止，世界上为本国的语言文字制定语言文字专项法律的国家为数不多，我国在语言立法方面走在了世界前列。

1. 语言规范法律法规的发展

中华人民共和国成立后的头 20 年，我国政府积极实行文字改革政策，大力开展语言文字的规范化工作，积极推广和推行语言文字的标准化工作，奠定了语言文字工作依法管理的坚实基础。但尚未制订专项的语言文字法，仅在《宪法》和相关法律中提及一些相关语言文字工作的内容。20 世纪 80 年代的中后期，随着改革开放带来的社会巨大变化和法治社会的逐步完善，语言文字的立法工作逐渐被众多学者和相关人士反复提及。随后又经过多方商讨、评定与合议，我国于 2000 年 10 月 31 日在第九届全国人大常委会第十八次会议上正式通过了《中华人民共和国国家通用语言文字法》（以下简称《国家通用语言文字法》），并于次年 1 月 1 日予以实施。

《国家通用语言文字法》主要涵盖四个方面的内容：明确提出语言文字的相关政策；明确提出主要调整的对象；明确语言的地位、应用范围等相关问题；明确法律职责的设定内容等。

关于语言文字的相关政策，《国家通用语言文字法》中提出四条：国家通用语言文字政策；少数民族语言文字政策；方言的使用政策；繁体字、异体字的使用政策。

关于主要调整的对象，《国家通用语言文字法》中列出的是"国家机关、学校、新闻出版、广播电视、公共服务行业、公共场所设施、招牌、广告、企业事业组织名称、在中国境内销售的商品包装、说明以及信息技术产品的用语用字等语言文字的社会应用"。

关于语言的地位、应用范围等问题,《国家通用语言文字法》中以法律形式明确了普通话、规范汉字作为国家通用语言文字的地位,以法律形式明确了公民和有关行业在使用国家通用语言文字方面的义务和责任,明确提出各民族都有使用和发展本民族语言文字的权利与自由,再次强调了《汉语拼音方案》的性质与作用。

关于法律职责的设定内容等问题,《国家通用语言文字法》明确了国家通用语言文字的管理原则是以"引导为主,处罚为辅",对不规范使用者可提出批评建议,对违法者可责令其限期改正,对拒不改正者、造成严重后果者可给予警告处分或处罚措施。

《国家通用语言文字法》的颁布标志着语言文字工作走上了法治化轨道,填补了国家语言文字法律法规的空白历史,保障与指导了我国语言文字规范管理各项具体工作的顺利开展。

《国家通用语言文字法》是基于我国语言文字的实际状况与真实需求而制定与实施的法律法规。我国地袤人多,民族众多,各民族的语言面貌各不相同,各区域的经济、文化水平参差有别,社会整体语文水平不高。基于此,我国语言文字的依法管理应引导公民自发遵守规范,以法律为手段来规正民众的公共语言行为,以处罚为辅助手段来强行改正少数屡教不改的违反者的语言习惯。作为一部"柔"性管理语言法律法规,在不干涉公民使用语言文字的个体意愿、权利和自由的前提下,对有关语言文字工作部门提出统筹协调、多管齐下、齐抓共管的管理要求,进而提升国民的语言文字规范意识,从而达到公民规范使用汉语言文字的终极目标。

《国家通用语言文字法》的颁布使得我国语言文字工作进入逐步完善阶段。自该法颁布之后,各地相关部门与单位在《关于学习宣传和贯彻实施〈中华人民共和国国家通用语言文字法〉的通知》的要求下认真开展学习、宣传、贯彻和实施该法的有关工作,并要求各地因地制宜地制定本地区的《国家通用语言文字法》的实施细则与办法。自 2001 年到 2010 年,经过十

年的发展,"我国语言文字法律法规体系基本框架已初步成型:

第一层:专项立法——《中华人民共和国国家通用语言文字法》;

第二层:行政法规——地方性法规(23 个);

第三层:政策规章——国务院部门规章(《普通话水平测试管理规定》)——地方政府规章(8 个)。"①

截至 2015 年底,全国已经有 30 部省级地方语言文字法律规章出台,初步构建了语言文字规范治理保障体系。

截至 2018 年,国家语委根据实际需要,对 2015 年管理办法进行了修订完善,全国范围内新发布了《国家语言文字工作委员会语言文字规范标准管理办法(2018 年修订)》这一文件,嘱托各单位遵照执行新文件,同时废止 2015 年发布的管理办法。至此我国语言文字法律法规体系得到进一步完善。

《国家通用语言文字法》具有执法监督时效。语言文字工作法治化既包括语言立法又包括执法监督。在《国家通用语言文字法》正式颁布的第二年即 2002 年,教育部联合国家语委发布了《关于开展城市语言文字工作评估的通知》,对部分省市贯彻《国家通用语言文字法》的情况进行调查调研,并对语言文字工作的开展情况进行评估、监督和检查。此后,其他省市的有关语言单位相继开展对《国家通用语言文字法》及部分地方语言文字法规的执法调研,加速《国家通用语言文字法》在各大城市的贯彻实施,普及城市语言文字应用的规范使用。

《国家通用语言文字法》是我国第一部语言文字专项法律,确定了普通话和规范汉字的"国家通用语言文字"的法定地位,体现了我国语言文字工作的法治化轨道,确保了我国汉语言文字规范化工作的有效开展,加强了我国语言文字的应用管理,促进了我国精神文明与和谐社会的建设和发展。

---

① 魏丹. 语言文字法制建设——我国语言规划的重要实践[J]. 北华大学学报(社会科学版),2010,11(3):31-41.

2. 语言规范法律法规的完善

《国家通用语言文字法》(以下简称《文字法》)实施已经 18 年，大大推动了我国汉语言文字的规范化和标准化建设，同时也极大地促进了国家通用语言文字的推广与执行。

任何事物的发展与问题都是并存的。汉语言立法的过程中依然会出现一些问题。比如，首先出现了要求为其他语言立法的呼声。杨解君等 (2017) 认为，目前中国公民未能有效保护非通用语言文字，因此应该对该类文字进行立法保护，构建以"通用语言文字法"和"非通用语言文字法"的两套法律体系和制度。这里的"非通用语言文字"，指的是除普通话和规范汉字以外的我国境内的其他语言，主要包括少数民族语言、特定人群的语言(如盲文和手语)、特定地区的语言(方言及港澳台地区的语言)等。关于"非通用语言文字"的一系列问题，此处略微提及，其他一概不讨论。

其次，随着计算机网络的快速发展，新媒体时代的到来，这些法律法规逐渐凸显其存在的一些疏漏之处。比如，《文字法》中对网络中普遍存在的不规范使用汉语言文字的情况并没有进行明确的说明和规定。因此，随着新媒体的普及与普遍，我国的政府部门急需尽快完善语言文字法，依法规范网络新媒体语言中语言文字的传播与使用，促进我国汉语言文字健康、和谐、有序的发展。

2016 年 11 月 7 日发布，2017 年 6 月 1 日起实施的《中华人民共和国网络安全法》，对利用网络语言进行诈骗、利用网络使用暴力语言进行人身攻击等问题可以起到约束作用。但只是从网络安全角度来要求，未从语言本身角度去立法。

2019 年 11 月 1 日，国家语委语言文字规范《中华通韵》正式实施，由教育部、国家语言文字工作委员发布试行。

《中华通韵》由中华诗词学会组织研制，是新中国语言体系中的新韵书。《中华通韵》坚持面向教育、面向现代化、面向未来，服务广大师生、诗词爱好者阅读和创作诗词等韵文的广泛需求，为优秀传统文化的繁荣发展和全民族文化自信提供坚强支撑。该规范以《国家通用语言文字法》《汉语拼音方案》《通用规范汉字表》等语言文字法律法规和规范标准为依据，以音韵学理论和诗词创作实践为基础，有利于引导广大人民群众更加热爱、学习和创作诗歌，也有利于专家学者对新韵作品的研究，是适应语言发展变化和时代进步的重要成果以及新时代中华传统诗词持续发展的新标志。该规范的实施不会取代旧韵书，将在尊重个人选择，"知古倡今、双轨并行"的原则下，与当前使用的旧韵书并存。提倡和引导使用《中华通韵》，将推动中华诗词新韵使用的规范化，更好地满足新时代韵文需求，助力全民族文化素养的提升，促进中华优秀语言文化的传播和发展。

当下众多专家学者及社会相关人士提出的"少数民族语言立法""网络语言立法"等提议都是社会发展过程中社会需求的体现，对语言的发展、社会的进步具有重要的价值和深远影响。在新的社会和新媒体环境下，出台新的语言法律法规，制定出切实可行的规范标准，并在实施的过程中保持适当的灵活性，不断修改与完善，以保障国家通用语言文字规范使用、以保护各民族语言文字，都应该引起国家政府的高度重视。

(四)积极编撰新媒体语言规范的辞书

从 20 世纪至 21 世纪初，我国的辞书事业开始迅速发展，辞书出版社顺应潮流，出版了各类辞书。据不完全统计，以"规范"冠名的辞书有四五十种。供人们学习字、词的工具书有多种，其中现代汉语字典词典是引导读者贯彻语言规范的有效载体之一。在已知的语言辞书中，规范辞书是语言文字规范体系的重要组成部分之一。

1. 语文辞书与语言文字规范

规范文件作为纲领性文件直接指引民众的生活语言，而语文辞书则是纲领性文件宏观调控下产出的具体教材，它们用以修正民众使用的语言方式。"规范文件的产生标志着语言文字规范的现代体系的形成，规范文件的功能从语文辞书的功能中分离出来。"①虽然两者之间可以相互分离，但是语文辞书、语文教科书等对语言生活的规范作用，仍是其他书籍无法取代的。

语文辞书为语言文字的应用建立了完善的准则，它虽不如规范文件那样拥有严苛的规范效力，但它可以引导公民日常生活中的具体语言运用，促进和保障语言文字规范工作的有效进行。语文辞书的权威性来自于编纂者的学术地位以及出版者的社会声望。若一本辞书满足以上两种要求，同时书中隐含了国家语言规范的文件内容，那么该书就成为社会统一公认的典范性语文辞书。规范文件的调节对象是社会群体，而语文辞书的主要调节对象则是社会群体中的个人。就语文辞书对社会群体语言行为的指导作用而言，它主要体现在引导和影响民众在实际生活中使用语言的方式。在日常生活中，绝大多数人习惯于将语文辞书而非规范文件放置于书架上、案牍前以便于阅读。语文辞书对于民众的基本功能是解疑答惑，这就要求编纂者在编写语文辞书内容时要隐含地反映相关的语言文字规范内容，可以反映一般规范文件所包含的规范内容，也可以反映新出现的、符合语言规范要求但又未纳入书面规则的一些语言表达形式，同时还可以添加与新语言表达形式相关的文字背后的故事。

语言文字承载了数千年来人类进化、社会发展过程中的各类信息，不仅是人类最重要的交际工具，更是一个国家文化的根源。它服务于社会的各个阶层，同时又反过来影响社会的发展。为了语言文字能得到顺利的发展，在其发展的过程中各类语言都必须要有统一的部分，也就是需要一定的规范，这样才方便民众之间的交际。因此，如果一本辞书以语言文字规范作为目的之一的话，就应该遵循语言文字规范，并在字音、部首、字形、检字、笔画、笔顺、辞书编纂符号等方面达到国家规定的语言规范标准。

---

① 苏宝荣. 树立辩证的规范观，妥善处理语言文字规范的相关问题——再谈语文辞书规范的原则与方式[J]. 辞书研究，2005(2)：1-9.

规范文件的制定要体现学术民主的作风，广大辞书界及其他学界的专家要积极参与其中，以确保规范文件的合理性、科学性和正确性。同时要及时更新维护规范文件，因为现实中的语言生活千变万化，不时出现的新语言材料会不断冲击已有的规范内容。从筹备资料到出版一本辞书所经历的编写、排版和使用等过程都可以为检验规范文件提供有效信息，这些检测可以及时发现规范文件的不恰当或错误的地方，有利于进一步完善规范文件。在这一过程中，语文辞书工作者要建立起维护、更新规范的观念和制度，一经发现问题就及时上报、及时反馈和及时更正。李宇明先生曾说："语文辞书工作者、语言文字规范制定者应密切沟通，甚至在学术上融为一体。"①因为，只有这样做辞书编辑才能与时俱进，辞书才能发挥出自己隐含的作用，从而提升社会语言文字的规范意识，引导社会语言生活健康发展。

2. 语文辞书的语言文字规范

语文辞书的基本功能之一在于呈现与辞书内容相关的语言文字规范内容；基本功能之二在于将某些不成文规范转化为成文规范，补充与之相关的语言文字现象与故事，发展、丰富和完善成文规范。不同类别的辞书偏重的职能有所不同，在我国的几十种规范辞书中，有偏重于诠释语言规范方面的"字典"或"词典"，也有偏重于记录语言文字现象方面的"方言字典"或"方言词典"。

语文辞书具有规范功能是其他语言规范成员不可代替的，它可以在规范文件范围之外发挥作用，可以补充、增补规范文件之外的内容。语文辞书所涵盖的内容远远大于规范文件，许多方面越过规范文件的管辖范围，例如现代人无法为古代语言制定规范文献；现实生活中出现新媒体背景下网络流行语言在短期内也无法用规范文件进行规范的情况，等等。这些不

---

① 黄彩玉. 辞书编订与语言文字规范的平衡点[N]. 中国社会科学报，2018-03-20(3).

能被规范文件编排的语言文字是语文辞书的重点收集对象，因此，语文辞书为新规范内容的制定提供了模板和规范对象。语文辞书与语言文字规范之间是互助互利、相辅相成的辩证关系，前者是后者体系的有机组成部分，后者是前者的总结与提炼。

3. 新媒体时代语文辞书的发展

我国辞书传统历史悠久，成果卓著。辞书的发展除了要考虑、考量和解决它与现阶段语言文字规范之间所存在的冲突、相悖、包容性等问题，还必须以高瞻远瞩的眼光与未来宏大的格局规划网络化新媒体背景下语文辞书的信息化发展问题。

在语文辞书的编写方面，要充分研究和利用已经建成的、已经投入使用的各种与汉语言有关的语料库、知识库，借助网络平台开发自动编纂语文辞书、编校语文辞书等提高编撰效率的软件。利用网络加强辞书编者与读者之间的互通和交流，及时发现、解决所存在的问题。

在语文辞书的形态方面，新媒体时代的辞书应当有数据库的开发观念。相对于纸媒版辞书的局限性，比如，内容不能处于时时更新状态，不能下载，更不能利用计算机检索等问题，电子版辞书具有更先进的优势，它将成为辞书编辑行业未来发展的一大趋势。辞书的传播形式就不会仅仅局限于书本，而会以一种处于动态的、不断更新的数据库模式呈现在大众面前。

在语文辞书的网络服务方面，要具有语文辞书的网络服务意识，建立网络服务机制和平台。辞书，不同于其他书籍著作，一般人通读的概率很低，因此辞书最适于在网络上设置"备查"功能，充分发挥其满足个性化需求的作用。

总之，未来辞书的编辑、编撰、出版和阅读都要紧跟新媒体时代信息化的步伐，多渠道全方位地推进语文辞书的规范化和现代化。

(五)提高传统媒体的语言声望

虽然新媒体语言发展势头迅猛，但目前在权威性、公信力等方面还是弱于电视、报纸、广播等权威传统媒体。在语言的规范和引导方面，无论在新媒体未出现的过去，还是新媒体涌现的今天，传统媒体的用语用字对全社会的用语用字一直发挥着重要的宣传示范作用。因此，要想规范新媒体语言，提升传统媒体的语言声望必须得到关注与重视。

1. 传统媒体应对网络用语的辩证处理

应用传媒工具是大众接触外界事物的重要手段，传统媒体行业在传播报道过程中选择、运用的语言文字对全社会的规范用语起着引导示范作用。《中华人民共和国国家语通用言文字法》规定，广播、电视、报纸等传媒行业在用字用语方面需采用国家通用语言文字。也就是说，传统媒体在播音时的用语应为标准普通话，使用的文字应是规范汉字。因此传统媒体行业要积极主动地担当起自身的社会职责，充分展现自身的社会职能，自觉维护汉语正确、正面的形象，坚决捍卫它的"严肃性"与"规范性"。

传统媒体要对诞生于互联网环境下的不规范语言进行强烈抵制。随着计算机时代的到来，在民众大量使用网络用语进行交流的同时，一些粗鄙低俗的网络语言也逐渐出现。这些词语的构造手法丝毫没有遵守汉语言行业的规定，极大地冲击了汉语言市场，对汉语言的"文明"与"优雅"造成严重破坏。比如一些包含歧视意义的网络词汇，大肆流行的同时也狠狠地冲击着中国几千年来以礼、德为核心的传统文化，也与当今弘扬的社会主义核心价值观相违背。还有一些网络词汇是直接"中西合璧"，例如"king"代替行业领头羊，"KO"代替终结，这类用法，不但违背了《中华人民共和国国家通用语言文字法》中关于语言应用的规定，也破坏了汉语的"规范性"与"严肃性"，对汉语语言文化造成了巨大的伤害。一部分学者认为，在语言发展时期被其他语言进行恶意篡改是对汉语言的致命打击。另外，因网络汉字拼音输入法所带来的谐音式错字问题也引起了很大风波，"同学"称作"童鞋"，"喜欢"又作"稀饭"，等等，不仅在表面上对汉语的"严肃性"进行藐视，还对汉语传承的准确性产生了不良影响。"喜大普奔""不明觉厉"这些所谓的"现代成语"，更是让很多读者不明所以。以上诸类网络流行语背弃了汉语词汇在几千年的发展历史中一直遵循的严谨与规整原则。

假设任由这些网络语言在传统媒体中肆意泛滥，不仅违反《中华人民共和国国家通用语言文字法》，有损传统媒体自身形象，与其肩负的宣传示范的社会职责和义务背道而驰，而且助推了社会上一些不良文化现象，助长粗鄙随意的不正之风。传统媒体应当在文化漩涡中摆明立场，自觉抵制内容庸俗、语义低俗的网络文化糟粕，坚决摒弃语焉不详、违背语言规律，具有歧视、挖苦、嘲弄色彩的网络用语。

传统媒体要巧用网络词语。央视主持人张斌在央视体坛风云人物颁奖盛典上用"老司机"来描述从事多年体育事业的教练员。电视旅游栏目的主持人成功地将"世界那么大，我想去看看"这一网络流行语应用在旅游季前期的宣传上。适当地运用这些网络语言既能点燃现场的氛围，又拉近了说话人与观众的距离，同时也可以给其他人留下深刻的印象，可谓是一举多得。

作为资深运营信息、传播信息的引领者和承载者，传统媒体有责任、有义务巩固和发展自身的行业地位。它需要不断更新自己的汉语言文库，不断汲取网络新词的精华，提高行业的文化修养和自我发展能力，扛起推广传播规范语言文字的责任。

2. 传统媒体应作规范用语用字的表率

语言的使用存在边界。在一些正式场合的情景下，或在公共的语言使用平台上，说话人的语境具有一定的公共性、宣传性，因此语言具有一定的约束性和示范性。在日常生活中，家人、友人交流时所使用的语言相较于正式场合而言则比较自由随意。但无论是公共发言还是私下交流，说话者的用词措句都应当在规范语言文字使用的范围之内。网络语言在经过出现、使用、争议再到最后的相对稳定，褒贬之分就已经相对明晰，因此在使用它们的时候就必须选择合适的词语，避免造成误会。媒体为增加观众的代入感也可以使用网络流行语，但不能无节制地使用并任由其肆虐发展。对此，国家制定了《关于规范广播电视节目用语推广普及普通话的通

知》《关于广播电视节目和广告中规范使用国家通用语言文字的通知》等相
关法规用以清理、整改和规范广播电视媒体的语言使用，并强调了使用规
范语言文字的重要性。每个人都有责任、有义务去传承中华优秀传统文
化，为提高国家文化软实力而奋斗。传统媒体也不例外，作为国家的传报
员，传统媒体必须要树立一个完美的形象，带领广大市民使用规范的通用
语言文字，为营造良好的社会语言环境打下坚实基础。

　　大众传媒应该怎样从思想认识、规则执行与机制保障等方面来做好规
范用语用字的表率？首先，传统媒体要遵循《中华人民共和国国家通用语
言文字法》等与发展汉语语言相关的法律法规，了解国家对于传媒方面语
言发展的边界，在不触犯规则的情况下坚定不移地树立起自觉传承中华民
族优良文化的责任意识。第二，传统媒体必须建立严格的审核机制，在对
招录员工进行培训时应加强规范教育，着实严把语言文字关，严惩使用或
传播庸俗粗鄙及可能产生不良社会影响的网络语言的行为，使之成为大众
眼中用语用字方面最具权威性的标杆媒体。第三，在规范中创新，在创新
中规范，媒体人要以吸纳包容的态度在二者之间兼收并蓄。

　　传统媒体在传播文化方面一直都是重要的工具和平台，社会影响既广
泛又深刻。媒体人要时刻心存对汉语文字的敬畏，时刻心系民族文化精神
和语言魅力的生存、延续、发展与传播，时刻肩负社会责任，以规范、干
净、优雅、活泼、新鲜的语言表达方式，向民众传递社会信息，引导全社
会尊重语言文字、使用良好的语言表达方式，保护汉民族的精神家园。

(六) 加强学校教育的带动作用

　　学校是师生聚居地，是知识传播的重要场所，是开展语言文字规范化
工作的源头，是普及语言文字知识的重要阵地。在教师的日常工作中，在
学生的日常学习中，学校和老师们要向学生传播、普及、渗透汉语言文字
规范化的重要性，在耳濡目染、时时熏陶的过程中，学生会自觉意识和认
识到汉语言文字规范化的重要性。在各式各样的课上课下、校内校外的教
学活动与教学过程中，教师要全面普及汉语言文字的规范标准的使用方

法，帮助孩子们自小就规范地运用汉语言文字，让他们在日常的学习、生活中以蝴蝶效应的方式影响到更多的人规范使用汉字。教育部门也应该出台相关的语言规范文件及政策用以进一步提高和确保教师群体的汉语言文字使用水平；制定相应的规范使用语言的制度，确保教师群体在日常教学中规范讲话，规范授课，潜移默化地影响和培养学生规范使用汉语言文字的意识和担当。

总而言之，大力加强学校通用语言的教育可以从以下三个方面入手。首先，学校要开展常规性的语言宣传，以此来加强学生的语言文字规范意识的培养。其次，学校在日常教学中，提升语言使用的质量，尽力展现汉语言的魅力，以此引发学生对汉语言的兴趣。爱因斯坦曾说："兴趣是最好的老师。"只有让学生体会到在学习汉语言时的乐趣，才能让文化真正地传承下去。同时，学校要对教师进行定期培训，紧跟潮流才能不被时代淘汰。教师也需要不断接触和学习新的规范的新媒体语言，并将这些新知识传授给学生，使学生健康、规范地使用新媒体语言，形成正确的语言观。

（七）增强社会文明道德规范监督意识

人类是语言的缔造者，更是语言的使用者和规划者。所以语言的规范、文明、健康、干净地使用依赖于语言使用者的道德素质和文明程度。新媒体时代，语言的肆意乱用、混用和臆用现象主要来源于互联网，并通过网络社交平台媒介进行大规模的传播。因此，我们应该对广大网民进行科学有效的语言素质教育，唤醒和培养网民文明使用网络语言的意识。尤其对于学生网民，在引导学生树立健康、正确的语言规范观的基础教育阶段，必须要有相应的限制条例，比如在平时的上课、考试尤其是中考、高考这样严肃的考试场景下，绝不允许使用不规范的网络用语，更不允许它们出现在考生的答卷中，学生和考生必须使用规范的国家通用语言文字进行作答。我们要针对广大网民加强网络道德教育。当然，青年和少年的人数占绝大部分，并且他们使用网络和网络用语的频率更高。所以网络道德教育的主体也应该锁定于青少年，网络道德教育优先权给予青少年。青少年因其正处于人品、人格形成这一特殊的年龄阶段，其价值观、世界观、道德观的可塑性较强，同时也极其容易受到周围环境的影响。因此，通过加强对青少年群体的道德教育，使之树立正确、规范的语言观，自觉使用规范语言，自行抵制粗鄙的、恶俗的不规范网络用语。

　　新媒体背景下语言的规范是我国建设文化强国的基石，是我们当下语言生活中的重要议题之一。对于新媒体背景下的网络语言，我们应该采取客观、公正、辩证的态度和做法，既不过度反对和歧视，也不否认新媒体语言为社会语言注入的活力和生机。语言形成与发展的原动力是社会生活的需求。除了满足人们的日常交流之外，语言主要用以描述和反映人们的生活习惯和生活状态。时代的发展必定引起人们生活习惯和状态的变化，因此，语言规范也常常需要跟进时代、跟进生活。在新老规范融合的过渡期，语言创新也是必不可少的。在语言发展的过程中，适度创新会为其注入新鲜血液，保证它的活力。因此要科学合理地制定语言规范的原则与准则。对于新媒体语言，所有从事语言文字工作的人们都要坚守变中有稳、稳中有变的辩证原则，在与时俱进的前提下，确保语言文字的有序传播与文明传承，让新媒体语言得以健康、和谐、蓬勃、规范地发展。

结　语

　　汉语言文字是世界上唯一使用至今的最古老的表意文字，是中国悠久文化的标志，是中国灿烂文明传播的工具，承载着中华民族精神的发扬和光大，是记录中国发展变化的载体。语言规范化工作主要是指对语音、词汇、语法等语言本体各方面存在的一些分歧和混乱现象的研究，指出不合规范的现象，找出大家都应遵循的语言规范，并通过一些研究成果如字典、词典、语法及语言学著作等予以明确，然后，通过各种方法宣传推广规范的语言，使语言向统一、规范、健康的方向发展。

　　新媒体的出现深刻影响了当下人们的语言生活、语言自身的发展与演变，同时也召唤着新时代背景下语言规范化的发展与研究。主要原因有两个，一个是相较于国家通用语言文字，新媒体背景下的网络语言(或称新媒体语言)因其新事物、新概念、新心理、新用法的不断涌现，存在着诸多新奇、不符合语言发展规律的不规范现象，严重挑战着我国既定的《国家通用语言文字法》；另一个是新媒体背景下的网络语言以前所未有的传播速度与纷繁多样的传播方式，使得大量新的语言形式、新的语言现象充斥于民众生活的各个方面，造成了部分语言交流的困扰与障碍。

　　语言的规范问题于我国而言一直存在。当今的新媒体背景下，语言的规范是我国建设文化强国的基石，是当下语言生活中的主要议题之一。对于新媒体背景下的语言，我们应该采取客观、公正、辩证的态度和做法，既不过度反对和歧视，也不否认新媒体语言为社会语言注入的活力和生机。语言形成与发展的原动力是社会生活的需求。除了满足人们的日常交流之外，语言主要用以描述和反映人们的生活习惯和生活状态。时代的发展必定引起人们生活习惯和状态的变化，因此，语言规范也常常需要跟进时代、跟进生活。在新旧规范更替和变化的过程中，时刻牢记语言创新的重要性，同时客观谨慎地把握语言创新的度，科学合理地制定语言规范的原则与准则。对于新媒体语言，所有语言工作者都要坚持变中有稳、稳中有变的辩证原理，顺应时代发展的潮流，因势利导，以确保新媒体语言健康和谐地发展。

本课题以新媒体背景下人们的汉语言生活为具体研究对象，研究新媒体背景下的现代汉语语言规范化问题。本研究是在厘清新媒体、网络语言、流行语、外来语、字母词、语言规范等几个概念的前提下，通过对新媒体背景下产生的语言现象进行收集、归类、描写、梳理和综合分析，描述新媒体背景下汉语语音、文字、词汇、语法及熟语运用等方面存在的不规范现象，查找其产生的社会外部与心理内部的动因和理据，分析、预测其呈现的特征及发展趋势，研究语言规范的意义、态度及语言规范的原则，构建科学合理的语言规范标准体系，制定切实可行的语言政策机制。

本课题首先界定了新媒体、网络语言、流行语、新词新语、外来语、字母词和语言规范这七个概念，并厘清了它们之间的关系。新媒体时代是网络语言产生的时代背景和发展基础，网络语言是新媒体背景下语言的主要研究对象；网络时代的流行语是网络语言词汇的一个重要组成部分，网络语言不能等同于流行语；流行语是在特定时空背景下产生并被广泛使用的新词新语，但并不是所有的新词新语产生后都能成为流行语；外来语产生之初都是新词新语，但不是所有的新词新语都是外来语；字母词和外来语两个概念之间有外延的交叉，有的字母词是外来语，有的却是本族新语，有的外来语是字母词，有的却不是，而是由音译或意译过来的汉语词。其次，分析了新媒体背景下网络语言呈现的新特征及产生的动因与理据。与传统媒体相比，新媒体有其自身的特点：即时性、海量性、互动性、共享性、个性化和多媒体性。新媒体背景下的网络语言不同于传统语言，它是一种流行语、一种社会方言，是一种语言的社会变体。新媒体背景下的语言呈现出鲜明的特征，我们认为主要有口语与书面语相结合、创造性与新颖性、简洁性与修辞化、随意性与暂时性、诙谐性与粗俗化等。新媒体背景下的网络语言的产生和发展有着一定的社会文化心理因素，我们认为主要有寻求趣味性、求新求异、从众化与模仿性，调侃戏谑性等。最后，分析归纳新媒体背景下网络语言的不规范现象及产生的内外部成因与理据。语音上的不规范主要从谐音、单音节化、合音和方音等方面进行分析；文字上的不规范主要从乱码文字、拆分字、生造字等方面进行分析；词汇上的不规范主要从词汇缩略、旧词新义、旧词别解、新"词族"和生造词等方面进行分析；语法上的不规范主要从词法的不规范，句法的不规范等方面进行分析；使用符号上的不规范主要从滥用表情符号、乱用标点符号等方面进行分析。

　　在较为详细地论述了新媒体背景下的语言规范与国家通用语言规范的关系、新媒体背景下语言规范的意义、新媒体背景下语言规范的态度、新媒体背景下语言规范的原则等几个方面的问题基础上对新媒体背景下语言规范工作进行诸多思考。主要有以下几点：（1）要调整研究视角，确立科学规范观。在研究过程中，对新媒体背景下出现的新语言现象，要更加注重加强共时语言的观察与阐释，注重历时语言变异的讨论与引导，研究要遵循"变化之中有稳定，稳定之中有发展"的规律，因势利导，确保在健康和谐发展的基本原则下进行研究。（2）要加强语言规范的信息化建设。不断推进汉语言文字规范信息化平台的建设与完善，不断更新发展语言资源库、数据库、语料库等，满足民众全方位、多层次、多维度的语言文字服务需求。（3）要完善语言规范法律法规。汉语言文字的规范化工作的推行和开展需要国家颁布相关的法律法规给予法律支持和保障，使汉语言文字的规范化工作有法可依。（4）要积极编撰新媒体语言规范辞书。辞书的编辑、编撰、出版和阅读都应紧跟新媒体时代信息化的特点，多渠道全方位地推进语文辞书的规范化和现代化。（5）要提高传统媒体的语言声望。在语言的规范和引导方面，无论在新媒体未出现的过去，还是新媒体涌现的今天，传统媒体的用语用字对全社会的用语用字都一直发挥着重要的宣传示范作用。因此，传统媒体的语言规范必须给予重视与关注。（6）要以学校教育带动社会语言规范。学校是师生聚居地，是很多新媒体语言的发源地，是知识传播的重要场所，是开展语言文字规范化工作的源头，是普及语言文字知识的主要阵地。要积极、主动、有效地发挥学校教育的带动作用。(7)要发挥社会文明道德规范监督意识。人类是语言的缔造者，更是语言的使用者和规划者。语言的规范、文明、健康、干净地使用都依赖于语言使用者的道德素质和文明程度。(8)要坚持变中有稳、稳中有变的辩证原理。所有语言工作者都要顺应时代发展的潮流，因势利导，以确保新媒体语言健康和谐地发展。

　　由于研究能力有限，时间紧迫，本书还有很多有待深入研究的问题。首先，新媒体背景下的语言规范问题，实际上是新媒体时代下新旧语言现象的冲突和交融，在某种程度上，是新媒体时代文化和亚文化冲突交融的混合体，冲突和交融来自"正统的"和"流行的"，"规范的"和"变异的"，"行政的"和"学术的"，等等，所以，本课题要确立一种跨学科的宏观理论视野，不仅运用语言学、信息传媒等相关理论来进行研究，还要运用认知语言学、发生学、文化学、社会学、心理学等理论对新媒体背景下出现的新的语言现象进行多视角全方位的考查与分析，从中找出这些语言现象产生的动因和理据及发展的规律，从而构建科学合理的语言规范标准体系。但是，受到很多因素的制约，本研究的跨学科视野把握得还不够深入。其次，研究过程中笔者认真查阅了大量国内外有关文献和最新动态，并多方联系领域内知名专家和学者进行理论指导，但由于能力和精力有限，还有许多方面研究得不够严谨和成熟，理论的广度和深度需进一步拓展。语言上仍有需要推敲和精雕细琢的地方。

　　今后，笔者对于此方面的研究还将做进一步的拓展：将研究视角延伸至社会文化的视域下，从文化认知角度对新媒体语言进行探讨和研究，分析其共时层面和历时层面上的语言特征和风格，尤其是中国文化特征，并进行社会文化解读；从新媒体语言与文化之间的相互关系及对应关系角度去思考、探讨新媒体语言生成的文化机制和文化理据；从新媒体语言的规范化和审美、语用、教育等功能，探讨新媒体语言对中国文化的传承及在语言文化中的地位和价值。希望以此可以有效弥补以前研究之不足，丰富有关应用语言学和语言文化学理论；同时可以实现课题的应用价值：有利于更好地指导语用实践，有利于加深了解传承和创新中华民族传统文化，有利于促进社会交流，有利于汉语教育和对外汉语教学等。

编者

2023 年 3 月

参 考 文 献

[1]格雷厄姆·默多克. 媒体参与的现代性. 本世纪末的传播与当代生活 [M]. 选自《二十世纪：文化自觉与文化对话》. 北京：北京大学出版社，2001.

[2]戴昭铭. 规范语言学探索[M]. 上海：三联书店，1998.

[3]于根元. 二十世纪的中国语言应用研究[M]. 太原：书海出版社，2000.

[4]郑保卫. 媒介产业：全球化·多样化·认同[M]. 北京：中国传媒大学出版社，2007.

[5]赵凯. 新媒体研究[M]. 上海：文汇出版社，2007.

[6]约翰·费斯克. 关键概念：传播与文化研究词典[M]. 北京：新华出版社，2004.

[7]于根元. 网络语言概说[M]. 北京：中国经济出版社，2001.

[8]李宇明. 中国语言规划论[M]. 长春：东北师范大学出版社，2005.

[9]张云辉. 网络语言语法与语用研究[M]. 上海：学林出版社，2010.

[10]于根元. 中国网络语言词典[M]. 北京：中国经济出版社，2001.

[11]王铁昆. 新词语的判定标准与新词新语词典编纂的原则[J]. 语言文字应用，1992(4)：14-20.

[12]戴昭铭. 信息时代的语文规范化问题[J]. 求是学刊，1994(4)：97-101，105.

[13]]龚千炎，周洪波，郭龙生. 发展链：语言规范的本质——兼谈汉语规范化工作[J]. 语文建设，1991(5)：2-6.

［14］孙曼均.城市流行词语及其社会文化分析[J].语言文字应用,1996 (2)：101-107.

［15］劲松.流行语新探[J].语文建设,1999(3)：22-26.

［16］闪雄.网络语言破坏汉语的纯洁[J].语文建设,2000(10)：15-16.

［17］李宇明.词汇规范的若干思考[J].厦门大学学报(哲学社会科学版), 2002(2)：19-24.

［18］王均.再论汉语拼音方案是最佳方案[J].语言文字应用,2003(2)： 2-9.

［19］于锦恩.试论汉语规范化和规范汉语[J].语言文字应用,2006(3)： 26-33.

［20］邹王宁.再论汉字规范的科学性与社会性——关于制订规范汉字表的 思考与建议[J].语言文字应用,2006(4)：2-11.

［21］李志江.关于完善《汉语拼音方案》的几点建议[J].语言文字应用, 2008(3)：15-16.

［22］李宇明.关于《通用规范汉字表》的研制及公开征求意见的相关问题 [J].长江学术,2009(4)：1-4.

［23］胡范铸,陈佳璇,萧国政,等.专家笔谈：关于《通用规范汉字表》研 制及相关问题的讨论[J].长江学术,2009(4)：5-11,50.

［24］国家语委新词新语规范基本原则课题组,于根元,王铁琨,等.新词 新语规范基本原则[J].语言文字应用,2003(1)：89-95.

［25］陈建华.网络语言的发展及其规范[J].福州大学学报(哲学社会科学 版),2004(1)：75-79.

［26］苏宝荣.树立辩证的规范观,妥善处理语言文字规范的相关问题—— 再谈语文辞书规范的原则与方式[J].辞书研究,2005(2)：1-9.

［27］吴早生.网络语言的发展与规范[J].中国社会科学院研究生院学报, 2008(4)：108-112.

［28］张云辉.网络语言的词汇语法特征[J].中国语文,2007(6)： 531-535.

［29］苏培成．简化汉字 60 年［J］．语言文字应用，2009(4)：26-35.

［30］夏中华．关于流行语性质问题的思考［J］．语言文字应用，2012(1)：92-99.

［31］宋培杰．网络语言中的词汇变异现象探析［J］．河南师范大学学报(哲学社会科学版)，2012，39(4)：187-190.

［32］王岩．汉语熟语的文化认知［M］．郑州：大象出版社，2012.

［33］刘涌泉．汉语拼音　字母词　全球化［J］．中国语文，2013(1)：79-80.

［34］史有为．汉语外来词(增订本)［M］．北京：商务印书馆，2013.

［35］陈云华．语言方志与方志语言［J］．中国地方志，2013(9)：41-45，4.

［36］苏培成．关于简繁汉字使用问题的思考［N］．光明日报，2016-08-27(8)．

［37］黄彩玉．辞书编订与语言文字规范的平衡点［N］．中国社会科学报，2018-03-20(3)．

后 记

　　本书是在"新媒体背景下的语言规范化研究"这一课题成果的调查与研究基础上写成的。该课题由南阳理工学院王岩教授主持，河南省哲学社会科学规划办批准立项，现已顺利完成研究任务。

　　参加本书编写人员的分工是：王岩教授是本书撰写的主要负责人，负责本书框架的构思、撰写提纲的拟定、主持初稿修改并定稿；邹珉、李慧同志负责校阅全稿、组织调研、学术研讨、撰写等工作；杨梓茗同志负责资料收集和整理、问卷的印刷、发放、收集与统计、撰写等工作。具体执笔人为：邹珉撰写前言，第一、三、四、五章及结语；李慧撰写第六章；杨梓茗撰写第二章。在本书的撰写过程中查阅、参考了有关方面的文献、论著、教材及网络媒体资料，吸收了一些专家学者的研究成果，参阅了有关资料，这里不再一一注出，在此向本书中引用到相关资料的作者表示衷心的感谢。

　　本书的顺利出版，首先要感谢河南省社会科学哲学规划办的关心与支持，还要感谢武汉大学出版社编辑部同志们的支持与帮助。

　　由于我们水平有限，本书难免存在不足和疏漏，恳请专家和广大读者不吝赐教、批评指正。

编者

2023 年 3 月